高尔夫球教练学

殷志栋　孟　梅　杜一鸣 ◎ 著

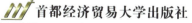
首都经济贸易大学出版社
Capital University of Economics and Business Press
· 北 京 ·

图书在版编目（ＣＩＰ）数据

高尔夫球教练学 ／ 殷志栋，孟梅，杜一鸣著． —— 北京 ： 首都经济贸易大学出版社，2024.7
ISBN 978-7-5638-3555-3

Ⅰ．①高… Ⅱ．①殷… ②孟… ③杜… Ⅲ．①高尔夫球运动－教练员－教材 Ⅳ．①G849.325

中国国家版本馆 CIP 数据核字(2023)第 131088 号

高尔夫球教练学

GAO'ERFUQIU JIAOLIANXUE

殷志栋　孟　梅　杜一鸣　著

责任编辑	王晓云	
封面设计	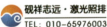	
出版发行	首都经济贸易大学出版社	
地　　址	北京市朝阳区红庙（邮编100026）	
电　　话	（010）65976483　65065761　65071505（传真）	
网　　址	http：//www.sjmcb.com	
E-mail	publish@cueb.edu.cn	
经　　销	全国新华书店	
照　　排	北京砚祥志远激光照排技术有限公司	
印　　刷	唐山玺诚印务有限公司	
成品尺寸	170毫米×240毫米　1/16	
字　　数	393千字	
印　　张	23.25	
版　　次	2024年7月第1版　2024年7月第1次印刷	
书　　号	ISBN 978-7-5638-3555-3	
定　　价	92.00元	

河北环境工程学院转型发展校企合作编写系列教材编委会

主　任：李晓华（河北环境工程学院）

副主任：耿世刚（河北环境工程学院）

　　　　张　静（河北环境工程学院）

编　委：曹　宏（河北环境工程学院）

　　　　杜少中（中华环保联合会）

　　　　杜一鸣（一亩五环［北京］体育有限公司）

　　　　崔力拓（河北环境工程学院）

　　　　付宜新（河北环境工程学院）

　　　　高彩霞（河北环境工程学院）

　　　　靳国明（企美实业集团有限公司）

　　　　冀广鹏（北控水务集团）

　　　　纪献兵（河北环境工程学院）

　　　　李印呆（东软教育科技集团）

　　　　潘　涛（北京泷涛环境科技有限公司）

　　　　王喜胜（北京京胜世纪科技有限公司）

　　　　王　政（河北环境工程学院）

　　　　薛春喜（秦皇岛远中装饰工程有限公司）

　　　　殷志栋（河北环境工程学院）

　　　　张宝安（河北环境工程学院）

　　　　张军亮（河北环境工程学院）

　　　　张利辉（河北环境工程学院）

　　　　赵文英（河北正润环境科技有限公司）

　　　　赵鱼企（企美实业集团有限公司）

　　　　朱溢镕（广联达科技股份有限公司）

生态环境产教融合系列教材
总　序

　　培养大批应用型人才是贯彻落实党中央、国务院关于教育综合改革决策部署必要之举，产教融合是高等学校培养应用型人才的必由之路。2017 年，国务院小公厅印发《关于深化产教融合的若干意见》（国办发〔2017〕95 号），明确要求深化职业教育、高等教育等改革，发挥企业重要主体作用，促进人才培养供给侧和产业需求侧的结构和要素全方位融合，培养大批高素质创新人才和技术技能人才。深度推进产教融合在解决教育链与产业链脱节问题、将最新理论和技术落实落地、打破产业发展瓶颈、提升高校应用型人才培养质量等方面具有重要意义。

　　教材作为知识的载体，体现了人才培养目标的具体要求，是开展教学的基本工具，更是人才培养质量的重要保证。面对应用型人才培养的新要求，教材改革迫在眉睫。目前在应用型人才培养过程中普遍缺乏合适的教材，往往借用原有的普通本科教材，其教学要求、教学内容和教学模式等都不适用于强调实践能力的应用型人才培养，难以实现应用型人才的培养目标；有些应用型教材或地域性过于明显，或单一不成体系，限制了学生对行业的整体性了解。因此，面对行业产业需求，将专业教育链与对应的产业链有机衔接，编写具有适用性和实用性的应用型系列教材非常迫切，具有重要的现实意义。

　　党的二十大报告提出，中国式现代化是人与自然和谐共生的现代化。中共中央、国务院发布的《关于全面推进美丽中国建设的意见》，明确了要加快形成以实现人与自然和谐共生现代化为导向的美丽中国建设新格局。目前，贯彻落实习近平生态文明思想，加快形成绿色低碳生产生活方式，把建设美丽中国转化为社会行为自觉，已成为新时代发展的必然趋势。高等学校是人才培养、文化传承的重要阵地，在美丽中国建设中，要承担起培养适应生态文明建设的人才、传播生态文明思想、提高全民生态文明素质的重任。面对生态文明建设的新形势和美丽中国建设的明确要求，培养适应生态文明建设需要的应用型、复合型、创新型人才非常迫切。由于生态环境问题的交叉性、系统性和复杂性，在各行各业、生产生活各领域都存在生态环境问题，因此生态环境问题的解决不仅仅是某个行业的事情。这样就使生态环境人才的培养具有两方面特点：一方面具有鲜明的应用型特点，要能够解决各行各业、各个领域的环境问题；另一方面具有交叉复合型特点，培养生态环境人才不仅仅是生态环境类专业独有的任务。因此，高等学校要站在将生态文明建设纳入"五位一体"总体布局的高度，将专业人才培养链与行业产业的生态环境需求有机衔接，培养生态文明建设需要的应用型人才。所以，尽快开发针对各行各业生态环境问题的产教融合系列教材迫在眉睫。

河北环境工程学院前身是中国环境管理干部学院，由中国环保事业的奠基者曲格平先生亲手创建，是中国最早开展环境教育的高校之一。建校40余年来，学校通过环保干部轮训、环保局长岗位培训、成人高等教育、高职教育、本科教育等形式，为环保事业源源不断输送了大批中坚和骨干力量。学校在我国环保事业发展的各个阶段都发挥了重要作用，见证了中国环境保护事业的发展历程，长期以来，学校被誉为环保系统的"黄埔军校"。近年来，学校坚持应用型办学定位，坚定不移走产教融合办学之路，以绿色低碳高质量发展需求为导向，优化学科专业结构，建设与行业产业需求有机衔接的专业集群；以产教融合为人才培养主要路径，建立产教融合协同育人的有效机制；以培养高素质应用型人才为根本目标，建立"跨学科交叉、校政企共育共管、多元协同促教"的应用型人才培养模式，改革课程体系和教育教学方法。其中，以课程建设为突破口，以产教融合应用型教材开发为抓手，对于生态环境类专业，梳理生态环保行业的需求，校企共同编写应用型教材；对于非生态环境类专业，围绕其对应的行业产业，梳理相应的绿色低碳发展的需求，跨学科、跨行业校企共同开发相关教材。拟通过几年的实践探索，校企共同开发一批生态环境产教融合应用型教材，以期解决高等学校生态环境应用型人才培养缺乏适应性教材问题。

本系列教材以习近平生态文明思想为指导，坚持绿色低碳发展理念，覆盖多学科门类、行业产业领域，具有鲜明的生态环境特色。系列教材中的环境类专业课程教材直接与生态环境保护产业链相关领域结合，培养服务生态环保行业的应用型人才；系列教材中的非环境类专业课程教材，针对其行业产业链中存在的生态环境相关问题，将绿色低碳理念融入教材教学内容，奠定学生良好的生态文明职业素养。在具体的教材建设环节，成立由高校"双师型"教师及行业企业一线具有丰富生产经验的专家组成的教材编写组，充分发挥校企合作双主体优势，立足企业现实岗位中的具体工作过程，采取案例式、任务式、项目式教学设计模式，将企业先进的生产技术、管理理念和课程思政等教育元素融入教材，真正实现教材内容与企业具体岗位的需要全面融合，全方位保证教材的适用性。本系列教材填补了全国生态环境产教融合应用型系列教材的空白，能够适用于各普通本科院校、职业院校的生态环境类专业学生；同时，对非生态环境类专业所开设的与生态环境相关的课程，可选取系列教材中相关的教材使用。

前　言

2009年10月9日，国际奥委会在丹麦哥本哈根投票通过高尔夫球项目进入2016年奥运会（我国优秀球员冯珊珊获得这一届奥运会高尔夫球比赛的铜牌）。这为中国的高尔夫球的发展提供了前所未有的机遇。目前国内高尔夫球各种赛事繁多，高尔夫球也已经被纳入我国高校高水平运动员招生范畴，国内的巡回赛水平越来越高。但是，与之相匹配的能胜任各种不同级别球队的教练却凤毛麟角，许多没有经受过系统训练或是教学的球员不得不充当教练，这对我国高尔夫球的发展是不利的。为适应我国高尔夫球发展的需求，我们组织了职业教练、球员、高校教师等共计11人进行教练培养的DACUM（课程开发）研讨会，构建了涵盖10多个技能领域100多项单项技能的职业教练能力素质框架，也是国内首次构建职业教练能力素质框架（见附录）。

本书以能力本位教育思想为指导，以模块化课程理论为依据，以项目引领、任务驱动为模式，以职业教练能力素质框架为内容，通过校企合作的模式撰写而成，对职业教练的成长具有高度的针对性和应用型；又因引入DACUM方法，使其具有可持续发展性。在本书撰写过程中，朱志武、许凯、曹亚萍、高奎亭、葛艳荣、姜芳、宋伟鹏、段杭、樊昌明、滕春红、刘婷婷、蒋诗卉、刘婉嬑、龚丹、龚志杨、刘经伟、张春博、董凌宇、王思宇飞、李明慧等也参与部分内容的研讨与编写。

我们力求本书在职业教练的塑造与培养过程中能够发挥应有的作用，为我国的高尔夫球事业的发展尽微薄之力。

本书具有以下特色：

第一，项目引领，任务驱动。本书以项目引领、任务驱动的模式，以课题的形式提出问题，以启发式教学为主导来编排知识点，讲解中均穿插了经典实例，能够充分调动学习者的积极性和创造性。

第二，通俗易懂，实用性强。本书文风朴实，专业术语规范，通俗易懂。内容充分兼顾职业教练工作的特点，并列举大量的实例，具有较强的实用性。

第三，结构严谨，层次分明。本书采用循序渐进的方式，由浅入深地介绍了高尔夫球教练应具备的整体能力与素质、周期训练与教学、基本理论与力学知识、运动心理学等相应概念和各种实用技巧及实例。

第四，快速上手，简便易学。本书在每个任务后面有训练检测，既方便教师对学生的辅导，也便于学生的自学、自查，有利于学生对技能的掌握。

第五，层次清晰，深度够用。本书运用DACUM方法构建职业教练能力素质框架，开发课程体系，开发课程教学大纲，构建新的教材体例，构建多层次、全方位的理论体系，以对高尔夫球教练职业能力的培养提供理论支撑，既有利于在校学习，又有利于工作后的不断提高。

第六，适时更新，保持先进。本书运用DACUM方法，每三年对职业教练能力素质框架进行一次修订，确保内容与工作职能的科学性、先进性和可持续发展性。

本书的撰写得到了北京大学生高尔夫球协会、秦皇岛（保利）高尔夫球会、秦皇岛盛泰金海森林高尔夫球俱乐部、北京金色河畔高尔夫球培训学校、秦皇岛博帝高尔夫球练习场的鼎力协助，本书使用的高尔夫数字化测评与训练系统（MySwing Professional）由北京诺亦腾科技有限公司支持，在此表示由衷的感谢。

本书不足之处敬请读者批评指正，不胜感激。

目　　录

项目一
走进高尔夫球教练

项目描述

　　高尔夫球在一个国家发展得如何，教练的水平起着至关重要的作用，尤其是职业教练的水平如何，对一个国家高尔夫球的综合水平有着重大而深远的影响。接下来我们将对职业教练进行理论分析，力求让大家对职业教练的工作内容及工作性质有一个初步的认识。

学习目标

　　了解高尔夫球教练的基本概念，掌握高尔夫球教练应具备的工作素质，掌握高尔夫球教练的工作性质、工作内容及各项职责。

能力目标

　　能够运用所学知识，正确认识高尔夫球教练的工作性质，提高自己的从业能力。

任务一　高尔夫球教练概述

活动场地 / 环境

多媒体教室。

任务要求

1. 了解高尔夫球教练的概念、特点及作用；

2. 了解高尔夫球教练的工作性质及特点。

能力训练

掌握高尔夫球教练的概念，能够有意识地提高对高尔夫球教练的认知水平；初步形成高尔夫球教练的概念。

课题一　教练的概念、特点及作用

一、什么是教练？

教练，又称"师傅"。国际教练联盟（International Coach Federation）将教练定义为：作为队员的一个长期伙伴，旨在帮助队员成为生活和事业上的赢家。教练帮助队员提升个人表现，提高生活质量。教练经过专业的训练，聆听、观察并按客户需求定制教练计划和训练方式。他们激发客户自身寻求解决办法和对策的能力，因为他们相信客户是生来就富于创意与智慧的。教练的职责是提供支持，以增强客户已有的技能创造力。教练这项工作就是运用教练技术帮助他人通过学习获得成长从而达成目标的一种专业活动。教练犹如一面镜子，反映当事人的真实现状和局限性，同时帮助对方看到更多的可能性，给对方一个不断提高的机会。"毋代马走，使尽其力；毋代鸟飞，使弊其羽翼。"（《管子·心术上》）。教练的使命就是——因成就他人而成功！

从学科上理解，教练学属于体育学下面的体育教育训练学范畴。我们现在大都认为教师和教练是复合体，既教又练，其既要有教师的功底，还要有教练的"本事"。

如前所述，就"一种活动"的意义来讲，教练这项活动就是教练者运用教练技术帮助他人通过学习获得成长从而达成目标的一种活动。这种活动的主体"教练者"，我们给他一个角色称谓——"教练"。

《现代汉语词典》对"训练"的解释是有计划有步骤地使具有某种特长或技能，而对"教练"的解释则有两个：一个是训练别人使掌握某种技术或动作；另一个是从事上述工作的人员。这说明，"训练"是一种活动、一个过程，而"教练"不只是一种活动、一个过程，它还代表一类人——教练者。

对此，国际教练联合会（International Coach Federation，ICF）的定义为：教练（coaching）是教练（coach）与自愿被教练者（coachee）在人格深层次的信念、价值观和愿景方面相互联结的一种协作伙伴关系。通过一个持续的流程——"挖掘、目标设定、明确行动步骤"，获得良好成果。教练也是知识的载体，是"专注于发展人的潜能"的一种技术和形式。教练这项活动是教练与被教练者彼此共同发展的互动过程。

教练这项活动实际上是一种在教练（coach）和被教练者（coachee）之间进行的有效对话，这种对话是一种发现性的对话，令被教练者发现问题，发现疏漏，发现答案；这种对话是一种扩展性的对话，令被教练者看到更多机会，更多选择；这种对话也是一种动力对话，激发教练与被教练者朝向预期的目标，并不断挑战自己，提高业绩，力争创造非凡的表现。

教练也是一门通过完善心智模式来发挥潜能、提升效率的管理技术。

教练与被教练者应建立一个相互信任的关系，这种关系的建立有赖于一个相互尊重、安全、有挑战性和负责任的环境。这种关系激励被教练者，在工作业绩和日常生活中都力争最佳，并获得非凡成就。

教练是提出问题的总结者，提供行为反馈的人，鼓舞人心的人，模范的改革家，解决问题的合作者。教练常常也是一个系统管理者。

随着教练行业的不断发展，单纯的教练技术已经不能满足当事人的需求；越来越多的心理学研究人员开始关注教练技术，分析教练技术推动人的模式；随着各心理学流派的融入，教练的技巧也得到不断提升，使教练与被教练者的互动关系更为轻松、更有成效。

二、教练是/不是什么？

教练不是顾问，也不一定是某个领域的专家，他们不提供解决问题的方案，而是支持你自己去发现早已潜藏在心中的属于自己的最适合的答案。

教练不是教师，甚至不比你懂得更多，他们并不灌输概念和知识，但能支持你发掘自己的潜力和智慧。

教练不是心理医生，不会去过多干预你的情绪，但会支持你提升自己管理情绪的能力。

教练不针对你的过去，而关心你的未来；教练对人不对事，而非对事不对人，因为事情是由人解决的，教练相信并支持你自己解决。

教练不是知识训练或者技巧训练，而是一种拓展信念与视野的能力和习惯的培养。

三、什么是教练技术？

教练技术源于体育，是运动员夺冠的重要支撑。

教练技术是通过方向性和策略性的有效问题，激发被教练者向内发掘自己的潜能，向外探求更多的可能性，令被教练者更加快捷、容易地达到目标。

教练技术在西方已经有 20 多年的研究成果，形成了一整套完整的理论体系和架构，实践证明，它是一个可以支持个人、企业、家庭和青少年成长的跨领域的技术和工具。

课题二　高尔夫球教练

一、工作内容

通过自己的专业知识帮助每一位高尔夫球员制订符合其身体素质要求的运动训练计划，组织个性化训练，实施个性化运动训练指导。

二、职位技能

具备体育教育训练学基本知识，如运动解剖学、运动生物力学、运动训练学和人体科学等，合理安排运动训练和恢复休息，正确使用运动营养补剂，能适时帮助被教练者调整身心健康。

三、现状及前景

高尔夫球教练作为一种新兴职业在我国得到了迅猛发展，成为当前教练行业中的热门职业，在体育劳动力市场上备受欢迎。

从政策角度来看，高尔夫球运动市场可以有效地拉动居民的消费，符合国家拉动内需的政策导向。可以预见，在未来几年体育行业的发展将空前繁荣，任何一家高尔夫球俱乐部经营成功与否，很大程度上要归功于高尔夫球教练的工作，所以高尔夫球教练职业的发展空间巨大。

四、职业认证（从业资格）

社会体育指导员职业资格证书，是与体育指导有关的职业资格证书，由国家体育总局与人力资源和社会保障部联合颁发。国家体育总局授权所属各地体育局进行培训，培训结束后国家体育总局或各地体育局派人进行考试鉴定，并为考试合格者颁发国家相应等级的职业资格证书。社会体育指导员专业涵盖高尔夫球专业。

高尔夫球教练职业资格证书由高尔夫球协会颁发，是从业者从事这一职业所必备的学识和技能的证明，各行业行政主管部门负责核发。它是求职、任职的资格凭证，是用人单位招聘、录用人员的主要依据，也是境外就业、涉外劳动合作人员办理技能水平公证的有效认证。

五、职业生涯

（一）转入教练主管

高尔夫球俱乐部的高尔夫球教练数量庞大，在管理和课程安排上也是一个难题，这就需要有高尔夫球教练教学经验、了解会员需求、有俱乐部运营管理经验等的教练主管来为俱乐部管理高尔夫球教练和安排最适合高尔夫球会员的课程。无疑，掌握多项高尔夫球教练技能，有多年教学经验和有一定的管理能力的高尔夫球教练将成为俱乐部教练主管的首选。

（二）由高尔夫球教练转入教练培训导师

随着高尔夫球行业的不断发展，必然会产生大量的教练需求，大量高尔夫球教练培训机构也就应运而生。高尔夫球教练培训导师的需求也会不断增加，那些受过正规培训，有良好的高尔夫球运动基础并有多年教学经验的高尔夫球教练就受到了培训机构的青睐，经验丰富的高尔夫球教练自然就成为培训机构的首选。

（三）转入涉猎面广而专项精的高端专项教练

在进行一段时间的高尔夫球教练教学、掌握了完整的高尔夫球项目的教练后，可以向大师级教练升级。

（四）自己投资或者合作开办高尔夫球练习场或俱乐部

在有了一定的教学经验和对高尔夫球行业运作模式有了一定的了解和认知之后，可以考虑开办属于自己的高尔夫球练习场或俱乐部。

训练检测

1. 什么是教练？
2. 什么是高尔夫球教练？

任务二　教练与教师

活动场地 / 环境

多媒体教室。

任务要求

1. 了解教师的概念、起源；

2. 了解教练与教师的区别与联系。

能力训练

掌握教练与教师的概念；初步形成高尔夫球教练的定位。

课题一　教师的定义和职业定位

一、教师的定义

"古之学者必有师。师者，所以传道受业解惑也。"教师是人类文化科学知识的继承者和传播者，是学生智力的开发者和个性的塑造者。教师不仅要向学生传授某方面的课本知识，而且要根据学生的发展实际及教育目标、要求，在特定的环境中采用特定的教学方法，通过特定的途径来促进学生成长，教师是一种性质复杂的职业角色。其特定的价值在于帮助学生成长。或者说，教师是促进学生成长的人。

教师是以教育为生的职业，这也是人类社会最古老的职业之一。教师按照法律法规和行业规范，在规定的时间节点内，根据学校设施条件和个人职称、专业，备课授课、批改作业，引导、辅导学生学习，培养学生特长，促进其德、智、体、美、劳全面发展。教师受社会委托对受教育者进行专门的具有建设性的教育，执行各项教育政策，维护社会稳定，为国家和社会培养各类高素质或实用人才。在社会发展中，教师是人类文化科学知识的继承者和传播者。对学生来说，教师是学生智力的开发者和个性的塑造者。因此，人们把"人类灵魂的工程师"的崇高称号给予人民教师。在教育过程中，教师是起重要主导作用的，是学生身心发展过程的教育者、领导者、组织者。教师工作质量的好坏关系到我国年轻一代身心发展的水平和民族素质提高的程度，从而影响到国家的兴衰。

二、教师的职业定位

（一）教师的角色性质

教师不仅要向学生传授某方面的课本知识，而且要根据学生的发展实际及教育目标、要求，在特定的环境中采用特定的教学方法，通过特定的途径来促进学生成长。一个人成长为教师需要经过复杂的、长期的学习过程。

（二）教师的角色任务

如果教师扮演的是知识传递者的角色，那么教师的职业任务就是将知识传递给学生。

如果教师扮演的是全面促进学生成长的角色，那么教师的任务就是引导、帮助和促进学生的成长。

教育活动中，教师与学生的角色关系，是孰为主体孰为客体的关系。对此，大致有以下三种观点：

第一，教师为主体，学生为客体。这种观点认为，教师在教育活动中处在绝对的支配地位，学生处在绝对的受支配地位。这种观点是"教师中心论"。

第二，学生为主体，教师完全受制于学生的要求。这种观点认为，教师在教育活动中处在绝对的被支配的位置。这种观点是"学生中心论"。

第三，教师与学生互为主客体。

本书认为，在教育活动中，教师承担了一定的教育任务，在自己所掌握的知识与技能的基础上，运用一定的教育资源，对学生开展教育实践活动。教师作为教育实践活动的主体是毋庸置疑的。

在教育活动中，学生作为有一定认知与实践能力的人，也是主体之一。在教师作为主体所开展的教育活动中，学生也在主动地认识着、实践着。学生也把教师及教师在教育活动中所运用的一切教育资源作为认识与实践的对象。

鉴于教师与学生互为主客体的关系，在现代教育思想中，人们一般认为教师在教育活动中发挥着主导的作用，而学生在学习活动中发挥着主体的作用。

（三）教师的职业道德规范

爱国守法，是教师职业的基本要求。教师应热爱祖国，热爱人民，拥护中国共产党领导，拥护社会主义；全面贯彻国家教育方针，自觉遵守教育法律法规，依法履行教师职责权利；不得有违背党和国家方针政策的言行。

爱岗敬业，是教师职业的本质要求。教师应忠诚于人民教育事业，志存高远，勤恳敬业，甘为人梯，乐于奉献；对工作高度负责，认真备课上课，认真批改作业，认真辅导学生；不得敷衍塞责。

关爱学生，是师德的灵魂。教师应关心爱护全体学生，尊重学生人格，平等公正对待学生；对学生严慈相济，做学生的良师益友；保护学生安全，关心学生健康，维护学生权益；不讽刺、挖苦、歧视学生，不体罚或变相体罚学生。

教书育人，是教师的天职。教师应遵循教育规律，实施素质教育；循循善诱，诲人不倦，因材施教；培养学生良好品行，激发学生创新精神，促进学生全面发展；不以分数作为评价学生的唯一标准。

为人师表，是教师职业的内在要求。教师应坚守高尚情操，知荣明耻，严于律己，以身作则；衣着得体，语言规范，举止文明；关心集体，团结协作，尊重同事，尊重家长；作风正派，廉洁奉公；自觉抵制有偿家教，不利用职务之便谋取私利。

终身学习，是教师专业发展的动力。教师应崇尚科学精神，树立终身学习理念，拓宽知识视野，更新知识结构；潜心钻研业务，勇于探索创新，不断提高专业素养和教育教学水平。

（四）教师的职责

都是的职责首先是育人。先成人，后成才。正所谓：为人师表，答疑解惑，则为老师。

（五）教师的权利和义务

1.教师享有的权利

（1）进行教育教学活动；

（2）从事学术交流，参加专业的学术团体，在学术活动中充分发表意见；

（3）指导学生的学习和发展，评定学生的学业成绩；

（4）按时获取工资报酬，享受国家规定的福利待遇以及寒暑假期的带薪休假；

（5）参加进修或者其他方式的培训。

2. 教师应当履行的义务

（1）遵守宪法、法律和职业道德，为人师表；

（2）贯彻国家的教育方针，遵守规章制度，执行学校的教学计划，履行教师聘约，完成教育教学工作任务；

（3）对学生进行宪法所确定的基本原则的教育，爱国主义、民族团结的教育，法治教育，以及思想品德、文化、科学教育，组织、带领学生开展有益的社会活动；

（4）关心、爱护全体学生，尊重学生人格，促进学生在品德、智力、体质等方面全面发展；

（5）不断提高思想政治觉悟和教育教学业务水平。

（六）教师的职业要求

以爱岗敬业为荣，以敷衍塞责为耻。

以开拓创新为荣，以因循守旧为耻。

以勤勉博学为荣，以懒惰肤浅为耻。

以关爱学生为荣，以漠视学生为耻。

以廉洁从教为荣，以岗位谋私为耻。

以因材施教为荣，以千篇一律为耻。

以团结协作为荣，以损人利己为耻。

以仪表端庄为荣，以不修边幅为耻。

以尊重学生为荣，以辱骂学生为耻。

课题二　教练与教师的区别和联系

一、教练与教师的区别

教练帮助学员提升个人表现，提高生活质量。教练经过专业的训练，有能力聆听、观察并按学员个人需求定制教练计划和训练方式。教练的主要作用是激发学员自身寻求解决办法和对策的能力，因为他们相信学员是生来就富于创意与智慧的。教练的职责是提供支持，以增强学员已有的技能、资源和创造力。

教练不光要对学员的学习过程负责，还要对其学习结果负责，不是只教会一两个动作，更重要的是教会学员可应用一生的技能。在学员学习的过程中，教练手把手一招一式地教学，在用语言描述的同时，还需要大量身体力行的示范，让他们听懂，让他们模仿，并在学员练习过程中给予指导。

具体来讲，教练与教师的区别可概括如下：

第一，概念不同。教师主要传授知识，传授方式多为"言传"，就是多用语言教育；而教练主要传授经验，传授方式多为"身教"。

第二，意义不同。教师是帮助学生学习的，着重于激发学生的内心动力；而教练是要求学员学习的，有着某种规范强制性。例如，教师可以帮助学生提高认识或者学习成绩，而教练主要要求学员按照规定或者标准去做。

第三，职责不同。教师的职责首先是育人。先成人，后成才。为人师表，答疑解惑，则为教师。教练应注意巡视，及时发现问题，注意观察学员情况，主动为学员提供帮助与保护，为学员排忧解难。

第四，工作范围不同。教师一般都只负责教学或者思想工作；而教练主要陪学员训练，并将理论和实践结合起来培训学员。

二、教练与教师的联系

首先，知识结构相同，都必须具有相应的体育科学理论知识体系。

其次，活动内容相互融合，比如，在技术教学时既是教师也是教练。

最后，育人的本质相同。

训练检测

教练与教师有什么区别与联系？

任务三　高尔夫球教练应具备的工作素质

活动场地 / 环境

多媒体教室。

任务要求

了解高尔夫球教练工作素质的含义。

能力训练

掌握高尔夫球教练的工作素质；初步形成对高尔夫球教练工作素质的认知。

一、道德品质

高尔夫球教练的一言一行、一举一动都会给球员带来潜移默化的影响，一个品行不端的教练，所培养的球员会在训练和比赛中使这种不良品行进一步扩散。总之，教练应有较高的思想境界和道德情操，身先士卒，要求别人做到，自己应首先做到。

二、专业知识

教练应当精通与专业相关的理论与知识，如操作规格、操作方法、质量标准、安全操作知识等。一名称职的高尔夫球教练要有宽深适度的专业知识，方能使球员在有限的训练时间内获得尽可能多的专业知识，为进一步拓宽专业能力奠定知识基础。

三、操作技能

具备较高的操作技能，是高尔夫球教练的基本要求之一。"打铁还需自身硬"，自己没有"一杯水"，肯定灌不满"一杯水"，这是最基本的道理。

四、教学能力

（一）语言表达能力

实践表明，教学的效果在很大程度上取决于教练的语言表达能力。高尔夫球教练的讲解应当内容具体、简单明了，语言生动活泼、有感染力。教练应善于联系学员的思想实际，说明应当讲解的问题，适应他们的理解水平。

教练的讲解一般存在三个问题：一是教练在讲解中过多运用专业术语，使球员难以理解；二是教练的文化水平较低，不能准确地说明要讲解的内容；三是教练使用方言，导致沟通不畅。

（二）观察球员个性和训练情况的能力

高尔夫球教练应当根据球员的外部表现，了解球员的个性和他们的心理状态。既能找出球员共同具有的特点，又能发现每个球员的个性特点，从而采取有效的培训措施。

（三）善于全面掌握、理解、运用教学文件的能力

高尔夫球教练应当钻研教学文件及相关教材，认真备课；理清主要内容和次要内容，明确主次要内容要掌握到什么程度，应当采取哪些训练方法和措施；具有相应的分析、概括能力，化繁为简、深入浅出，善于用标准的动作、精辟的语言让球员接受整套操作技能。只有这样，才能使球员按照教学规律掌握操作技能。

五、组织能力

高尔夫球教练是整个技能训练的直接组织者和指导者，其组织能力的好坏直接影响训练计划、训练进度的执行情况以及训练效果的优劣。高尔夫球教练的组织能力主要表现在以下两个方面：

第一，要善于发现团体中威信高、责任心强、操作技能较好并能组织全组球员共同学习、参与其他活动的球员，让其担任组长，成为自己的训练助手，把各项工作做得更好。

第二，要根据训练计划、目的、要求组织学习。

六、构图思维

高尔夫教练的构图思维主要表现在对球员运动训练过程中的数据收集、整理、分析能力。例如：在球员进行一定时期的训练后，对其身体素质、运

动能力、技术水平等获得的数据进行梳理、构图，能够明显地标示出球员这一段时间的训练成果；在专业仪器中可检测到杆头相关数据（包含杆头速度、动态杆面角、击球角度等），教练通过收集整理工作可以有效得出球员打球的基本信息，从而进行有针对性的调整。具体如图1-3-1所示。

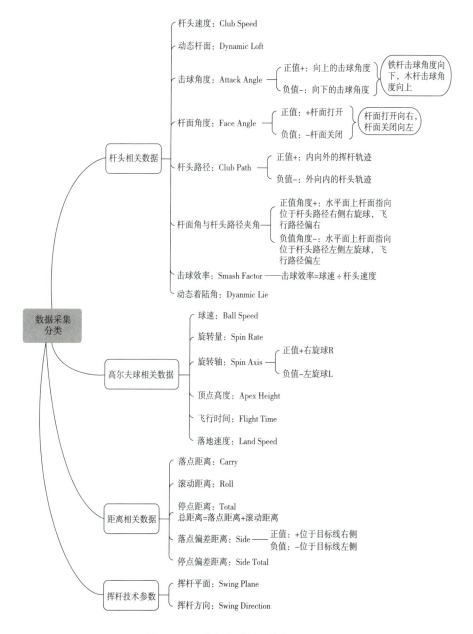

图 1-3-1 高尔夫球教练的构图思维

七、数据分析

数据分析指的是利用数学的基本方法，采用统计学、概率学等相关学科的知识，对大量不确定性因素进行建模和预测。数据分析已成为高尔夫球的一项关键功能，不仅用于预测结果，而且对技能发展起到关键作用。

高尔夫球用到的数据多指球员在场下打完一场或若干场比赛以后所得到的数据，如开球上球道率、开球距离、上果岭率、推杆数据等，记录这些数据后，可以针对每项技术的薄弱环节进行有效的训练。

高尔夫球是一项全身性的协调性项目，对于球员的关节灵活度、柔韧性有相当严格的要求。另外，目前的高尔夫球数据分析设备越来越普及和多样，对于数据的监测范围也越来越广，从以前只能监测到距离、球的倒悬速度、杆头速度等，到现在已能监测到球员的身体活动角度等。目前，在很多大赛中，球道距离的设置越来越长，要想球员获胜，就要充分重视击球距离，并进行数据分析。在改变球员的技术动作的过程中要进行身体训练，而身体训练又需要相应的技术设备做支撑，目前采用较多的是动捕技术，通过对球员进行身体关节的监测，制订运动方案。

优秀的高尔夫球教练不仅要对球员在场下的挥杆成绩进行分析研究，也需要在平时训练过程中通过仪器设备的监测以及数据的整理分析，对球员进行有效的训练，还要对平时球员训练过程中的身体状况进行有效的监测，如基本生理指标、睡眠情况、疲劳程度、饮食情况等。

八、精细化管理

精细化管理就是落实管理责任，将管理责任具体化、明确化，它要求每一个管理者都尽职尽责：第一次就把工作做到位，工作要日清日结，每天都要对当天的情况进行检查，发现问题及时解决，等等。

精细管理的本质意义就在于它是一种对战略和目标进行分解、细化和落实的过程，是让运动训练的战略规划能有效贯彻到每个训练环节并发挥作用的过程，同时也是提升教练、运动队、球员整体执行能力的重要途径。运动训练在确立建设"精细化管理工程"这一带有方向性的思路后，重要的就是结合运动队或球员的现状，按照精细化管理的思路，找准关键问题、薄弱环节，分阶段进行，每阶段性完成一个体系便实施运转、完善一个体系，并牵动修改相关体系，只有这样才能最终整合全部体系，充分发挥精细化管理工程在运动训练发展中的功能、效果和作用。同时，我们也要清醒地认识到，在实施"精细化管理工程"的过程中，最为重要的是要有规范性与创新性相结合的意识。精细化的境界就是将管理的规范性与创新性最好地结合起来，从这个角度来讲，"精细化管理工程"具有把运动训练引向成功的功能和可能。

训练检测

高尔夫球教练应该具有什么样的工作素质？

项目二
高尔夫球的基本原理

项目描述

　　高尔夫球的基本原理，是指打高尔夫球的基本准则。本部分将从高尔夫球具和球场知识、高尔夫球赛事及礼仪、高尔夫球挥杆平面原理、高尔夫球挥杆力学原理、高尔夫球的限位理论、高尔夫球的动力链分析等六个方面进行阐述，旨在科学、系统地对高尔夫球运动进行剖析，为高尔夫球教练的教学工作提供科学的依据。

学习目标

　　了解高尔夫球具、赛事等知识，掌握高尔夫球教练应具备的高尔夫球挥杆平面、力学原理等基本理论，提高运用高尔夫球动力链等知识分析问题和解决问题的能力。

能力目标

　　能够运用所学知识，正确解决高尔夫球教练工作中所遇到的问题；熟练运用高尔夫球的基本原理进行教学与训练，提高自己的从业能力。

任务一　高尔夫球具和球场知识

活动场地 / 环境

多媒体教室。

任务要求

1. 了解高尔夫球具的概念、起源、参数、性能等；
2. 了解高尔夫球场知识。

能力训练

掌握高尔夫球具和球场知识，能够有意识地提高对高尔夫球具和球场的认知水平；初步形成为不同球员配置不同球具的能力。

课题一　高尔夫球杆

一套标准的高尔夫球装备中的球杆共有 14 根，这个数字也是高尔夫球规则规定的上限，任何人不得携带超过14根以上的球杆下场击球。

高尔夫球运动的目的无非是把球打进一个小洞中，用一根杆不就可以了吗？理论上确实是可以的，也确实有人只带一根杆下场，作为一种极限的挑战来玩，但是要想打出好成绩的话，就需要把 14 根球杆都带全了。理由很简单，高尔夫球是世界上最难的运动之一，只是把球直直地打出去都很困难，更不要说做出不同的击球动作来打出不同距离的球了，所以在高尔夫球运动中要打出不同的距离，就要使用不同的球杆。用同样的动作来挥杆，不同的球杆能打出不同的距离和球路来。

一、单只高尔夫球杆的构造

（一）握把

握把所在的位置就是手握杆身的位置。握把以舒适、防滑、能应对各种不同的气候条件为主要设计目的。握把有很多种不同的材质，最常见的是橡胶材质，职业高手更喜欢用棉线的握把，因为棉线材质在雨天更防滑。此外，棉线混合橡胶材质也是不错的选择。

（二）杆身

从材质上看，杆身分为碳杆身和钢杆身：碳杆身轻、软、舒适，但是击球稳定性差；钢杆身重、硬，但击球稳定性好。杆身的硬度是选择球杆的重要考量。关于杆身，很多新球员都觉得并不重要，挑选球杆的时候也主要看杆头的功能和造型。其实，杆身才是一根球杆最重要的部位，其主要成本也都在杆身上，这就是为什么仿冒大品牌的球杆，杆头做得跟真杆一模一样，但是价钱便宜那么多。

（三）杆头

杆头是一根球杆的脸面，造型和设计可谓千姿百态，从材质上可分为锻造杆头和铸造杆头，从造型和设计上可分为刀背杆头、半刀背杆头和全凹背杆头。不同造型的杆头，适合不同水平的人，新球员比较适合全凹背的大杆头。

（四）杆面

杆面是杆头前面，指击球时与球接触的位置。杆面也有各种各样的材质和技术，不同的杆面材质和设计，对击球感觉有很大的影响。杆面中心的点，称为"甜蜜点"，就是如果用这个位置击到球，会有一种很舒畅甜蜜的感觉。

球杆的构造如图2-1-1-1所示。

图 2-1-1-1　7 号铁

二、常用参数

（一）倾角（Loft）

倾角是指球杆正常停放时，杆面中心线与地面铅垂线之间的角度。

（二）杆身硬度（Flex）

杆身硬度就是让杆身弯曲的容易度，分为X（Extra Stiff）、S（Stiff）、R（Regular）、A（Senior，最初这个级

数被称为Amateur）、L（Ladies），这是美规和日规最大的不同，不同生产公司也有不同之处。

（三）挥杆重量（Swing Weight）

挥杆重量又称"挥杆平衡"，与球杆的重心和重量有关。球杆越重，重心离杆越近（就是离握把越远），挥杆重量越大。

（四）停止角（Lie）

停止角是指球杆正常停放时，杆身中心线与地面所构成的角度，仰角太大会造成翘头（Upright），太小会造成低头（Flat）。

三、球杆材质

（一）碳素材料

碳素材料主要用于制造碳素杆身。一般是在石墨里加入陶瓷成分，或加入碳和玻璃纤维等，使之更轻，更坚固。

（二）钛合金

钛合金一般用于制造1号木杆头。钛的密度相当小，约为铁的60%。但具有强度高、易高温热处理、可焊接、可锻造等特性。在纯钛里加入其他金属即生成钛合金，目的是改进其特性。

6/4钛是在纯钛里加入6%的铝、4%的矾合成的，多用于制造杆头。

β钛（通常意义上的）是在纯钛里加入15%的矾、3%的铬、3%的铝和3%的镍合成的，多用于制造杆头。

（三）钨

钨的密度相当大，约为钛的4.5倍，多用于杆头配重。

（四）软铁

软铁是指在铸造铁杆时，在不锈钢里加入0.1%~0.3%的碳，能使之变软。

（五）不锈钢

sus630（加入了17%的铬和4%的镍）多用于铸造工艺，较早用于PING品牌的背空式铸造铁杆，广泛适用于铁杆和木杆。

sus304（加入了18%的铬和8%的镍），比sus630软。

（六）其他材料

铍铜（铜加入1%~2.5%的铍），比不锈钢重约6%~7%，多用于制造挖起杆。

铝合金（铝加入4%~6%的铅和2%~3%的镁），更轻、更坚固和易于加工，

也用于制造1号木杆头。

（七）推杆材料

制造推杆的材料包括不锈钢、黄铜、青铜、铜、聚合物、聚氨酯、铝、不锈钢等。

四、球杆的分类

（一）木杆

之所以叫木杆，是因为以前的杆头多用木头制造。最早的杆头是用红柿木制成的。因为木头遇水会膨胀，早期雨天击球后球杆都会送去保养，后来才演变为使用铁、不锈钢、碳纤维、钛金属等不同的材质制造。最流行的球杆材质应是钛金属，除了不需要费时保养外，钛金属的反弹效应较强，球可打较远。现如今许多球场因无法增加长度距离，对职业选手选用木杆的反弹系数有一定的规定。除开球用的1号木杆外，球道木杆尚有3号、4号、5号、7号、9号木杆。对女性而言3号、4号木杆较难打，所以才会推出仰角更高的7号或9号木杆。

（二）铁木杆

铁木杆是介于铁杆和木杆之间的球杆，又叫混合杆。

（三）铁杆

铁杆分长中短杆，长铁杆通常指的是2号和3号铁杆，4号、5号、6号铁杆为中铁杆，短铁杆则为7号、8号、9号铁杆和P杆（劈起杆）。使用长铁杆的人越来越少，多数改以铁木杆代替。长铁杆通常不容易打高，并容易产生右曲球。长铁杆因为角度小，碰上强劲逆风时，就派得上用场。铁杆按杆头设计不同分刀背式和凹背式，刀背式重心较高，较不容易做出杆头释放的感觉；而凹背式则重心较低，有的甚至做到超低重心，底部较重，甜蜜点面积较大，因而较易击中球，也可打得高些。市场上多见到凹背式的铁杆。短杆还有P杆（劈起杆）、挖起杆（A杆）、沙坑杆（S杆），短杆方面通常职业选手较为讲究，还细分不同角度，有52度杆、56度杆、60度杆等。不同角度可击出不同的高度和不一样旋转程度的球。对业余选手而言通常会共享挖起杆和沙坑杆，10号铁杆约等于P杆，11号铁杆则等于A杆（角度更大）。

相关图片见图2-1-1-2~图2-1-1-5。

图 2-1-1-2 球包

图 2-1-1-3 4 号、5 号、6 号铁杆

图 2-1-1-4 小木杆

图 2-1-1-5 52 度 P 杆

（四）推杆

最早推杆多设计成"L"形的，也有少数职业选手仍沿用传统"L"形推杆，到后来的 PING Putter，发展至 two balls 甚至 three balls，以及马蹄形、圆锥形等各式能让人感受平衡的推杆。

女子球杆较男子球杆短 1 寸（3.33 厘米），距离短 30 码（27.432 米，1 码合 0.914 4 米），杆身斜度（LIE）多 1 度左右。

职业男选手的铁杆距离，每隔 1 号杆相距 15 码，业余男选手相距 10 码。

五、如何选择合适的球杆

杆身的重量种类非常多，从 30 克至 90 克的都有，因为它直接关系到球杆的总重量和挥杆重量，所以挑选使用什么重量的杆身就显得非常重要。

选择时的主要依据是挥杆节奏和杆头速度。使用适合自己挥杆节奏以及速度的杆身，球的飞行距离会增加。一般来说，挥杆速度快的选手更喜欢用重一些的杆身，因为较重的杆身击出去球的弹道更加稳定。

（一）参考数据

1.重量

杆头速度在 40 米/秒左右的球员，比较适合使用重量为 50 克左右的杆身；杆头速度在 43~45 米/秒的球员，比较适合使用重量为 60~65 克的杆身；杆头速度在 46 米/秒以上的球员，比较适合使用重量为 65~70 克的杆身。

2.软硬度

软硬度表示的是杆身的弹性，它对弹道的稳定性和球的飞行距离有着非常重要的作用。一般来说，杆身越硬，弹道越稳定；杆身越软，距离越远。按照软硬度，有五种规格的杆身：女士 L（Ladies），业余A（Amateur），普通R（Regular），硬S（Stiff），超硬X（Extra-Stiff）。

选择什么硬度的杆身应该根据挥杆的速度决定：34 米/秒以下，硬度为L；34~38 米/秒，硬度为A或R；38~43 米/秒，硬度为R或S；43~48 米/秒，硬度为S或X；48 米/秒以上，硬度为X或XX。

注意：各品牌商的R、S、X的硬度标准是不一样的，要充分结合自己的挥杆节奏来进行挑选。

3.折点

杆身的折点是指杆身被弯曲时弯曲最大的部位。杆身的折点一般分为高（HP，靠近握把侧）、中（MP，相对中间）、低（LP，靠近杆头侧）。它主要影响弹道的高低和杆头速度，如同我们踢球时腿部各关节（髋部、膝盖、脚腕）的作用。

4.扭矩

杆身受力时所产生的转向变化被数值化后就是扭矩（TQ）。对于挥杆速度较慢以及力量不足的球员，应选择扭矩在 5.0 以上的。扭矩较大的杆身在击球的瞬间，杆面比较容易回转过来，会有较明显的"抽球"的感觉，使挥杆动作更为流畅一些。对于挥杆速度很快的选手，应选择扭矩在 4.0 以下的，因为扭矩过大就意味着杆身的转动较大，不易控制球的飞行方向。但如果扭矩太小，会使杆身的举（触）动过于敏感，挥杆时给人感觉非常硬，节奏不好掌握，不但距离上会有损失，也比较容易产生右曲球（因为球的左侧旋较少）。

　　此外，碳杆身的制造在材料、工艺上也有很多种，其作用原理都是：从下杆到击球这个过程中，杆身的弯曲能够更快地恢复原状，这样一方面能够使击球的感触更快地传递到手上，另一方面能够增加挥杆速度，使球飞得更远。

（二）球杆性能介绍

1. 发球木（Driver）平均距离：210~250码

　　发球木[①]是杆身最长、杆面角度最小的木杆，主要用来在发球台上开出长距离球。职业选手用发球木在发球台上能打出300码左右。大多数发球木的杆面角度在7度（打出低弹道）至12度（打出高弹道）之间，一般球手适用10.5度的，这样容易起球，球的弹道较高，球的距离较远。为了使球击出更远，有些发球木采用了类似蹦床反弹效果的杆面，但这种木杆一般都会被禁止使用。R&A是欧洲高尔夫球规则的制定机构，该机构和美国高尔夫球协会（USGA）推出了一份关于球杆和球的新规则，旨在禁止高科技带来的不公平竞争。

2. 球道木（Fairway Wood）平均距离：200~230码

　　球道木是要求既要有距离，又要有准确性的球杆，主要在球道上使用，因此而得名。在草较长的长草区或球道沙坑中，球的位置状态较好时也可以使用。为了更好地控制开球，球员在梯台上更喜欢使用击球距离稍短、杆面角度稍大的3号木。这种球杆也能打出类似于长铁杆的力度和精准度，并且能打出理想的弹道。

3. 2号铁（2 iron）平均距离：190~210码

　　铁杆是按照杆面倾角来编序号的，杆号越小，杆面越直。事实上，只有技艺高超的球员才会用2号铁，大多球员更喜欢用一支3号木或者采用两杆攻的策略。如果有可能，还可以购买一支1号铁，同样可以把它叫作"发球铁"，但实际上没人这么干，除非技术非常过硬的顶尖球员。职业球员通常使用2号铁进行低弹道的长距离击球，如在树林中能打出低弹道的曲线球。

---

① 为表述简洁，可省略"杆"字，直接称"发球木""球道木""3号木""2号铁"等。

4. 3号铁（3 iron）平均距离：180~200码

在现代的一套球杆中，3号铁是一支标准杆的长铁杆。它常用于长距离攻果岭或者较长的三杆洞。现在，铁杆杆头的背部大多是挖空的，这样能产生较大的甜蜜点，会提高击球的成功率。杆头重心改变得更低，击球就会更容易，弹道也会更高。

5. 4号铁（4 iron）平均距离：170~190码

它比3号铁杆身短，所以不会给人太多"直立"感和恐惧感。如果你更喜欢用木杆，那么一支7号木更适合代替这支4号铁，但这样对击球的控制就差了很多。铁杆比木杆能打出更多的旋转球，并且球滚动很小，能在落点附近停球。铁杆杆面的沟槽会增加球的倒旋，这就是为什么在开球的时候通常要把杆面清理干净。

6. 5号铁（5 iron）平均距离：160~180码

这是一支打出中等距离的球杆，兼顾了距离和可控性。它属于以距离见长的球杆，但它的杆面倾角能给人很好的击球感觉，可以打出理想的弹道。如果有必要，可以尝试用它来切球，你会发现它可以打出比7号铁或者9号铁更低的弹道。

7. 6号铁（6 iron）平均距离：150~170码

这是一支很多球员都认为击球最容易的球杆，6号铁也是初学者的首选球杆。通过改变挥杆幅度，可以获得不同的击球效果。

8. 7号铁（7 iron）平均距离：140~160码

7号铁特别适合在林克斯球场打出跳跃式滚动球，或者在强风中打出低弹道球。用它做四分之三挥杆可以代替8号铁或9号铁的全挥杆。7号铁也是在练习场练习时常用的杆。

9. 8号铁（8 iron）平均距离：130~150码

8号铁是能够确保一定距离和精准性的球杆。它较大的杆面倾角能够让球滚动很小距离就在旗杆附近停住，通常打一个倒旋球就可以做到这样的效果。倒旋球是指杆头在接触草皮之前击中球的后部。

10. 9号铁（9 iron）平均距离：120~140码

富有经验的球员能够使用9号铁发挥出多种作用，不但可以用全挥杆打出一定距离的劈击球，也可以在果岭前用9号铁进行精准切杆。

11. 劈杆（Pitching Wedge）平均距离：110~130 码

可以购买不同杆面倾角的挖起杆（P杆），挖起杆杆面倾角一般在 50 度到 52 度之间，适合攻打近距离果岭和切球。一支高抛挖起杆的杆面倾角在 60 度左右，适合于果岭边缘的精准切击，特别是果岭边的深草中。多数职业球员会带上两支挖起杆：一支P杆，一支S杆（沙坑杆）。

12. 沙坑杆（Sand Iron）平均距离：80~100 码

这是专门为沙坑设计的球杆，它依靠杆面下边缘的冲击力带动球，使球落地后弹回落点，或者即落即停。它也可以在球道上击球，比如当你需要打出一个高抛倒旋球来避开果岭附近的麻烦时。但是，通常只有高手才做得到。

13. 推杆（Putter）

推杆是果岭上专用的球杆，平均占总杆数 40%~50%的击球要靠这支推杆。推杆基本上分四种类型：重量分布在杆头外围的推杆，这种推杆头部和杆身能达到一个很好的平衡；刀片式推杆，非常精准，但是甜蜜点很小；大头推杆，具有较好的推击连贯性；中轴推杆，适合推击直线球路。选择适合自己的推杆只有一种方法——尽可能多地测试。

最后总结一下一套标准的 14 支球杆的标准配置：1号木、3号木、5号木、3~9号铁、劈起杆（48度杆）、沙坑杆（52度杆）、高吊杆（56度杆）、推杆。

课题二 高尔夫球其他用品

一、高尔夫球

高尔夫球的硬度一般是从 70 度到 105 度，度数越高，球就越硬。越硬的球也越不好掌握方向，因为硬度高的球在杆头接触到球时弹性小，反弹力大，很容易把球弹飞。

从不同硬度的球的特点来分析，很容易得出结论：水平高的球员会选择硬度高的球。事实上也确实如此。

一般职业球员选择的球硬度都比较高，是从 90 度到 105 度左右，而水平一般的球员则会选择硬度稍低的球，也就是 80 度到 90 度的球，初学者则适合选择硬度最低的球，即 70 度的球。

这里需要指出的一点是，球的硬度与击球距离并没有直接的关系。

图 2-1-2-1　高尔夫球

高尔夫球是用橡胶制成的实心球，表面包一层胶皮线，涂上一层白漆。球的直径 42.67 毫米，重 46 克（见图 2-1-2-1）。高尔夫球从结构上可以分为单层球、双层球、三层球和多壳球，从硬度上可以分为硬度 90~105、硬度 80~90、硬度 70 三种。

二、高尔夫手套

高尔夫手套（见图 2-1-2-2）跟一般的手套不同，把手包裹得很紧，戴上以后就好像手上多了一层皮肤，一来防止手上出汗球杆打滑，二来可以保护手不被磨伤。高尔夫男士手套只有一只左手手套（左手是拿捏球杆的手，右手是辅助），而女士手套是一双，左右手都有。

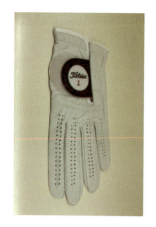

图 2-1-2-2　高尔夫手套

三、高尔夫球帽

打高尔夫球的人头上永远有一顶帽子（见图 2-1-2-3），这帽子跟手套一样，不是装饰物而是必需品。高尔夫球是一项户外进行的运动，球员常常顶着太阳挥杆，戴帽子一是防止被阳光灼伤面部皮肤，二是避免击球时强烈的阳光直射眼部，影响对球飞行线路和落点的判断。不过在练习场打球是无须戴帽子的，但也有很多人在练习场戴帽子，一是习惯了，二是想跟下场的时候保持一样的感觉。不管怎么样，下场前准备一顶遮阳的帽子是很有必要的。

图 2-1-2-3　高尔夫球帽

四、高尔夫球鞋

首先，打一场高尔夫球要走近 10 公里，没有一双好鞋是不行的；其次，正确的高尔夫球挥杆动作是下身发力的，双脚必须牢牢地抓在地上，在湿滑的草地上，普通运动鞋是不能胜任的。很多人第一次穿高尔夫球鞋（见图 2-1-2-4）的时候，都感叹这是他们这辈子穿过的最舒服的鞋。高尔夫球鞋不但防滑，还具有防水的作用，在雨天也能够保证鞋内是干燥的，这样既有利于技术的发挥，还能保证健康。

图 2-1-2-4 高尔夫球鞋

五、高尔夫球包

高尔夫球包是（见图 2-1-2-5）高尔夫球运动中重要的一件装备。球包除了收纳球杆外，还有许多其他的功能，如内置雨伞袋、保温袋、手机袋、钱夹袋、眼镜袋、笔插口袋、果岭叉口袋等，还可放置球鞋、球钉插等物品。所有功能性的地方都有标识，还有和球车配合的捆绑的设施、上下手把等。球包分为标准球包、职业球包、支架包、枪包、航空包等。

图 2-1-2-5 高尔夫球包

课题三 球场基本知识

一、球洞的设计

球洞的英文名称为hole，球洞的长短、宽窄、左右等区分反映了球洞的空间布局和尺度。在进行高尔夫球场球洞设计时，同样要遵循路易斯·沙利文（Louis Sullivan）所总结的"形式服从功能的原则"。球洞是打球经过的通道，其长度十分重要，并且球洞宽度、球洞高差、球洞起伏、球洞转折、球洞方向等影响参数，都需要在球洞设计中予以综合考虑。球洞在设计时必须满足三个基本原则：满足打球的需要，创造优美的环境，便于养护管理。

（一）球洞长度

球洞长度是指从发球台的几何中心经过球道落点到果岭几何中心之间的水平距离。无论中间经过水面还是草坪，球洞长度都是指球洞飞行线的水平距离。一个球洞的标准杆数意味着这个球洞的长度范围，即从发球台到果岭之间的长度范围，通常用标准杆数3杆、4杆、5杆表示为3杆洞、4杆洞、5杆洞。球洞长度要结合几何地形进行设计，在一些可能承办重要赛事的球场，第一打的距离可以适当加大以提高难度。另外，在海拔较高的球场，球飞行的阻力较小，对此也可以采用更长的距离设计。除此之外，最重要的就是18球洞上应当使所有的球杆都能派上用场，所以没有哪两个球洞是等长度的。

注意：标准杆，英文为par，指一名优秀球员在正常情况下不出任何差错将球从发球台打上果岭，然后从果岭推球进洞需要的杆数。

（二）球洞宽度

球洞宽度是影响打球难易程度的另一个重要参数，特别是落球区的宽度影响球洞难度，落球区面积与打球难度成反比。设计时，对球洞宽度并无具体规定，而是取决于设计师对球洞打球战略的定位和理念，要求能在给球员提出挑战的同时鼓励初学者的积极性；从养护管理角度来看，球洞宽度应当能够与大型多联剪草机的幅宽相吻合，以降低养护成本。可参考以下指标：

都市球场，落球区宽度应大于50码；日常收费球场，落球区宽度在40~45码；度假球场、会员球场，落球区宽度在35~40码；乡村俱乐部球场，落球区宽度在30~35码；高水平公开赛球场，落球区宽度在25~28码。

（三）球洞高差

球洞高差是指发球台与果岭之间的高度差。若发球台高于果岭高程，就是下坡球洞，反之就是上坡球洞。球洞高差会对球洞长度产生影响。在设计中，球洞的高差主要取决于原始地形，平地球场往往没有高差，山地球场高差较大。高差的确定要考虑视觉效果、可打性、安全性、管理方便等因素。

注意：落球区，即正常击球时球的着陆地到球停止滚动点之间的区域，或球洞宽度与球滚动距离之间的面积。

（四）球洞起伏

球洞起伏在设计时应遵循形式服从功能的原则。球洞起伏的首要功能是解决球洞地表排水问题，然后是创造不同的击球站位条件和方便的草坪维护条件。从草坪维护的角度来看，坡度越小越便于维护，对草坪设备的动力性要求不高。若坡度较大，对草坪机械的功率、驱动轮数量都有较高的要求，会使草坪管理的费用增加，加大球场运营成本。基于这些功能要求，建议冷季型草球洞表面的最小坡度为2%，暖季型草球洞表面的最小坡度为3%，也可根据当地的降水量进行调整，对于干旱少雨地区，最小坡度可以为1%。

在控制球洞起伏方面，如果地形条件许可，尽量不要给球员在正确击球方向上造成盲洞或盲区。

注意： 盲洞指球员从击球点看不到落球区的位置，或从设计落球区看不到下一落球区的位置。

盲区指站在3杆洞或4杆洞的发球台上看不到目标果岭的球洞，或从5杆洞的第一落点看不到目标果岭的球洞。

（五）球洞转折

球洞转折的另一种叫法是"狗腿洞"，狗腿洞造型优美，变化多端，是高尔夫球场中常见的一种球洞布局类型，分为"左狗腿球洞"和"右狗腿球洞"。对狗腿洞设计时要慎重，除非地形所限，不得已而为之。因为当球洞转折角度过大时，再加上周围树林、山丘等障碍物的遮挡，容易使球洞成为盲洞，从而给初次打该球洞的球员带来很大的盲目性。

（六）球洞方向

由于高尔夫球场与自然环境紧密结合，使自然因素对其有很大的影响。在进行球洞设计的时候，自然环境中的光和风的影响是不容忽视的。由于早晨和傍晚的阳光与地面的夹角较小，迎着太阳打球会产生眩光，影响打球的效果。因此，在设计球场之前，应根据球场所在地的地理纬度，查阅日出、日落时分的太阳高度角和方位角，据此合理安排布置球洞的方向。另一个自然影响因素是风，风是球洞唯一不确定的障碍因素，顺风击球距离较远，逆风较近，侧风会影响球的飞行方向。设计前，可通过当地气象部门或有关气象资料获得当地季节性风向，现场实地调研当地小气候风向，通过风玫瑰图指示风向。在进行球洞设计时，要注意顶风和侧风给击球带来的困难，也要将顺风考虑在内，使球员获得意外的惊喜，增加打球的趣味性。球洞的方向应尽量不同，要让球员体验顺风、左侧顺、右侧顺、左侧风、右侧风、逆风、左侧逆和右侧逆不同的风向。

二、果岭设计

果岭是高尔夫球运动中的一个术语，是指球洞所在的草坪，是一个球洞的核心部分。在一场高尔夫球比赛中有一半的杆数是花在果岭上的。果岭上的球洞就是球员的目标，而要将小白球轻松地送进洞杯，不仅需要球员的技能，也需要球员了解果岭面的起伏坡向、果岭面的软硬和光滑程度，而这些因素则是果岭设计、建造和养护中考虑的主要问题。

对大多数初学者而言，果岭设计似乎就是果岭的大小、形状、空间摆放等外观几何形状的设计。其实，果岭作为高尔夫球洞的目标区，其重要性显而易见。果岭设计必须与球洞整体设计相结合，它是球洞设计的重要内容之一。果岭直接涉及比赛成败和难易程度，因而决定了球场建设的成败。熟知高尔夫球的人都知道，果岭状况代表了高尔夫球场的最高水准，球员评价球场的质量标准取决于果岭的状况。在高尔夫球场的设计过程中，果岭设计最为重要，要求也最为严格。

（一）果岭的大小和形状

果岭为圆形或近似圆形，一般由果岭前区、果岭后区、果岭环、球洞、旗杆、障碍物几个部分组成。果岭前区和果岭后区是果岭的主要组成部分。果岭环布置在果岭的外围，应与球道相接，宽度为 0.9~2.7 米，草坪修剪高度为 10~19 毫米（稍低于球道，但略高于果岭）。果岭上设有球洞，洞中插有旗杆及旗帜识别。根据美国高尔夫球协会公布的标准，球洞尺寸为直径107.9 毫米，深 101.6 毫米。球洞由专门的打孔器设置，内为铁制或塑料制杯，杯口应低于地面 25 毫米。球洞位置每天均需更换，但距离果岭内沿线位置至少应在 4.6 米以上。为了增加高尔夫球运动的趣味性和难度，可在果岭附近设置障碍区，如设置沙坑以制造沙坑挖起杆；设置灌木丛或人工水体，以为死球制造可能性。与此同时，沙坑、水体和灌木丛的设置在景观上又为球场增色不少。

果岭的大小应取决于障碍区的难度和球道的长短。球道和标准杆设置较长的可适当加大果岭面积，以降低上果岭的难度，反之则适当缩小果岭面积。同样道理，无障碍区或障碍区难度不大的可适当缩小果岭面积，反之则可适当加大果岭面积。特别要指出的是，由于果岭是整个高球场造价最为昂贵的地段，其面积还受到投资规模的制约。因此，如何合理安排果岭面积是设计中应该特别认真对待的问题。

为了给球员提供优质的推杆条件，果岭表面必须平整、顺滑，有一定的硬度，草坪均匀、密度适中，色泽优美。球在果岭表面滚动流畅，速度适中。不同的球场对果岭的速度要求不同。一个球场打球的人越多，果岭使用就越频繁，对果岭草坪的践踏损伤就越严重。此时果岭面积就应该稍大一些。一般来说，果岭面积越大，击球上果岭的目标就大，击球上果岭就越容易，击球难度就较低；如果减小果岭面积，对攻果岭的精确度要求提高，击球难度就会加大。

（二）果岭的表面设计

当球员击球上了果岭准备推杆的时候，首先注意到的就是果岭面，看其是否光滑、草坪是否均匀等。这些问题可以通过养护管理措施解决。从设计的角度观察果岭的时候，希望看到这个果岭及其周边区域的景观美学价值和对打球的意义。为了让果岭具有可打性和可观赏性，最基础的工作就是做好果岭面的设计。

1. 果岭表面的起伏特征

果岭表面起伏变化的目的是满足表面排水的要求和增加推杆的乐趣。实际上果岭面的起伏与周边地形是紧密相连的，这样才能给人以果岭就是原地形的一部分的感觉。如果以攻果岭的击球方向线为轴线来分析，果岭面的起伏特征可以归纳为几类：

（1）水平型。这是比较平坦的果岭面，这种果岭面缺少变化，但可以加快果岭推杆的速度，在比较拥挤的公共球场也是一种可行的选择。

（2）倾斜型。倾斜的果岭面总是向着攻果岭的球员。在一个方向上中间低、两侧高的果岭面就是下凹型的，它具有汇聚的特点，表面雨水容易汇集。与此相反，中间高、两侧低的表面就是中凸型的，它具有发散的特点，表面雨水向四周分散，不易产生地表径流和雨水侵蚀。

（3）波浪式起伏型。果岭面大波浪式的起伏气势磅礴，线条、曲面造型优美；小波浪式的起伏精致细微，暗藏着推杆线路上的变化玄机。这两种起伏与周边地形衔接自然，是比较常见的果岭表面特征。

2. 果岭表面设计注意的问题

（1）果岭表面的排水。在果岭的设计中，重要的一点就是把握果岭面各个方向的坡度，如坡度过大，在发生降雨或喷灌时可能对果岭面造成冲刷，会使果岭基层土壤水分分布不均匀，最终使果岭草坪受影响。无论如何，形式服从功能，果岭表面起伏变化的形式也要遵循一定的功能，这就是果岭表面要能自由排水，当遇到暴雨时，果岭表面不积水、不冲刷，并能尽快将果岭面上的雨水排到果岭以外。这就要求果岭面应有多个排水方向。

（2）果岭的坡度。坡度是果岭表面设计中关注的重要元素，因为果岭的坡度与推杆的球速有关。虽然草坪修剪的长短、果岭表面的干湿、修剪的草纹都会影响滚球的速度，但影响球速的基本因素是果岭面的坡度。坡度在设计、建造阶段就要考虑对球速的影响。

（3）果岭周边的衔接。果岭上的等高线一定会延伸到周边，除非是一个孤立的水中岛果岭。一个与周围地形平顺自然衔接的果岭，通常会将果岭周边的起伏自然延伸到果岭面上。因此，为了使果岭周边的地形起伏有变化，使果岭如层层山峦中的一片盆地，就要在果岭周边布置一些高低不一、错落有致的山包。

（三）果岭构造设计

高尔夫球场的经营和管理者非常明白，一个结构合理的果岭要比结构差的果岭在养护上花费少得多的精力和费用。所谓合理的果岭结构，就是根据植物生活的五大要素（阳光、温度、水分、空气和养料）人为地创造一个长久的生活环境。这种环境能够抵御自然风雨等不利因素的影响，使草坪草在自然风雨面前保持旺盛的生机。它不会因为再次的灌溉而中断营养，也不会因为介质的湿润而由践踏引起土壤板结的问题。同时保证在球员打球的时候不影响速度、准确性和乐趣。现代高尔夫球场的果岭结构通常采用美国高尔夫球协会提出的果岭标准结构进行设计。从结构上看，标准果岭由5个不同层面构成。

第一层是生长层，厚度为76~102毫米，材料为0.25~0.5毫米的沙和有机质。有机质最好用泥炭、腐熟堆肥或木屑、耶糠等，也可用部分珍珠岩等其他材料代替。这样既可以保肥，也可以保水和排除过剩水分，使草坪处在最佳生长环境中。

第二层厚度为224~198毫米，全由中沙组成。

第三层厚度为50毫米，由1.00~0.50毫米的粗沙组成，该层的作用在于防止中沙层水分以极快的速度向下层流动。由于粗沙层的阻挡，水可以在该层形成一个高水位，这样草坪植物根系能够从容地吸收积聚的水分。

第四层为小砾石层，厚约102毫米。来自粗沙的重力水经过短暂的汇集，最后迅速排进果岭的地下排水系统，排出果岭。

第五层为粗糙型底土。

（四）果岭地下排水系统设计

合理的果岭设计应该能够完全确保果岭无积水现象，否则将严重影响球员击球的准确性、球的运行弹道和速度，甚至会击起大块的果岭草坪，严重损坏果岭。因此，果岭还设有地下排水系统，该系统是球场果岭排水的主要方式。地下排水系统排水效率很高，能够将过剩水分迅速排掉，然而这种系统的花费很高。

地下排水系统平时完全可以承担果岭的排水，但是，在暴雨期间，排水主要依靠地表径流，因此标准的果岭不能设计得太平，应该制造一个0.005~0.010 米的坡度。而且果岭一般要高出周围地面 200~500 毫米。同时，果岭表面应设计成前区稍矮、后区稍高的一个曲面，这样既可促进地表排水，又可增加球员的能见度和竞争的刺激性与趣味性。

三、地形设计

地形设计是球场规划设计的基础，是构成景观的基本骨架，地形的起伏不仅丰富了景观，而且还参与每个球洞打球策略的形成，影响小尺度的造型、给排水、球车道路等。在球场的地形设计中，园林设计师需要与其他专业设计师通力合作，使其不但具有影响打球策略的功能性，而且兼具良好的景观价值。但高尔夫球场建设最理想的是利用自然原有的地形，设计师需要在开发商选定的场地上进行最合理的地形设计，做到"因地制宜"。

（一）地形的分类

1. 凸地形

凸地形是指比周围地形高的地形，因此视线开阔，具有延伸性，空间呈发散状。凸地形一方面可以组织成为观景之地，另一方面因地形高处的景物往往突出、明显，又可组织成为造景之地。例如，球道中果岭和发球台都可以设置在凸地形上，一方面可以有较好的视线俯瞰整个球道，另一方面可以加强视线的控制感。

2. 凹地形

凹地形是指比周围地形低的地形，通常视线比较封闭，且封闭程度取决于凹地形的相对标高、脊线范围、坡面角、树木高度等，空间呈积聚性。凹地形低处能聚集视线，可精心布置景观，坡面高处则既可观景又可布置景物。在高尔夫球场中，球道中的落球点就可以设计在凹地形上。

（二）地形的作用

1. 阻挡视线等

地形可用来阻挡视线、人的行为、冬季寒风和噪声等，但必须达到一定体量。高尔夫球场的周围常常用地形结合树木的办法来形成球场边界，既可以防止外人进入，又可以阻挡噪声等干扰。地形的这种阻挡功能应尽量利用现状地形，若球场中的凹地形现状地形不具备这种条件，则需权衡经济和必要性后采取措施。

2. 分割空间

若地形具有一定的高差，则能达到分割空间的作用。利用地形把球场分割成多个相对封闭的不同性质的空间，可以加强空间上的对比，取得意想不到的效果。

3. 营造景观

地形参与造景的一个重要方面就是作为景物的背景，但应该处理好地形与景物和视距之间的关系，尽量通过视距的控制保证景物和作为背景的地形之间有较好的构图关系。

（三）地形的设计要点

在高尔夫球场的景观设计中，应该把地形设计同球道布局、发球台和果岭位置的设计等结合起来进行，以最小的工程量达到最佳的景观效果。一个好的球场应具备什么样的地形没有统一的标准，关键在于根据现状地形进行合理的改造。根据地形类型的不同，球场可分为丘陵球场、山地球场、沙漠球场和平地球场。

1. 丘陵球场

具有连绵不断的丘陵地貌的地块最适合营造丰富的高尔夫球场景观。在设计时一般不会对现状地形作大的改动，而是因势利导，在进行球道的路线和走向布置时充分利用原地形，并合理确定发球台和果岭的位置。一般在对某些确实妨碍打球的局部稍加改造后，即可取得理想的效果。

2. 山地球场

山地地形起伏较大，在选址时一般要求山谷中和缓坡上有足够的宽度来布置球道，各个球洞围绕着一个或几个山头往返布置。一般在进行山地球场的地形设计时要充分利用原地形，以免进行大的地形改造。应巧妙合理地确定球道的走向、发球台和果岭的位置以及储蓄山体排水的水池位置等。在球道的停球区域，坡度一般不宜大于10%，以保证正确的停球。另外，在同一球道中，高差一般不宜超过50米，否则球员行走将非常困难。

3. 沙漠球场

沙漠地区干旱缺水，要尽量减少草坪面积，增加沙丘在营造景观和打球策略方面的作用。起伏的沙丘可以保留在高草区内，代替植物作为障碍，同时可使球场形成强烈的景观个性特征。

4. 平地球场

平原地区由于地形少有起伏，一般应根据实际情况对地形进行必要改造，营造起伏的微地形，至少应满足大于1%的排水要求。但要避免在平地进行过大工程量的地形改造，因为既不经济，也无必要。同时配合丰富多彩的植物种植设计和变化多端的发球台、果岭及各种障碍的设计，弥补地形上的不足。

四、沙坑设计

在早期的高尔夫球场设计中，沙坑主要作为打球障碍设置在果岭周围和球道两侧，用以惩罚不正确的击球。随着高尔夫球场设计理念的不断变化和设计师对沙坑认识的不断加深，沙坑成为高尔夫球场中应用最为普遍的障碍，沙坑设计也是高尔夫球场设计最能表现球洞的设计理念以及球场美学的重要手段。

（一）沙坑的组成

沙坑一般由沙坑前缘、沙坑后缘、沙坑边唇、沙坑面和沙坑底等几部分组成。沙坑边唇是沙坑与草坪衔接的部分，沙坑沙的下部一般要铺装能透水的沙坑垫，将沙坑沙和原状土隔开，以延长沙坑沙的使用年限，并保持沙坑的清洁。在沙坑的较低部位沙坑沙下层需要埋设渗水排水管。

（二）沙坑的形状

沙坑作为一种打球障碍，始终与球道和果岭相配合，并且随着球道和果岭周边地形起伏具有空间的立体造型。沙坑的位置不同，平面形状也不同。

1. 果岭沙坑

果岭周边空间有限，沙坑相对较小、较深，是沙坑杆的主要使用场合。果岭沙坑主要有圆点状沙坑、梨形沙坑、肾形沙坑、花生形沙坑、蚯蚓形沙坑、海星形沙坑、复合型沙坑、毛边沙坑几种形状。

2. 球道沙坑

球道沙坑的形状离不开球道的打球路线设计和布局。由于球道多为带状地形并且比较开阔，沙坑形状的变化更为丰富多彩，大致可分为两种：

（1）独立沙坑。这种沙坑与球道结合比较紧密，尺度较小，每个沙坑独立存在，起障碍或至少方向的作用。

（2）连片沙坑。这种沙坑面积较大，连成一片，主要构成球道的战略性或冒险性设计，并作为球场的沙坑景观，但因建设费用较高，因此不宜过分使用。

（三）沙坑的设计要点

在设计沙坑时首先考虑沙坑的障碍性功能，做到形式服从功能。在设计时，要重点考虑设置沙坑的必要性以及沙坑位置的选择；其次，确定沙坑的形状和风格；再次，注意沙坑沙的选择。

在沙坑的设计中应注意以下几点：

第一，打球功能与造景相结合，在构成打球策略的同时使其具有较高的景观价值。

第二，从实用功能上考虑，沙坑与果岭之间的距离应不小于3米，以利于草坪修剪机械的通行及防止沙坑中的沙子被风吹到果岭之上。

第三，沙子的颜色以白色为最上，尽量避免使用土黄色，因为土黄色的沙子与泥土颜色过于接近，容易给人以脏的感觉。

第四，沙坑的造型应灵活多变、精雕细琢，形成自然流畅的效果，与周围的起伏地形自然地融合在一起。在现代高尔夫球场的建设过程中，各种推土机、挖掘机等大型机械基本取代了人工，使建设速度大大加快，但同时也容易忽略精致性。如果在沙坑设计和施工中粗制滥造，则会给人以生硬、虚假的感觉，影响景观效果。

五、水景设计

水景设计在传统高尔夫球场设计中的作用主要是结合各种形式的水体进行球道的布局和制定打球策略，并满足排水、灌溉用水使用需求。在现代高尔夫球场设计中，水景设计也是构成高尔夫球场丰富景观的重要手段之一。

（一）作为障碍的水域设计

水域是最为严厉的球场障碍，在高尔夫球场中，水障碍与球道的相互关系可以总结为以下几类：

第一，水障碍与球道相邻型，即侧面水障碍，球道与水域边界几何平行。这种水域既可以是人工湖，也可以是溪流。

第二，水障碍与球道交合型，即与侧面水障碍相比更进一步深入球道，形成凹凸相间的球道与水域边界。这种水障碍打球难道较大。

第三，水障碍横穿球道型，即水障碍进一步深入球道，穿过球道飞行线或中心线，甚至穿过整个球道将球道隔开。依据水域穿越球道的角度分为横穿型水障碍和斜穿型水障碍。横穿型水障碍球道有可能对某种击球距离构成惩罚，一般不宜用。斜穿型水障碍球道有可能构成战略性球道或冒险性球道。

1. 湖泊水障碍

如果球场濒临大海，则可以把球洞设计得开合有度，有时面向大海完全敞开，有时又被密林或土丘围得严严实实，以充分借用海景并增加景观的变化。可以将湖面独立设置于单个球洞中，也可以几个球洞共用一个湖面，有时也会把果岭设计在水边的半岛上甚至水中全岛上，以增加趣味。

2. 溪流水障碍

溪流可以将高程不同的湖面连接起来，蜿蜒曲折地穿过球道，球员在打球时想要通过必须走小桥或汀步，这些都可以使球道充满趣味，激发球员的情绪。条件优越的球场还可以设置瀑布或跌水，这将使球场变得更加生机勃勃。在高尔夫球场上，如果有可以利用的溪流，那是最好不过的球场景观与障碍了。在中国的高尔夫球场中，会经常见到假山石点缀于湖岸或溪流两侧，使球场具有中国园林之美。

（二）作为景观的水景设计

球场内的水景设计要满足水障碍的功能，水系要水出有源，不可死水一潭。为凸显水景的美化功能，水景设计中的水岸设计尤为重要。水岸应曲折有致，球场水域湖岸讲究曲线艺术，不宜成角、对称、圆弧和直线。湖岸形式常见的有自然式缓坡式和挡土墙式两类。

1. 自然式缓坡式湖岸

自然式缓坡式湖岸主要分草坪湖岸、自然叠石湖岸和水生湿地植物湖岸。草坪湖岸比较平缓，工程造价低，水域向陆地的过渡平稳自然，是球场内最为常见的水岸形式。自然叠石湖岸显得柔中带刚，增强了水岸的视觉效果，而且湖岸稳定性好，特别适合具有岩石地质条件的球场。水生湿地植物湖岸形式自然、生态环保，根据湖水水位的变化及水深情况，选择乡土植物形成植物群落带，展现了自然生态和野生植物之美。岸边植物还可以有效地减缓径流、阻滞泥沙、降解污染物。

2. 挡土墙式湖岸

挡土墙式湖岸具有较好的防风消浪的效果，但由于过分强调人工化，即溪流、水塘被完全人工化、渠道化，空地减少，致使富有情趣的水边开发空间消失，淡化了水域湖岸的生态功能，破坏了天然湿地生态链。但是，在水面涨落高差较大的水域，或者空间受限的区域，多采用这种方式。

六、高草区设计

在高尔夫球场的障碍类型中，高草区是一类比较重要的障碍。但在高尔夫球规则中并没有关于高草区的严格定义。高草区的设计有两方面的内容：一是高草区的修剪高度使球道轮廓分明；二是因为球道不同的位置、不同的宽度以及与球道的衔接关系对球员打球的影响不同，所以不同的草种、修剪高度、草坪密度等构成了高草区障碍的动态特征。高草区设计主要有以下几种表现形式。

（一）增加落球区的宽度

高草区相对于其他障碍来讲，是一种比较轻微的打球障碍，虽然球落入草中会给击球带来一定困难，但是当滚动的球遇到高草区时，球速会降下来，从而避免球穿过高草区冲入深草区。所以，在球道外围根据地形条件设置适当宽度的高草区是有必要的，但并非一定要布置高草区，比较繁忙的公众球场可以选择减小高草区的宽度甚至取消高草区来相应扩大球道区的宽度。

（二）作为战略性球道的障碍

高草区与沙坑、水障碍一样可以作为战略性球道设计的元素。

（三）使球道障碍多元化

高草区的草坑作为球场障碍的一种，使球场更具趣味性。根据草坑所处的位置、草坑与果岭或球道的相对深度、草坑边坡的陡度、草坑中长草的种类以及修剪高度等情况，草坑可能是比较严厉的障碍，也可能是一般性的障碍，或者仅为增加球道起伏，获得景观效果而设置。草坑没有固定的形状，与周围自然结合即可。草坑与山丘基本上是相伴出现的，有下凹的草坑就会有上凸的山丘，尤其在果岭周围山包与洼地相间，为相对平坦的果岭提供了一个山峦起伏的背景效果。

草坑中的草不一定是高草，也有深草甚至不修剪的极高草，深草的草坑对打球的障碍作用显著，可作为战略性球道的设计要素。从球场建造技术方面看，草坑比较适宜建在汇水的低洼地，为了排除草坑中汇集的雨水，草坑中需要设置雨水排水井及地下排水管道系统。草沟作为草坑的变态形态，也是障碍性设计的一种，在球场中适宜地段运用也具有特殊的球道障碍和景观效果。

训练检测

1. 不同高尔夫球杆各自具有什么样的性能？
2. 高尔夫球场地设计有什么特点？

任务二　高尔夫球的概念、赛事及礼仪

活动场地 / 环境
多媒体教室。

任务要求
1. 了解高尔夫球的概念、起源、特点等；
2. 了解高尔夫球赛事及礼仪。

能力训练
掌握高尔夫球相关知识，能够有意识地提高对高尔夫球的认知水平；初步形成对高尔夫球的整体认知。

课题一　高尔夫球概述

一、高尔夫球的概念

高尔夫球既是一种运动，也是一种游戏（球类游戏）；运动就是游戏，任何游戏也离不开运动的形式。《韦氏词典》对高尔夫球的解释是：使用若干支球杆，用尽量少的杆数在通常为十八洞的球场打球，在各个球洞连续击球进洞的运动。德国《杜登大辞典》这样来解释高尔夫球：（源于苏格兰的一项运动）用硬橡胶球和球杆在草地上玩的一种游戏，目的在于用尽可能少的杆数将球击入各个球洞中去。《中国大百科全书·体育卷》（1982 年版）用一句话为高尔夫球下了定义：以棒击球入穴的一种球类运动。

从上述这些引证已大致可以明晰高尔夫球的定义：高尔夫球是一种在室外草坪上，使用不同的球杆并按一定的规则将球击入指定的球洞内的一项体育娱乐运动，通常一场球为 18 洞，杆数少即击球次数少者为胜。

"高尔夫"的英语为 Golf，由 Green（绿色）、Oxygen（氧气）、Light（阳

光）、Foot（步伐）的第一个字母组成，其意形容为：徜徉在绿色草坪及丛林中，呼吸着清纯的空气，沐浴着灿烂的阳光，迈动矫健的步伐，扭动腰身，奋力挥杆，目送白色小球腾空飞起，飞向理想的蓝天。G代表绿色（Green）：绿色为大自然的主色，在绿意盎然的大自然的环境中，打高尔夫球是回归大自然，享受大自然。而Green除了有绿色之意外，在高尔夫术语中又表示"果岭"，这就是绿中之绿所在。O代表氧气（Oxygen）：氧气是人类生命中不可缺少的三元素之一，有绿色植物的地方就有氧气，生命也会因此充满生机，朝气蓬勃，打高尔夫球，就其运动量与强度来看，在生理学上叫作"有氧运动"。L代表阳光（Light）：阳光是一切生命的开始，享受阳光就是享受生命。F代表步伐（Foot）：打高尔夫球的主要运动形式是要走完几公里长的球道和用杆击球，在绿草如茵的球道上从第一洞走向第十八洞，自由自在地呼吸着郊外树林中和草地上充满的新鲜空气、沐浴着温暖的阳光、健步迈向目标，这就是高尔夫的魅力所在，其有助于人的身心健康的效果有目共睹。也有人说F代表友谊（Friendship），这是说球员在打球的过程中各自遵守高尔夫球的礼仪和礼貌，在竞争的过程中建立起高尚的人际关系，友谊重于比赛的胜负。

另外，也有人把 Golf 理解成"迈步走向锦绣前程"（Go to the light future），这种解释也不失高尔夫的正面和积极的意义：打高尔夫球，培养自信心，勇于克服困难，大胆面对人生和未来，追求事业的成功。

二、高尔夫球的特点

（一）是植根于大自然又最亲近爱护大自然的运动

高尔夫球是一种户外运动，但它的场地非常大。其实高尔夫球场地本身就是大自然或者说是经过修整的大自然，打高尔夫球犹如置身在鸟语花香中，你可以嗅到树林、草地和泥土的气息。打高尔夫球还可以培养球员的环境意识：当你挥杆损坏了球场的一草一木，你的责任心会驱使你去做一些修复工作，以回报大自然给予的一切。

（二）是适合各种年龄、性别、体态、体能状况者的运动项目

一般儿童可以打高尔夫球，八九十岁的老年人只要适度、适量亦可以上球场上挥上几杆，不能长距离行走者，还可以搭乘球车。由于高尔夫球本身是"亦静亦动"的运动，而非激烈运动，球员可以根据自身的体力情况来调

整节奏与强度。

（三）是充满挑战性的运动

当代国际体坛职业化发展不仅体现在金钱上，也表现在高度专业化方面。现代职业高坛最常见的比赛方式是比杆赛，职业球员要面对全部，往往面对多位参赛对手，因此，高尔夫球的难度高过其他球类运动，风险又多又大，处处面对挑战。

（四）是以选手自身为对手的特征突出的运动项目

先从比赛方式来看，高尔夫球员在比赛过程中完全是"独立作战"，高尔夫球规则完全是球员"自扫门前雪"，球员打得好坏与对手无关，全部取决于球员自己。所以，有人说，如果说高尔夫球有个想象的敌人的话，那么这个敌人就是球员自己，就是球场。高尔夫球的特点就是球员战胜自己，战胜球场。在高尔夫球中有没有裁判？回答是肯定的，但是在这项运动中不称这些人为"裁判"，而是称之为"场地裁判""场地评定员"或"官员""工作人员"。很多时候高尔夫球员打一场比赛无须让"裁判"讲一句话，无须与"裁判"打任何交道，因为杆数全部都凭打球中的诚实，成绩由其自己填写，因此高尔夫球也可以说是没有裁判或极少使用裁判的竞技体育项目。

（五）其他特点

高尔夫球有较高的国际性。高尔夫球是运动创伤最少的项目。高尔夫球是一项十分强调传统性的讲文明礼貌的运动，也是一项对打球者文化素质要求较高的运动。

体育是一种文化现象，高尔夫球的种种超凡脱俗的特点使它成为一种讲究文化含量的竞技与娱乐，从而造就了高尔夫文化和具备高尔夫文化特质的人。

三、高尔夫球的起源

高尔夫球的起源至今是许多国家争论不休的问题，因为说法各不相同，其中流传最多的是以下的故事。

相传高尔夫球起源于13世纪英国苏格兰的海滨地区。起初是草原上的牧羊人在闲暇时不经意地利用牧羊杖将碎石块击入野兔的洞穴，慢慢形成和发展起来的一种游戏。这种以大自然天地为竞赛场的运动，逐渐发展成为一项完备的休闲活动，并受上流贵族的喜爱。

1890—1910 年，新大陆的移民热潮掀起，其中包括许多位高尔夫球好手及球场管理人员，于是高尔夫球传播到了美国，首座球场就诞生于美国东岸的纽约市郊。其后美国高尔夫球协会和高尔夫球场设计师协会等组织相继成立，许许多多的球场便在美国各地如雨后春笋般建立。

西风东渐，亚洲地区的第一座球场于 1901 年由英国人建在日本神户地区。在此之后，高尔夫球从苏格兰地区的一个地方性活动，在跨入 20 世纪后迅速风靡了全球各地，在世界五大洲任何角落都可看到它的踪影。

随着中国经济的发展，高尔夫球场在中国各地如雨后春笋般涌现。高尔夫球是由英国传入中国的。1916 年，在十里洋场的上海滩，英国殖民者决定将养马场改建为高尔夫球场。1917 年"虹桥高尔夫球会"开幕，球场为 9 洞，占地约 0.133 平方千米。上海这个高尔夫球场一直使用到 1949 年，原址于 1953 年改建为上海动物园。新中国高尔夫球始自 1984 年，到目前有球场 1 000 余座，正式运营的球场有 500 多座。

高尔夫球在中国必然会有巨大的发展。目前，高尔夫球已经进入奥运会大家庭，我国已经制定了高尔夫球发展规划，但是相对于中国的实际情况、中国的经济实力和高尔夫球自身的发展规律，中国的高尔夫球只能说是刚刚起步。目前世界高尔夫球产业界，包括设计、建造、管理、竞赛、草种提供、高尔夫用品、球具、服饰等都非常看好中国市场。英国和美国业界人士多次对中国高尔夫球进行预测，按目前中国经济发展速度，并参照世界高尔夫球发展经验认为，在未来 20 年内中国需要 25 000 个高尔夫球场，也就是以每年平均再建造 1 250 个球场的速度才能满足市场需求。

25 000 座高尔夫球场带动的相关产业会形成每年近几千亿元人民币产值的市场，直接增加就业人口近 1 000 万人。当然即使作保守估计市场前景也已非常乐观，因为宏观上中国对外开放和经济发展是势不可当的，绿色、健康、和谐生活已成为人们不变的追求目标。以下具体因素决定中国高尔夫球大有可为。

第一，经济持续增长，国力增强。国家的经济实力和人民生活水平的不断提高为高尔夫球场建造和消费提供了物质保障。

第二，十余年高尔夫球的前期热身运动创造了充足的观念、专才和资金的储备。高尔夫球已被大家逐渐认可，消费基础和准消费群体在不断扩大，涌现了大量的设计人员、建造工人、管理人员、维护人员、球手等高尔夫专业人才。高尔夫球为很多有实力的企业家看好并进行投资。1984年，霍英东先生在家乡投资兴建了中国第一座球场——中山温泉高尔夫球俱乐部。

第三，是国际经济活动的运作方式。高尔夫办公室概念已逐渐被中国高级企业家接受和在实践中运用，经济活动的国际化是经济国际化的前提之一。

第四，解决绿化费用和养护的矛盾问题。中国的城市规划由于历史的原因普遍存在绿地太少的问题，发展绿地是不可抗拒的潮流，而绿地的建造、使用、维护是目前的主要矛盾，建造公众球场是解决以上矛盾的最佳方式。

第五，培养公众环境心态和民族心态需求。球场优美的环境不但能使人赏心悦目，更能潜移默化地培养国民珍惜环境的良好心态，彬彬有礼的绅士作风也能提高国民整体素质。

1985年5月，中国高尔夫球协会（CGA）成立，是中国高尔夫球的最高组织。

四、高尔夫球纪事

1174年，有史以来第一次可考的关于高尔夫球的文字记载是述及一种叫作"高尔"（CHOLE）的球类游戏。

1297年，第一个年年举行类似高尔夫球比赛的地点在洛宁德维希特，该比赛是为了庆祝克罗宁堡宫移交而举行的。

1319年，高尔夫球戏在苏格兰成为一种休闲运动。

1350年，英国格洛斯特大教堂一扇窗户上绘出一个挥杆打类似高尔夫球的人的图形。

1390年，哈雷姆城墙之外已正式分配土地给玩高尔夫球戏的人。

1401年，多德莱希特城严禁在街道上打高尔夫球。

1424年，苏格兰议会决议禁止踢足球和打高尔夫球。

1450年，博根娣公爵夫人所著《时令书》中描述了人们打"CHOLE"的情形，即双方都打同一个球，与高尔夫球有别。

1457年，有史以来第一次提到"高尔夫"（GOLF）这个字眼。经常气急败坏、性情火暴的苏格兰国王詹姆斯二世让议会颁发法令严禁高尔夫运动。

此法令事出有因：国王在一次视察时遇到大炮走火，就认为军队军事演练不够，"玩物丧志"，即高尔夫球打得多了而导致军事失利。同年，高尔夫也以"GOLF"和"GOWF"的字样出现。

1497年，"CHOLE"在法国已流行，比利时也有。当时已使用长柄木杆和球心用填充材料的球，在野地上打球，将球打至有相当长距离的目标，并限定杆数。这显然是后来的高尔夫球的早期版本。

1502年，对高尔夫球的禁令解除，詹姆斯四世国王在泊斯甚至还订购球杆和球。

1510年，在弗莱米文的一部教科书上印有一幅打高尔夫球的图画。

1553年，圣·安德鲁斯大主教声言允许公民在球场玩高尔夫球。

1589年，阿姆斯特丹一幢旧楼房拆毁时，人们发现一颗16世纪的高尔夫球塞在楼房的一根梁木下面，是一种木制球。

1603年，苏格兰与英格兰两个王国联合后，詹姆斯六世登基为英王詹姆斯一世时，还随身带着一支球杆，王室移师伦敦后对高尔夫球颇为青睐，随后，以伦敦为主的英格兰掀起高尔夫球热。

1608年，英王詹姆斯一世在布莱克威斯建高尔夫球场。

1618年，首次使用真正的高尔夫球，即早期的羽毛制高尔夫球。

1624年，法国弗莱米画家保罗·布里尔的一幅画作描绘了类似高尔夫球的槌球，成为研究高尔夫球起源的证物。

1629年，第一次提到球童，当时付给球童的钱只有4先令。

1682年，在英国利斯举行了有史以来第一场高尔夫球国际比赛。

1687年，托马斯·金凯德撰写了第一部关于高尔夫球的书籍，他在书中提出的基本要领至今有效。

1720年，这一年的一幅不知名画家所绘油画表现了圣·安德鲁斯的老球场，证明苏格兰东海岸是高尔夫球的发祥地。这幅画据传是最早描绘高尔夫球的画作之一。

1741年，在赫尔的一幢楼房里，人们发现一支高尔夫球杆被这一年的报纸包裹着。

1744年，世界第一个高尔夫俱乐部在苏格兰成立，名字叫作"爱丁堡高尔夫球员会"。在利斯，人们制定了仅有13条的第一部高尔夫球比赛规则，由利斯绅士高尔夫球协会印制成书。

1754年，圣·安德鲁斯高尔夫俱乐部成立，该俱乐部就是日后大名鼎鼎的圣·安德鲁斯皇家古代高尔夫俱乐部的前身。

1764年，圣·安德鲁斯球场从22洞减为18洞，自此18洞这一标准得以确立。利斯球会第一次提出要限制会员人数。

1810年，在穆索尔堡第一次出现了女子高尔夫球赛，参赛者主要是当地的渔村妇女。

1829年，印度加尔各答高尔夫俱乐部成立，这不仅是亚洲的第一家高尔夫球会，也是英国以外的第一家球会。

1834年，英王威廉四世授予圣·安德鲁斯俱乐部"皇家古代"称号。

1867年，在圣·安德鲁斯出现第一间女子高尔夫俱乐部。

1869年，皇家利物浦俱乐部建立，其球场也是英国最早的海滨球场之一。初时，该场地有打高尔夫球和赛马两用，因高尔夫球场是在赛马场上建起的。至今第十八洞的名字仍叫作"看台"，即当年赛马场的看台。球会至今仍用马鞍铃的铃声召唤会员共进晚餐。

1880年，格拉斯哥高尔夫俱乐部设坦南特杯，迄今该赛事每年举行一次，成为最古老的一项锦标赛。埃及有了第一家高尔夫俱乐部，这是非洲大地上的第一家。

1885年，皇家利物浦俱乐部举行首届公开业余赛，成为后来的业余锦标赛的前身。

1892年，哈罗德·西尔顿成为问鼎英国公开赛的第二位业余球员。英国公开赛改为72洞比杆赛。

1893年，女子高尔夫联盟成立，第一次举办女子高尔夫锦标赛。

1894年，美国高尔夫球协会（USGA）成立。高尔夫球源于苏格兰，美国人后来居上。

1895年，美国公开赛举行首演，地点在纽波特。原定于9月举行，推迟到10月才举行，因为有几位选手（一共才11人报名）是"海陆空型"多面手，须参加完美洲杯帆船大赛才能来纽波特挥杆。比赛为9洞打两轮。

1897年，皇家古代高尔夫俱乐部编印了一部统一的高尔夫规则。

1901年，开始使用由C.哈斯克尔于1898年研制的橡胶实心球。美国业余锦标赛和英国公开赛的冠军都使用这种高尔夫球。

1902年，第一届苏格兰英格兰的国际比赛在皇家利物浦球场举行。瑞典和赞比亚均建立首家高尔夫俱乐部。橡胶实心球取代古塔波胶球。

1903年，杰克·怀特插销由凸面1号木杆制成。

1916年，美国PGA（职业高尔夫球协会）锦标赛拿出处女作，在纽约西瓦诺伊举行，日后成为四大赛之一。

1920年，美国公开赛第一次允许选手进入会所和使用更衣室。

1921年，美国高尔夫球协会和英国皇家古代高尔夫俱乐部第一次规定高尔夫球的重量和尺寸。

1926年，英国和美国之间举行了第一次队际国际比赛，被视为莱德杯的前身。

1931年，美国高尔夫球摆脱苏格兰的影响，成为一项全国性的运动，使高尔夫球成为大众体育运动的项目。

1934年，美国名人赛在奥古斯塔开杆，从此四大赛每年由美国名人赛先开始。

1937年，世界业余高尔夫理事会（WAGC）在美国成立。

1943年，美国公开赛被迫停办，同美国名人赛一样，都要到1946年重新敞开大门。

1950年，女子职业高尔夫球员协会（LPGA）成立。

1962年，由亚太职业高尔夫联合会（APGC）主办的亚洲巡回赛开始举行第一届。

1963年，亚洲高尔夫球联合会成立。

1971年，阿波罗14号宇航员艾伦·谢泼德在月球上打了第一杆高尔夫球。

1989年，世界高尔夫球协会（WGA）在苏格兰特罗恩成立，总部设在英格兰的文特沃斯。该组织的宗旨之一是促使高尔夫球重新纳入奥运会项目。

1995年，首届亚洲PGA巡回赛开始举行。

2009年，高尔夫球获准在2016年奥运会中作为正式项目亮相。

课题二　高尔夫球赛事

一、美国 PGA 巡回赛

美国PGA巡回赛：美国PGA巡回赛是世界上最大的职业球员巡回赛。为了与1980年开始的美国常青PGA巡回赛加以区别，有时人们还强调它是巡回赛的"正规赛"。

巡回赛，顾名思义是指职业球员在一个赛季中要辗转多处球场打比赛。如今美国PGA巡回赛一年有40多场比赛。但作为一名职业球员不可能参加全部比赛。其原因是：其一，纳入巡回赛的四大赛事都有一定的参赛资格，够资格的才可参加。其二，时间不允许，优秀的球员安排全年比赛计划均把重点放在四大赛和巡回赛重大赛事上，考虑问题的出发点是奖金的数额和比赛的知名度与影响力，对比赛球场的熟悉与喜爱程度，与该球会及赞助商的关系的协调，等等。优秀的球员除了打巡回赛外，还面临入选国家队打几项比赛（如奥运会、莱德杯、世界杯、登喜路杯）的任务以及来自美国以外世界各地著名比赛的参赛邀请。其三，体力不允许，职业球员通常72洞比赛需要4天的时间，比赛从周四打到周日，十分艰苦，个别比赛甚至打5天（如鲍勃·霍普克莱斯勒精英赛）。职业球员必须谨慎选择比赛，充分恢复体力和保存体力以迎战重大赛事。美国PGA巡回赛的产生是美国高尔夫球自身发展以及美国经济社会发展的顺理成章的产物。

二、四大赛
（一）美国名人赛

高尔夫球史家认为，美国PGA巡回赛应当始于1930年美国名人赛（US MASTER）。要把现今的四大赛排个顺序实在太难了，尽管如此，相当多的专家认为四大赛之首应是美国名人赛，其原因是：美国名人赛是四大赛中唯一的纯邀请赛，它并没有及格赛；美国名人赛目前是四大赛中总奖金和冠军奖金最高的。美国名人赛是四大赛中唯一场地固定的比赛，每年4月均在奥古斯塔国家高尔夫俱乐部（以下简称"奥古斯塔俱乐部"）举行，并由其主办。回顾到1930年，琼斯完成大满贯的壮举之后，功成名就仅28岁就急流勇退，退休后潜心建造一座属于他自己的球场。1934年奥古斯塔高尔夫球场终于落成，从1934年起这一球场成为美国名人赛的诞生地和永久性故乡。美国名人赛，又称美国大师赛，在第一届时的名字是奥古斯塔邀请赛，因为鲍比·琼斯认为名人这一字眼未免有些妄自尊大，有失高尔夫球员应有的涵养与谦逊，但奥古斯塔球场从存在的第一天起，其本身就是超凡脱俗的名士们的小天地。琼斯后来也就不再坚持他个人的意见，自1938年起，奥古斯塔的比赛正式采用名人赛这一名称。

美国名人赛没有正式的选拔及格赛，其参赛资格十分严格，奥古斯塔俱乐部对参赛资格做了以下14条规定：

（1）美国名人赛的冠军获终生参赛权；

（2）以往5年美国公开赛的冠军有权参加；

（3）以往5年英国公开赛的冠军有权参加；

（4）以往5年美国PGA锦标赛冠军有权参加；

（5）此前一年的美国业余锦标赛冠军；

（6）此前一年的英国业余锦标赛冠军；

（7）此前一年的美国公共球场业余锦标赛冠军；

（8）此前一年的美国业余中期锦标赛冠军；

（9）上届莱德杯赛美国代表队成员；

（10）上届美国名人赛前24名；

（11）上届美国公开赛前16名；

（12）上届美国PGA锦标赛前8名；

（13）上届美国名人赛结束以来所有美国PGA巡回赛比赛的冠军；

（14）此前一年美国巡回赛奖金榜前30名。

奥古斯塔俱乐部委员会有权根据它自己的判断来邀请那些不符合上述14条规定参赛资格的外国选手。因此，奥古斯塔俱乐部委员会拥有很大的权利，其行为原则是保持美国名人赛的高水准和维护其尊贵的至高无上的形象。美国名人赛的冠军奖杯是一座银制的名人赛纪念杯，仿照奥古斯塔俱乐部会所制造而成。1961年第一次向冠军颁发此奖杯的复制品，其冠军奖杯原件一年一度仅在比赛日公开展示，其余时间则保存在奥古斯塔俱乐部当中。冠军获得的奖杯复制品小于原件。美国名人赛冠军还可获得一件绿色夹克衫，这件上衣是每位顶级高尔夫球员所梦寐以求的。

（二）美国公开赛

美国公开赛（US OPEN）的全称是"美国公开锦标赛"，由美国高尔夫球协会（USGA）主办。美国公开赛是四大赛之一，每年 6 月在美国的不同球场举行比赛。美国高尔夫球协会成立后一年，1895 年举行了第一届美国公开赛，9 洞打 4 轮，即 36 洞杆数赛。因为当时一些著名的球场习惯 9 洞打 8 轮的方式，因而自 1898 年起改为打 72 洞。美国公开赛的奖杯原件不幸在 1946 年的一场大火中烧毁，目前的奖杯仅是复制品。谁一旦获得美国公开赛冠军，将取得 10 年美国公开赛参赛权，同时取得四大赛另外三项大赛各 5 年参赛权。

（三）英国公开赛

英国公开赛（BRITISH OPEN）全称是"英国公开锦标赛"，由皇家古代高尔夫俱乐部主办。英国公开赛是四大赛之一，它的地位之高在于它是高尔夫史上最古老的也是最负声望的大赛。从规模上来看，它是四大赛中参赛人数最多的一个。1860 年举办了第一届比赛，当时只有 8 人参加，在 12 洞球场上打 3 轮。冠军奖品是一条制作精致的冠军皮带。英国圣·安德鲁斯皇家古代高尔夫俱乐部、普雷斯特维克高尔夫俱乐部和爱丁堡高尔夫球员贵友联合会捐赠的葡萄酒壶，从 1872 年起成为英国公开赛的正式奖品。英国公开赛始终是杆数赛，自 1892 年举行的第 32 届起至今由打 36 洞改为打 72 洞。

（四）美国 PGA 锦标赛

美国 PGA 锦标赛是四大赛之一。就 PGA 锦标赛在四大赛中的地位而言，从总奖金额来看，它与美国公开赛并列第二。此项比赛创立于 1916 年，在每年的 8 月举行，所以是四大赛的最后一项。

美国 PGA 锦标赛的参赛资格为：

（1）所有的前冠军；

（2）美国公开赛、英国公开赛和美国名人赛最近五届的冠军；

（3）应届美国 PGA 长青锦标赛冠军；

（4）上届 PGA 锦标赛前 15 名；

（5）PGA 俱乐部职业锦标赛前 40 名；

（6）所有美国莱德杯代表队成员；

（7）上届 PGA 锦标赛以来所有美国 PGA 巡回赛的冠军得主；

（8）举办 PGA 锦标赛的俱乐部的职业选手或高尔夫教师；

（9）获得美国 PGA 特别邀请的外国职业选手。

三、莱德杯

莱德杯（RYDER CUP）是世界高坛第一赛事，其地位和影响高于任何一项四大赛和任何一项杯赛。莱德杯由英国人塞缪尔·莱德于 1927 年创立，是一项队际对抗赛，这项杯赛每两年举办一次。比赛全过程为 6 天，前 3 天为训练日，后 3 天为比赛日。莱德杯之所以如此富有魅力，是因为它集合了欧美最杰出的职业选手。

四、世界杯赛

世界杯赛是职业高尔夫球员的国家代表队之间的队际世界锦标赛。世界杯赛最初由美国人约翰·杰伊·霍普金斯提出创意，1953 年应运而生。从 1953 年至 1966 年该项赛事称为"加拿大杯"，1967 年后正式改称为"世界杯"。世界杯的主要组织者是国际高尔夫球协会。该项赛事的基本形式是：每个国家或地区出一支代表队，每队两名选手，每届比赛均在不同国家举行，每年举行一届。

五、奥运会

高尔夫球运动于 2009 年 10 月 9 日被批准进入 2016 年奥运会。

六、大满贯和四大赛

大满贯是指一名球员在一年之中获得四大赛的全部冠军。随着历史的演进，男女高尔夫职业四大赛的内容都发生了变化。在鲍比·琼斯时代，当高尔夫职业化程度还未达到很高的地步时，美国和英国业余赛的地位仍很高，被视为四大赛的重要组成部分。1930 年，鲍比·琼斯一举拿下了美国公开赛、英国公开赛、美国业余赛和英国业余赛冠军，实现了高尔夫的第一个也是唯一的一次大满贯。1934 年有了美国名人赛。1951 年本·霍根赢了前三项，只因行程安排问题而赶不及由英返美参加PGA锦标赛，但那一年是最接近大满贯的一次。20 世纪的体育史表明高尔夫职业大满贯很难产生，所以这也就看出高尔夫球的魅力所在。从 1991 年开始，每年举办一次高尔夫大满贯赛，只打两天，各18洞。只有该年度的四大赛的冠军才有资格参加。

大满贯赛事包括美国公开赛、英国公开赛、美国PGA锦标赛、美国名人赛、美国业余赛、英国业余赛。

四大赛事包括美国名人赛、美国公开赛、英国公开赛、美国PGA锦标赛。

课题三　高尔夫球礼仪

高尔夫球的精神是诚实、谦逊、为他人着想。与许多其他运动项目不同，高尔夫球运动大多是在没有裁判员监督的情形下进行的。这项运动主要依靠每个参与者主动为其他球员着想以及自觉遵守规则的诚实和信用。不论对抗多么激烈，所有球员都应当自觉约束自己的行为，在任何时候都表现出礼貌谦让和良好的运动精神。这是高尔夫球的精髓所在。

一、注意安全

球员在击球或练习挥杆时，应确保球杆可能击打到的地方及可能因击球或挥杆而被球或任何石块、小石子、树枝等打到的地方及其附近无人站立。在前面一组球员还没有走出球的射程可及范围之前，球员不应当打球。在球员的击球可能会危及附近或前方的球场管理人员时，球员应当随时提醒有关人员。如果球员打球后球飞向可能会击中别人的方向，球员应当立即高声喊叫进行警告，在该场合警告的惯用词是"fore"（"看球"）。

二、为其他球员着想
（一）不干扰或影响他人
球员在球场上要始终为其他球员着想，不应以走动、讲话或制造不必要的噪声干扰他人打球。

球员应当确保自己带到球场的任何电子用品不会对其他球员造成影响。

在发球台上，轮到自己发球之前球员不应先架球。

当其他人准备打球时，球员不应站在球或球洞附近或站在球或球洞的正后方。

（二）在球洞区上
球员不应站在其他球员的推击线上，在另外的球员击球时，注意不要让自己的身影投射到其推击线上。

在本组的其他球员击球入洞之前应当站在球洞区上或球洞区附近。

（三）记分

在比杆赛中，如有必要，为其他球员记分的球员应当在走向下一发球区的过程中核对相关球员在刚打完之洞的分数并记录下来。

三、打球速度

（一）快速打球，跟上前组

保持快速的打球速度并及时跟进。

球员应当保持较快的打球速度。委员会可以制定所有球员都应遵守的打球速度指南。一组球员有责任与前面的组保持跟进，不落后过多。如果一组球员落后前面的组整整一个洞而且延误了后续组，不论后续组有几名球员，该组球员应当请后续组球员先行通过。

（二）做好打球准备

在轮到自己打球时，球员应当尽快做好打球准备。在球洞区附近或在球洞区上打球时，球员应当把自己的球杆袋或球车放置或停在适当的位置，保证能够快速离开球洞区并尽快向下一洞发球区移动。当一洞的打球结束后，球员应当立即离开球洞区。

（三）遗失球

如果球员认为自己的球可能在水障碍区外遗失或处于界外，为了节省时间，他应打一个暂定球。

当球显然不很容易找到时，正在寻找球的球员应尽快发出信号，让后续组球员先行通过。他们应在开始找球没有超过五分钟之前发信号。在允许后续组球员先行通过时，在后续组球员通过并走出球的射程可及范围之前，该组球员不应继续打球。

四、球场上的优先权

除非委员会另有规定，球场上的优先权由一组球员的打球速度决定，任何要打完全部一轮的组有超越不打完全部一轮的组的权利。

五、对球场的保护

（一）沙坑

在离开沙坑之前，球员应当仔细平整好自己在沙坑内造成的所有坑穴和

足迹以及其他人在附近造成的坑穴和足迹。如果沙坑附近有沙耙，应当使用沙耙进行平整。

（二）修复打痕、球痕和钉鞋造成的损伤

球员应认真修复任何由他造成的打迹和任何因球的冲击对球洞区造成的损伤（不论损伤是不是由球员自己造成的）。打完一洞后，一组中的所有球员应当修复高尔夫球钉鞋对球洞区造成的损坏。

（三）避免不必要的损伤

球员应当避免对球场造成损伤，如避免练习挥杆时削起草皮或用球杆杆头砸击地面。

在放置球杆袋或旗杆时，球员应当确保不对球洞区造成损伤。

为了避免损伤球洞，球员和球童不应站在离球洞过近的地方，在扶持旗杆或将球从球洞中取出时，应当多加小心。不应使用球杆的杆头从球洞中取球。

在球洞区上时，球员不应倚靠推击杆站立，在从球洞中取球时更应特别注意。

球员在离开球洞区之前应将旗杆正确地放回球洞中。

球员应严格遵守当地有关驾驶高尔夫球车的注意事项。

六、服装要求

（一）男士

上装：有领衫（长、短皆可）。

外套：背心、毛衣、夹克。

下装：休闲式长、短裤。

（二）女士

上装：得体的女士运动休闲服饰。

下装：西式长、短裤或及膝短裙。

（三）鞋

软钉高尔夫鞋或运动鞋。

（四）不能下场的服饰

不能下场的服饰包括无领T恤衫、吊带背心、低胸露背装、牛仔衣裤（或用牛仔布做的其他衣饰）、连衣裙、透明装、凉鞋等。

训练检测

1. 请讲一讲高尔夫球发展史。

2. 请说一说当今的几大赛事。

3. 高尔夫球下场礼仪有哪些？

任务三　高尔夫球挥杆平面原理

活动场地 / 环境

多媒体教室、高尔夫球练习场。

任务要求

1. 了解高尔夫球挥杆平面原理；
2. 了解如何确定自己的挥杆平面。

能力训练

掌握高尔夫球挥杆平面相关知识，能够自主地确定适合自己的挥杆平面；初步形成相对于自己的挥杆平面体系。

课题一　探究挥杆平面

一、挥杆平面

（一）什么是挥杆平面

挥杆平面是指球杆在挥杆过程中运动的路径形成的平面（见图2-3-1-1）。

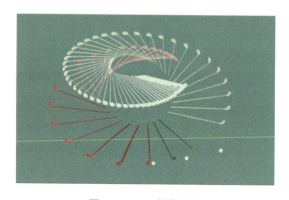

图 2-3-1-1　挥杆平面

（二）挥杆平面的形成

挥杆平面的形成主要取决于击球准备时杆身与地面所形成的夹角，如果把这个夹角延伸开来就是一个理想的挥杆平面。

夹角越大，挥杆平面越陡峭；夹角越小，挥杆平面越扁平（见图 2-3-1-2 和图 2-3-1-3）。

图 2-3-1-2　1 号木基本站位，杆身与地面成 45 度

图 2-3-1-3　1 号木上杆到顶点形成的最后动作

不同的球杆、不同的身高以及不同的站姿都会影响到夹角的大小。所以，每个人都有属于自己的理想挥杆平面，并没有统一的标准。

通常来说，越长的球杆挥杆平面越扁平，越短的球杆挥杆平面越陡峭。

就像我们在使用 1 号木和挖起杆挥杆一样，虽然都是使用相同的挥杆动作，但呈现出来的平面却不一样（见图 2-3-1-4）。

图 2-3-1-4　1 号木上杆到顶点形成的最后动作

挥杆平面的意义在于球手去感知和利用挥杆平面来增强自己挥杆动作的稳定和可重复性，而不是被所谓"单平面"或"多平面"迷惑。

挥杆平面的感知其实并不难，由右肩启动上杆，挥杆平面的感知很快就能找到。这里强调一个体会：如果上杆过程中你能感受到右腋窝始终能保持夹紧状态，你的挥杆平面不可能被打破。

二、平面理论

（一）单平面理论

本·霍根的单一挥杆平面理论认为，只有一种挥杆平面，即肩平面（见

图 2-3-1-5 ）。

图 2-3-1-5 单一挥杆平面

追根溯源，在 20 世纪 50 年代，本·霍根在其著作《本·霍根的五堂课》中最早引入并讨论了"挥杆平面"这一概念。至今，教练们对"什么是正确的挥杆平面"仍然争论不休。

如上图所示，这是霍根在其书中解释挥杆平面概念所用的插图。

沿着双肩至杆头顶端，画有一个虚拟的玻璃平面。许多读者误解了这张图片，他们认为霍根是建议球员应该在上杆时沿着这个玻璃面挥动杆身。但这种理解是错误的，也不符合霍根在其书中所阐述的。

在《本·霍根的五堂课》中，霍根强调，重点不在杆身，而是左臂。当双手在上杆中达到齐髋高度时，左臂应该和上图所示的玻璃面平行，并在接下来的整个挥杆中与玻璃面平行。霍根建议球员防止使用过于陡峭的上杆路径，他不希望在上杆至顶点时双手在双肩的正上方，而是在双肩之后。

因此，霍根认为，球员的手臂和球杆应该在虚拟的玻璃平面以内挥动，但是不能穿过玻璃平面。球员经常在上杆后半段抬起右肘，使挥杆平面过于陡峭，这会导致下杆时难以找到正确的击球路径，最终出现各种击球失误。

但是，我们会发现很多天才球员并不遵循霍根的建议。如杰克·尼克劳斯、约翰·达利、吉姆·弗瑞克等球员，他们都在上杆至顶点时扬起右肘，上杆平面显得非常陡峭。但这些球员之所以伟大，正是仰仗他们在下杆中控制球杆恢复到正确路径的能力。

另外，在霍根眼里，下杆平面和上杆平面略有不同。为什么会有不同？因为当开始下杆时，髋部向目标方向移动，右肩自然下降。此时，在上杆中的虚拟玻璃平面会产生偏移。具体来说，玻璃平面的指向会稍微偏向目标右侧。所以，霍根认为，如果球员处在正确的下杆平面中，球员的下杆路径应该是由内向外的。

虽然讲述了挥杆平面的概念，但霍根的目的仅仅是让球员了解挥杆平面这一概念的存在。而真正要形成正确有效的下杆路径，球员需要完成一些关键的动作，比如，在上杆中保持右上臂与身体的联系，用髋部启动下杆，完成有效的身体横移和重心前移，以及用手臂向下"拉拽"球杆，等等。

正如霍根所说的，挥杆平面只是外在表现，如果动作正确，一切平面会自然形成。

（二）三平面理论

迈克·亚当斯认为，完美挥杆有三种挥杆平面都能带来稳定的触球，要忘掉本·霍根的"单一平面"理论。

迈克·亚当斯认为，运用屈肘测试，可以找到最适合自己的挥杆平面。其测试方法是：直立，右前臂抬起，右手拇指竖起，摆出要求搭便车的手势。右肘紧贴胸腔，处于 T 恤衫侧面接缝的稍前方。然后继续抬高右前臂，右肘不能离开胸腔。看看你的拇指与右肘的相对位置（见图 2-3-1-6）。

图 2-3-1-6　拇指与右肘的相对位置

1. 如何形成自己的挥杆平面

应塑造属于你的挥杆平面。将一根瞄准杆插在杆颈右侧的地面上，使其向目标反方向倾斜约 30 度，以便留出挥杆的空间。然后按照下面的方法来做。

（1）低轨迹球员。如果你属于低轨迹球员（杆身平面），则使瞄准杆的角度与杆身保持一致，然后慢速上杆，使 1 号木杆的杆身贴着瞄准杆移动，直到左前臂与地面平行为止（见图 2-3-1-7）。

（2）中轨迹球员。如果你属于中轨迹球员（右臂平面），则使瞄准杆指向你的右肘，然后慢速上杆，使1号木杆的杆身贴着瞄准杆移动，至少到左前臂与地面平行为止（见图2-3-1-8）。

（3）高轨迹球员。如果你属于高轨迹球员（肩部平面），则使瞄准杆指向你的右肩，然后慢速上杆，使1号木杆的杆身贴着瞄准杆移动，直到左前臂与地面平行为止（见图2-3-1-9）。

低

图2-3-1-7　1号木击球前的准备动作，腰部与杆身成180度

中

图2-3-1-8　1号木的准备动作和上杆到8点钟位置

高

图2-3-1-9　（左）1号木的准备动作，右肩与球的连线和杆身成30度；

　　　　　　（右）上杆到9点钟位置形成的基本动作，右侧胳膊延长线与击球方向成90度

2. 如何下杆

找到正确的上杆轨迹很重要，而找到正确的下杆轨迹更加重要。如图 2-3-1-10 所示，把瞄准杆插在目标方向线外侧 15 厘米、右脚外侧 30 厘米处。然后按照下面的方法来做。

图 2-3-1-10　1 号木的准备动作, 杆身与右侧髋保持平行

（1）低轨迹球员。如果你属于低轨迹球员（杆身平面），则使瞄准杆的角度与杆身保持一致，然后慢速上杆，使 1 号木杆的杆身贴着瞄准杆移动，直到左前臂与地面平行为止（见图 2-3-1-11）。

（2）中轨迹球员。如果你属于中轨迹球员（右臂平面），则使瞄准杆指向你的右肘，然后慢速上杆，确保触球前杆头向着瞄准杆稍偏下方移动（见图 2-3-1-12）。

（3）高轨迹球手。如果你属于高轨迹球员（肩部平面），则使瞄准杆指向你的右肩，然后做出慢速上杆，确保触球前杆头向着瞄准杆稍偏下方移动（见图 2-3-1-13）。

低

图 2-3-1-11　1 号木的准备动作

中

图 2-3-1-12　1 号木的准备动作和上杆到 8 点钟位置的基本动作

高

图 2-3-1-13　1 号木收杆前送动作，左肩始终与地面保持同一角度

3. 解决方案

当你能够在上杆和下杆时找到自然轨迹后，拿走瞄准杆，打几个球。上面的训练法能够帮助你在正式击球时找到正确的上杆轨迹。挥杆的关键在于下杆，因为不同轨迹的球手所需的下杆动作是不同的。你可以按照下面的方法来做。

（1）高轨迹球员。如果你属于高轨迹球员（肩部平面），则下杆轨迹应该陡一点，在肩部向着目标转动的同时，利用转肩动作带动球杆进入触球过程。你可以想着将右肩向着下巴下方转动，击球时使左肩高于右肩。

（2）中轨迹球员。如果你属于中轨迹球员（右臂平面），你应该想着利用躯干（自髋至胸）的转动来带动球杆。多想着转动身体中部而不是下肢，触球时争取使T恤衫纽扣正对球。

（3）低轨迹球员。如果你属于低轨迹球员（杆身平面），你应该想着只利用髋部的转动来带动球杆。利用下肢的转动来启动下杆，拉动球杆进入触球区。这样有助于使击打角度变平，使你找到自然轨迹。

课题二　挥杆平面对击球的影响

挥杆平面，是打高尔夫球的过程中非常重要的一个因素，它控制着球的方向，很大程度上影响着击球的质量（见图 2-3-2-1~图 2-3-2-3）。

理想的挥杆平面是最有利于球杆以正确的挥杆轨迹下杆击球的，也就是说，你可以让杆头更容易还原到击球位置，从而实现"从内侧到方正再到内侧"的挥杆轨迹（见图 2-3-2-4~图 2-3-2-9）。

图 2-3-2-1　上杆到 8 点钟

图 2-3-2-2　上杆到 9 点钟

图 2-3-2-3　上杆到 11 点钟

图 2-3-2-4　上杆到 8 点钟

图 2-3-2-5　上杆到 9 点钟

图 2-3-2-6　上杆到 11 点钟

图 2-3-2-7　上杆到 1 点钟

图 2-3-2-8　释放手腕

图 2-3-2-9　最后形成击球的
　　　　　　　　动作

　　假如挥杆平面较为陡峭，那么下杆时就容易产生由外向内的挥杆轨迹，打出左出右曲球或大右曲球等。假如挥杆平面较为扁平，就会导致挥杆轨迹由内向外，形成偏右的击球或左曲球。

　　不理想的挥杆平面的形成大多都源于起杆，如果起杆的时候球杆就脱离挥杆平面挥向内侧或外侧，那么后面肯定是形成不了理想的挥杆平面的。

　　起杆阶段，让双肩带动双臂和球杆共同向目标线反方向运动，手腕及手臂都不应提前做出动作，保持肩膀和双臂形成的三角形不变。也就是说，上杆转肩，达到初始的挥杆平面就是正确的，后面继续上杆的时候只需在转肩的同时做出屈腕动作就可以了。

　　当上杆至半挥杆的时候，杆身的延长线应该是指向球的位置的。如果指向球的外侧，则代表着挥杆平面扁平，指向内侧代表陡峭。

假如你无法确定自己的挥杆平面是否正确，练习时不妨在这个位置停下来检查一番。如果没有问题的话，继续转肩就完成了上杆。

一、动作越是简化，越接近挥杆平面，挥杆就越有效

将焦点落在简化上杆的完成，以及它对上下杆过渡和对下杆动作的影响上。

上杆动作包含一定的转身运动和一定的向上运动。应形成你自己的挥杆平面，这个平面只有当肢体动作处在掌控之中，并且手腕对球杆起到恰当的杠杆作用时才有效（既保持好三角形）。没有这些组成部分，上杆将偏离平面。

当杆身达到与目标线平行时，保持好三角形，手和手臂没有任何动作，使上杆简单化。这个位置良好的对称性将有助于将球杆设置在一个有效的平面上。

这是挥杆的关键阶段，开始翘手腕和曲右臂动作（右上臂的限位）。在这个位置上，双手应该位于胸部中央，杆身越过肩膀。

翘手腕在左臂和杆身之间制造出一个90度角或"L"形。左臂保持舒服的平直姿势，以保持挥杆宽度。

图2-3-2-10 为一次有效的处于正确平面的上杆，简化运动形成正确的挥杆平面，保持身体的旋紧以及双腿对地面的有效压迫。在这个过程中必须控制好重心的位置（右腿内侧），否则，就产生不了多大的力量，球杆也将偏离正确位置。

图 2-3-2-10　上杆到 1 点钟

二、优秀挥杆平面的运动学特征

通过数据看挥杆，让高尔夫球教学与训练更简单。

好的挥杆平面是提高挥杆稳定性的重要因素。上杆顶点和下杆击球点时刻的身体动作特征为，当到达上杆顶点时，优秀选手的骨盆旋转角度在40度以上，与此同时重心向后侧腿移动约3.6厘米，肩关节旋转角度在100度以上，同时左肩指向击球点位置，这是下杆击球过程中获得力量的重要角度值（见图2-3-2-11）。

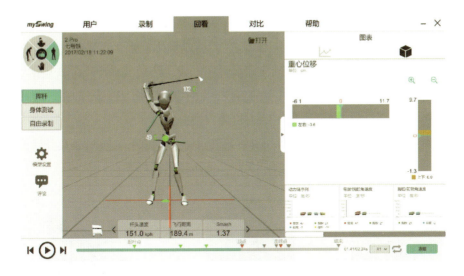

图 2-3-2-11　上杆到顶点角度

当到达击球点时，骨盆向目标方向旋转约 49 度，领先于肩关节旋转角度。通过两个动作数据对比可看出：在下杆击球过程中，双脚的侧移加蹬转动作同时带动骨盆的旋转，骨盆旋转依次带动肩关节、手臂和球杆的旋转。其中，骨盆主动旋转带动肩关节的被动旋转动作是形成良好挥杆平面的重要技术动作。如果肩关节旋转领先于骨盆，则容易造成外下杆问题（见图 2-3-2-12）。

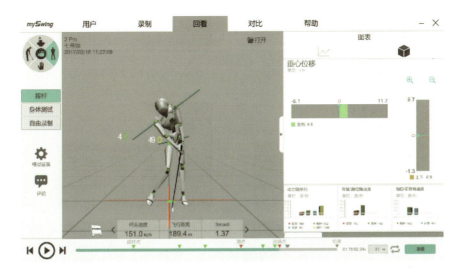

图 2-3-2-12　形成最后击球动作的身体

三、三个典型的错误示例

如图 2-3-2-13 所示，起杆手向前送，造成身体紧张。双臂脱离位置，杆身偏离正确的平面。在这个位置，球员将在击球、精确度和距离上产生困难。

如图 2-3-2-14 所示，起杆手向后拉，以手臂带动上杆，身体旋转很小或者没有旋转，将迫使球杆偏离正确的位置，指向左边。

如图 2-3-2-15 所示，手臂和身体旋转过早，导致手臂向侧面及身后旋转过多。在这个位置，球员被迫抬起双臂，从而脱离挥杆平面。

图 2-3-2-13　起杆手向前送　　图 2-3-2-14 起杆手向后拉　　图 2-3-2-15　手臂和身体旋转过早

四、解决方案

（一）方案一：回头看练习法（见图 2-3-2-16~ 图 2-3-2-19）

图 2-3-2-16　上杆到 8 点钟　　　　图 2-3-2-17　上杆到 9 点钟

图 2-3-2-18　上杆到 1 点钟　　　　图 2-3-2-19　正确上杆动作

在上杆的过程中，每到一个关键的点位，要回头看看肩关节、手臂、手腕、球杆、杆面的位置，击球完成后也是一样，这样能够帮助球员尽快找到挥杆平面，并在形成挥杆平面过程中不易产生多余的其他小动作。这个练习法可以是同步的，也可以是分解的。

（二）利用挥杆平面练习器辅助练习（见图 2-3-2-20~ 图 2-3-2-27）

图 2-3-2-20　上杆到 8 点钟

图 2-3-2-21　上杆到 11 点钟

图 2-3-2-22　上杆到 1 点钟

图 2-3-2-23　下杆诱导性练习

图 2-3-2-24　形成最后的击球动作

图 2-3-2-25　前送

图 2-3-2-26　收杆一

图 2-3-2-27　收杆二

利用挥杆平面练习器一定要注意身体站姿和挥杆的结构。要练习正确的动作顺序，将双臂交叉在双肩，做一个5号铁杆姿势，以地面为平台，旋转髋部和躯干到上杆一侧，将身体重量移至右腿内侧（对右手球员来说）。尽量保持重心稳定，左肩位于右膝内。

建议对着镜子反复练习，然后在发球台上缓慢挥杆，上杆动作将变得更加舒适和连贯。尽量去接近正确平面，以确保击球的有力和稳定。

上杆正确有力，球员就给了自己最佳的机会去做出流畅受控的下杆。

（三）诱导性练习（见图2-3-2-28~图2-3-2-29）

徒手的双腿蹬地发力练习，要求双臂与胸贴住，保持位置，腰部顶劲，全身的力量贯于双手，感受太极的整体发力。

图2-3-2-28　诱导性练习一　　　　图2-3-2-29　诱导性练习二

训练检测

　1. 什么是挥杆平面？

　2. 如何确定自己的挥杆平面？

　3. 挥杆平面对击球有何影响？

任务四　高尔夫球挥杆力学原理

活动场地 / 环境

多媒体教室、高尔夫球练习场。

任务要求

1. 了解高尔夫球挥杆力学原理；

2. 了解如何做好超越器械和鞭打动作。

3. 了解延时理论和TTRO理论。

能力训练

掌握高尔夫球挥杆力学相关知识，能够运用力学知识分析技术动作；初步形成自己的力学分析体系。

课题一　运动力学基础

一、高尔夫球力学原理

高尔夫球挥杆最佳的效果是击出的球又准又远。获此效果的条件是杆面击球时有准确的杆面方向、尽量大的杆头速度以及尽量长的杆面与球碰撞接触的时间。由于挥杆是在人体对球杆的转动作用下形成的，如果我们对人体用力原理以及身体部位与球杆系统的运动规律有一定的了解，就更容易理解高尔夫球挥杆的动作要领，发现挥杆失误的真正原因。

二、高尔夫球挥杆转动的动力来源

高尔夫球杆头速度来源于人及球杆转动的速度，而转动速度由小到大则是在下杆过程中由人体持续施加于身体部位以及球杆的转动驱动作用所致。

由于人体由一些部位及一些连接这些部位的活动关节组成，为简化分析，我们需要将人体及球杆的运动简化成髋、肩及左臂、球杆三个主要部分的运动。

与此相对应，我们可以将人体的转动驱动简化为三个主要的转动驱动：两腿对髋的转动驱动，转髋对肩臂的转动驱动，两手对球杆的转动驱动。

两腿对髋的转动作用来源于两条大小腿的交错移动，以形成大腿对髋的一推一拉。转髋对肩的转动作用来源于腰肌及肩肌对肩的拉扭。两手腕及右肘的协调转动形成两手对球杆握把的直接转动。

高尔夫球挥杆运动中的水平转动驱动作用往往为初学者忽视。其实，我们只要回想打水漂的动作就会理解到水平转动驱动的作用。打水漂的几种打法：转手腕，挥臂+转腕，水平转肩+挥臂+转腕，转髋+转肩+挥臂+转腕。

显然，越往后的打法，效果越好。

高尔夫球挥杆水平转动驱动主要来源于两腿对髋的驱动。在水平驱动过程中，左髋基本类似杠杆系统的支点，右髋类似动力点，右腿对右髋的推力类似动力，左右髋的连接线类似动力臂，球杆杆头类似阻力点，杆头的水平惯性力类似阻力，通过肩提升起来的手臂及球杆类似阻力臂。

通过对这一杠杆系统的动态平衡分析及运动分析可以看到，由于此处动力能力（右腿的最大推力）和动力臂相对较大（相对于身体其他部位而言），所以能带动的阻力点上的推动力也大。并且，右腿推动右髋的水平运动速度通过杠杆的传输能使杆头水平运动速度放大多倍，其作用效果可想而知。

不仅如此，在下杆转髋过程的前期，髋的转动在下身反向拧紧腰肌，为扭腰转肩储备了弹性势能，可加倍提高扭腰转肩的力量和爆发程度。在行为上如何应用这一原理提高髋的转动启动力？可以参考太极运动中的马步站位打右手直拳的动作，这种站姿推动髋的转动幅度大，更有力量，更稳固站盘。并且，这种站姿自动使初学者改掉通过左右移动髋而不是转动髋带动球杆的毛病，左右移动髋显然对杆头没有速度的放大作用。

人体挥杆过程中三个转动作用都可以分别带动球杆击球，但三个转动作用的转动方位不一样，施加作用所需的时间不一样，如何使它们既能分别充分发挥作用又能协调一致是运用挥杆技术的关键。为此，需要了解这三个转动协调作用的一致性以及它们的特征差异。

三、控制球杆端头速度方向的条件

（一）单轴转动

对于单个转动物体（单轴），其转动时的端头速度方向一定是沿端头与轴心连线的垂直方向（切线方向），见图2-4-1-1所示的单轴转动。

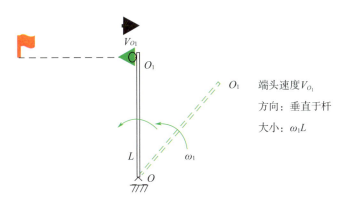

端头速度 V_{O_1}

方向：垂直于杆

大小：$\omega_1 L$

图 2-4-1-1　单轴转动

（二）双轴转动

但是，多个相连转动体的端头速度方向则不一定这样。为了解杆头速度的方向，先看两个相连刚性体转动的例子，见图2-4-1-2所示的双轴转动。

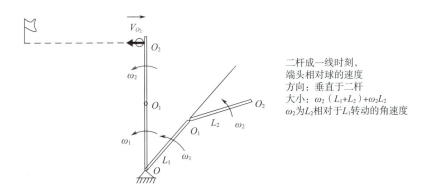

二杆成一线时刻，
端头相对球的速度
方向：垂直于二杆
大小：$\omega_2 (L_1 + L_2) + \omega_2 L_2$
ω_2 为 L_2 相对于 L_1 转动的角速度

图 2-4-1-2　双轴转动

一般情况下二杆转动时端头相对地面的速度方向是不会垂直于 OO_2 连线的。只有当二杆成一条直线时，端头的绝对速度正好垂直于 OO_2。在这一瞬间，端头 O_2 被转动的 L_1 杆所牵连的速度方向与 L_1 杆垂直，其大小等于 L_1 杆转动角速度乘以（L_1+L_2）。此刻端头O_2相对O_1转动的速度方向也与L_1垂直，其大小等于L_2绕O_1转动的角速度乘以L_2。根据速度合成定理，此时端头相对静止的球的速度方向一定正好对准端头与固定转轴连线的垂直方向，其大小等于上述两个速度的和。

可见，只有两个转动物体的转动轴及外端点在同一条直线上时，外端点的绝对速度方向正好垂直于转动轴与外端点的连线。

通过力学分析可以得出一般性的结论：在多个相连刚体被分别转动的情况下，当全部这些转动物体的转动轴及外端点在同一平面时，外端点的绝对速度的方向一定垂直于这一平面。

四、最后击球动作概念的形成

将这一结论应用到高尔夫球挥杆中，按照前面三个转动的简化力学模型，只要控制杆头击球时，使髋绕左腿转动的轴线、肩绕脊椎转动的轴线、杆绕左手腕转动的轴线以及杆头基本在同一无形的板墙面内，则杆头速度一定垂直于这个面。只要我们将这个板墙面朝向目标，杆头速度方向就会对准目标。这个板墙面是我们挥杆准备时根据目标、球位、站位就能确定的，在此后的分析中将简称为"目标板墙面"。

实际的高尔夫球挥杆中，我们查看职业球员在击球瞬间的照片发现，这时候左脚脚跟、左髋、左臂关节、左手腕以及杆头基本在同一个平面内，这和理论上的结论有一点偏差，但运动特征是基本一致的。偏差是我们简化的力学模型与身体实际挥杆的差异造成的。例如，身体部件是有一定变形的而不是完全刚性的，特别是左臂与肩之间在下杆过程中有一定的相对转动，而在前面的三个转动的简化模型中将这个转动和扭腰转肩简化成一个主要转动。

因此，根据理论分析的基本规律，考虑实际挥杆与理论分析模型的差异，参考职业运动员的标准结果，控制高尔夫球杆头速度方向对准目标的条件可以更直观表述如下：只要杆头击球时，髋绕左腿转动的轴线、左臂绕肩转动的轴线、杆绕左手腕转动的轴线这三条轴线以及杆头都同时通过过左脚脚跟及过球的垂直板墙面，则杆头速度一定指向目标（见图2-4-1-3目标板墙1、图2-4-1-4目标板墙2）。

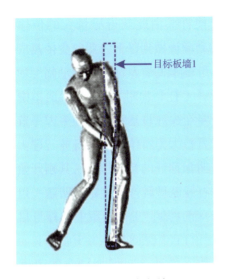

图 2-4-1-3　目标板墙 1

图 2-4-1-4　目标板墙 2

五、增大转动作用效果的条件

　　杆头动能越大，击球距离越远。杆头动能主要来源于三个转动驱动持续作用于人体及球杆的结果。按照动能定理，动能的增加等于其增加过程中作用力所做的功，这个功等于该过程中力与路程的乘积的累积，在转动体系中，这个功等于动能增加过程中转动角度与转动作用（力偶）的乘积的累积。由此可见，动能的增加不仅与力的大小有关，还与力作用经历的路径大小有关，物体在同样力的作用下，经历的路程越长，获得的动能越大。同样，对转动系统，在转动驱动的作用下，转动的角度越大，系统获得的动能越大。因此，为使杆头获得最大的动能，在人体结构允许、不影响击球精确度的条件下，挥杆施力过程应尽量增大转动的幅度。

　　值得注意的是，不仅仅是人体一个部分如髋的转动幅度要尽量大，肩臂相对髋的转动、手转杆相对左臂的转动幅度也应尽量大（如滑冰中缩身快速原地转时伸展手臂增加手端线速度），增加量为杆身长度乘以此刻肩臂转动的角速度，杆头的动能由此而骤增。正因为如此，手转杆在增加杆头速度和击球距离的能力上扮演着关键的角色。根据能量守恒定律，杆头动能的这种增加必然导致身体转动能量的减少，手转杆打开球杆与左臂的夹角起到的是将身体转动能量向杆头传输的作用，这就是高尔夫球教学中常提到的"能量释放"，其实，当我们明白其中的原理后用"能量传输"的表述可能更合适。

图 2-4-1-5　铁杆上到 8 点钟位置，杆身
与胳膊成 90 度

要使杆头由此获得尽量大的传输动能，应该做到以下三点：身体及成倒"L"造型的臂及球杆的转动幅度尽量大，上杆到顶时，倒"L"造型中的杆身至少应该达到在头顶上方平置的位置；大力转体以加快身体转速（查看明星挥杆的慢动作，从其刚开始启动杆身就被转弯就足以证明这一点）；击球前将倒"L"造型中的杆身尽量展开打直（见图 2-4-1-5）。

　　在击球前尽力控制左腿不随身体移动而移动，对增加杆头的速度有显著的效果。当一个物体自由运动的时候，突然在一个节点受到约束，其运动形式将变为绕这一节点的转动，在总动能没有改变的情况下，物体远离转动中心位置端头的线速度会大大提高。一个匀速运动的杆，如图 2-4-1-6 所示。

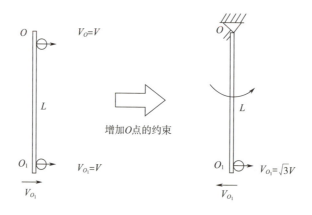

图 2-4-1-6　一个匀速运动的杆

　　当其一端被突然约束时，如果忽略约束完成过程中能量的损耗，则在转动形成后自由端的线速度达到原来速度的 1.73 倍。如果这个杆上质量分布靠自由端头更少一些，则杆头的速度还会更大一些。体育运动力学将这种人为制约人体运动的约束行为称为"制动"。虽然人体挥杆下杆过程中左脚蹬地面进而左腿等对身体移动的约束过程不是上例的理想状况，但基本规律是相符

的。下杆开始后，身体重心从右脚向左平移，身体必然有向目标方向运动的速度，这样，击球前左脚以及左腿对身体的制动能借此增大杆头的速度。同时，这种制动也是前述以左脚跟为转动轴之一控制杆头击球方向的条件。

高尔夫球由于被杆头撞击而获得速度。按照动量定理，球飞出时的初始动量（球质量与球速度的乘积）等于撞击时间与撞击期间内杆头对球的平均撞击力的乘积。对同等质量的球，初始动量越大，则飞得越远。虽然撞击时间太短（不超过 0.01 秒），人体挥杆不可能在这么短的时间内改变撞击力，但持续撞击时间对球的动量的影响是明显的。所以，挥杆击球时，不能杆一碰球就松劲，或者还没有碰球就已松劲，而是要尽量"送杆"以增加撞击时间。为此，击球时要尽量使三个转动的作用在击球时刻同时达到最大值。这种施力方式有两个效果：一是三个转动作用的力量都能全部发挥出来，使杆头能获得最大的击球速度；二是击球时刻保持的最大力量使杆头获得最大的加速度，从而能增加杆头撞击球的时间。

课题二　超越器械与鞭打效应

一、超越器械

在投掷运动中，器械未出手时，身体赶超于器械之前，称"超越器械"。超越器械是为了形成最后用力时的良好姿势，使最后用力时器械所处的位置到出手点有较长的工作距离；正确的超越器械动作，应在均匀加速的助跑中完成。在助跑的后阶段，身体的下肢要以更快的速度向前，赶超到器械的前面，并更加扭紧（或伸展），使器械落在身体的后面，形成身体下肢在前，上肢在后的倾斜姿势（见图 2-4-2-1）。

二、超越器械的应用

超越器械动作一般在助跑中加速的情况下完成。投掷项目助跑的最后阶段，躯干和下肢采取更快的速度前进，超前于器械，成下肢在前上体在后的倾斜姿势，而器械则落在身体后方，使器械所处位置到投掷出手之间有较长的工作距离，为最后用力并提高成绩创造有利条件。

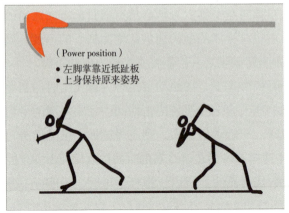

图 2-4-2-1　超越器械的倾斜姿势

三、高尔夫球的超越器械

上杆转肩下杆转髋是有效蓄力与释放的关键。这个练习能准确理解挥杆的转体动作，如图 2-4-2-2 所示。

通过旋转肩轴带动手臂上举。旋转肩轴时髋轴要主动旋转，从而使肩轴与髋轴交叉。最终目的是使器械（球杆）远离重心，从而形成超越器械。

图 2-4-2-2　下杆转髋

挥杆力量中最重要的元素是延迟释放，如果球员之前已经照着上述方式做到了，那么球员已经做好要释放速度的准备了。当手腕的力量通过触球被释放，左手臂和杆身也成一直线时，杆头速度将会倍增，也能将更多的能量传递到球上。

铁杆最后形成的击球动作如图2-4-2-3所示。

图 2-4-2-3　铁杆最后形成的击球动作

四、鞭打效应

鞭打效应，顾名思义，其来自鞭子的挥击过程带给人类的启示。

在鞭子甩击的过程中，鞭把在运动中后期的静止会带动柔软的鞭子逐节静止。而理想状态下，鞭身上一段的能量会传递到下一小段，逐节积累的能量传递到质量越来越小的鞭子末梢，最终可以让它的速度达到惊人的2倍音速。

当鞭身卷出的圆圈超过音速的时候，就会形成特别大的音爆响声。因此，鞭子也是人类创造的第一件可以超越音速形成音爆的物件。

鞭子发出巨响的音爆这个物理现象是在1905年被发现的。随后，科研人员便开始不断探索这一原理在各领域的实际应用。

五、鞭打效应的应用

鞭打效应应用得最多最广泛的还是运动领域。因为人体在结构上也是由关节相连的，所以人类在不断追求更高的运动速度和力量时，便可以借助鞭打效应原理来实现突破。

那么如何利用人体有限的条件发出更大的力量呢？这就需要调动到人体全身尽量多的部位，参与的关节越多，攒积的能量越大，鞭打效应也就发挥得越好。

其实我国古代《拳论》也有发力"其根在脚，发于腿，主宰于腰，形于手指……周身节节贯串，无令丝毫间断耳"的理论。

这些都是有意或无意中对于鞭打效应这一物理原理的运用。

在标枪、铅球、棒球（投手）这些体育项目中，投掷臂鞭打动作技术的好坏，将会直接影响到投掷的最终成绩。运动员需要在一系列动作中将全身肌肉的力量加上助跑获得的初速度作用到投掷物上。

在这个过程中人体就像鞭子的前中端，力从地起，腿、髋、臂逐节传递，最终到达"鞭梢"——投掷物上。健将级的运动员将动作分解得更细，还需细致感受整个过程中小腿发力传递到大腿，大臂发力后锁定再传递到小臂的各种过程，并不断巩固训练，才可能取得人体运动的最好成绩。

我们熟悉的羽毛球、乒乓球、网球这些挥拍类项目也有鞭打效应的运用之处。

在羽毛球运动中，专业运动员每次准备充分的腾空扣杀动作，基本都可以理解为将自己的身体变成一条"鞭子"对球进行抽打的动作。

从鞭打效应被发现至今，越来越多的研究者试图通过运动员躯体动作的数据观测来推进这项研究。截至目前我们已经获得了相对明确的一系列研究结论。

具体来讲，鞭打效应在运动项目中最大的作用就是在末梢环节获得最大冲击动量的帮助。而其生物力学原理可以总结如下：在相邻的两环节间的肌肉收缩发生转动力矩，（距身体）远端环节向前加速运动时，相对近端环节需要同时减速制动。

完成动作的本质规律是一致的，就是像鞭子一样一节一节动起来再锁定静止，以便尽可能多的能量传递到下一躯体环节。但由于运动员的肌群调控能力不同，技能的掌握程度不同，在动作的精细方面自然也就有了高低之分。也可以说这正是区分运动水平高低的一个标准。

六、高尔夫球的鞭打效应

高尔夫球的鞭打效应主要体现在稳、转、锁、甩四个字上。

第一，稳下盘。必须站得住，因为所有的力都要通过脚得到地的反力，就是通常说的下盘要稳如磐石。

第二，转动髋。转髋是最重要的一环，是力量的源泉。转髋一定要到位。什么是到位？可以这样理解，转髋是一个加速运动，所以：一是左侧支撑，即转髋后身体重心要完全移到前脚位置，增加转动力矩；二是转髋要快，要有爆发力；三是转髋要到位并有制动，有利于另一端速度的加快，这也是职业和业余的最大区别。

第三，锁近端。这个动作包括锁肩和手腕，是甩的基础，要求双肩作为一个整体转动，但要放松。只有肩松，臂才能松。臂松是为形成击球时绳的鞭击效果，如果肩臂直挺挺的，就不会出现能量叠加。锁近端就是肩和手有减速，使远端形成加速，以形成最后的击球动作。

第四，甩出头。这是指通过释放手腕将杆头甩出去，而在甩出去的过程中，右前臂有一个类似打水漂的动作。如果不释放右手腕，杆头就甩不出去，就不能形成能量的叠加，达不到力透杆头的效果。若在这点上做得不到位，则杆头速度出不来。

以上的链式反应是一个力学过程，每一个动作一定要做到位。

课题三　延时理论

延时下杆理论是高尔夫球技术理论中的重点之一，是为了杆头获得更好的动能而采用的技术方法。延时理论包括两部分内容，一是顶点延时下杆，二是下杆途中的延时释放。

一、顶点延时下杆理论

（一）顶点延时下杆概述

顶点延时下杆是指在上杆到顶点时，从外形上看有瞬间的停顿，再开始下杆，而这时球员要完成从上杆意识到下杆意识的转换，这种转换是保障转髋带动转肩下杆的基础和关键，也是TTRO理论和整体发力的基础。

做不出来延时下杆，就形不成整体发力，也就破坏了上杆的蓄力，打不出扎实的击球。

正确的转髋是发力的关键动作之一，如果想让挥杆更具爆发力，就得通过髋部的旋转来带动下杆。

高尔夫球挥杆需要的是大肌肉群带动小肌肉群，腰腹作为核心力量自然是要通过它来发力的。在职业球员的体能训练中，核心力量训练一直都是重中之重，因为这是球员大力开球的最好保障之一。

（二）解决方案

第一，应用太极高尔夫球练习法，找到各个部位的肌肉感觉，待熟练之后，逐渐增加挥杆的速度。

第二，拉杆练习法，当上杆到顶点时，固定上手的位置，开始启动转髋下杆，找到髋关节的发力点。

第三，采用表象训练法，即在自己的头脑中反复想象自己最成功的延时下杆，然后再进行挥杆。

注意：在下杆时，我们需要先将髋部反向转动，将身体重心转移到左腿，随后肩膀开始转动。记住，重心的转移一定是要通过髋部的旋转来完成的，而不是做出错误的顶髋动作。

重点：延时下杆。

难点：转髋的发力点。

第四，进行诱导练习，即利用太极推手方法，练习髋关节发力和转动髋关节。

二、延时释放

（一）延时释放概述

延时释放是指铁杆在上杆途中达到 8 点钟方向时开始翘手腕，一直到上杆顶点完成整个翘手腕过程（翘成杯状），在下杆的过程中要一直保持这个形状，直到手臂达到 7—8 点钟方向时开始释放手腕，使杆头加速向前移动（见图 2-4-3-1）。

图 2-4-3-1　转肩，转髋，带动胳膊上杆，最后形成的击球动作前送

（二）延时下杆练习方法

（1）基本站位。

（2）上杆到8点钟方向。

（3）继续上杆，并开始翘手腕，直到手臂到达9点钟方向。

（4）保持翘手腕的角度，开始下杆，这个角度一直保持到8点钟方向。

（5）开始释放手腕角度，使杆头加速向前移动。

（6）形成击球姿势。

（7）向前送杆（保持好三角形）。

（8）收杆到3点钟方向，翘手腕立杆。

（三）手腕延时释放的力学原理

如前所述，两个相连转动一起进行，最终成一线的转动速度叠加（两个相连刚性体转动），根据速度合成定理，此时端头相对静止的球的速度方向一定正好对准端头与固定转轴连线的垂直方向，其大小等于上述两个速度的和（见图2-4-3-2）。这也是击球的力学原理。

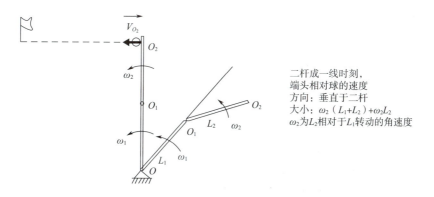

图2-4-3-2 手腕延时释放的力学原理

（四）解决方案

第一，用太极高尔夫球练习法，分步练习下杆、释放冲击、最后击球动作。

第二，左手倒握球杆，体会释放手腕动作。

重点：延时释放理论。

难点：如何延时下杆。

（五）下杆途中创造延迟

从上杆顶点开始，要尽可能延长储存挥杆能量的时间，也就是保持右手腕翘腕所形成的角度。在下杆时手位置到了7—8点钟位开始释放（7点钟最好），就能形成能量的叠加。如果太快释放这个角度，也就是做所谓的抛杆动作，会在挥杆到达球的后方之前就用掉了大部分力量（见图2-4-3-3）。

图2-4-3-3　铁杆上到8点钟方向，杆身与左胳膊成90度

储存能量的关键是右手腕翘腕角度的保持（见图2-4-3-4和图2-4-3-5）。

图2-4-3-4　铁杆上到9点钟形成的动作

图2-4-3-5　1.7号铁上到顶点
形成的基本动作，保持三角形不变
2.肩关节与击球方向成90度

课题四　TTRO 理论与整体发力

一、TTRO 理论

TTRO理论是由杜一鸣先生于2012年提出的，他将挥杆的关键点用四个字母总结出来，有利于我们的高尔夫球教学。

它们分别是：上杆转肩（turn shoulder），下杆转髋（turn hip），释放冲击（release wrist impact），向外挥杆（inside out）。

上杆时，讲究"一体式"上杆。其实就是转动双肩，带着手臂沿目标线向后、向上旋转，直到杆身与地面平行才开始翘手腕往上走。做到一体式上杆，双肩应充分转动，击球距离才会更远。另外，双肩带动双臂上杆，能够很容易找到适合自己的挥杆平面，不会使挥杆平面过平或是过于陡峭。双肩带动双臂上杆，同时腹肌要收起来一些，以保障肩关节和髋关节的联系，使身体成为一个整体。下杆时也是身体先启动（具体顺序是髋、腰、肩、手臂和球杆），释放冲击，从而形成由内向外的挥杆。

还有一点，双臂要有"在一起"的感觉，要形成一个整体，做动作时不能一条手臂制约另一条。

双臂在一起，首先要避免"鸡翅膀"，也就是右臂上杆到顶点时肘关节不抬起也不能外展（要求腋下有轻夹的感觉，即在右腋下放一张纸也不会掉）。下杆要有把杆头甩出去的感觉，两条胳膊必须保持好三角形，且左臂必须是伸直的。

二、整体发力

整体发力是指用髋关节的力量把肩关节和球杆的转动带动起来，即用髋关节带动肩关节的转动的力量把杆头甩出去。

整体发力的概念，源于太极拳的整体发力。

从字面理解整体发力，肯定会认为是全身同时收缩，而事实恰恰相反，因为高尔夫球是靠旋转的力量发力，而不是像推铅球那样直接发力。

（一）腿的发力

腿的发力是非常重要的，要能够用腿上的力量，靠腿推动髋关节的转动。此时注意力应集中在髋关节。

左侧支撑腿向左后向上推动，仍然要撑住，而右侧腿只是向左侧推动髋关节围绕左侧轴旋转发力，通过腰带动肩关节旋转，这就是腿整体发力。

（二）呼吸方式

旋转力量应该配合呼吸，吸起呼落，采用腹式呼吸，上杆吸气，下杆呼气。用这股呼吸之气配合上旋转的力量，能够提升击球的挥杆速度。

（三）运动方式

练高尔夫球挥杆的目的是改变运动方式，也就是把以四肢运动的方式改成以腰髋运动的方式。练习挥杆不过是在不断地加强这个运动过程的感觉，使它成为习惯，成为本能，从而达到职业球员的自动化挥杆水准。

解决方案：利用太极推手的练习，找到腰髋的发力点，再把它转换成高尔夫球的挥杆力量。

课题五　转动的差异性特征

两腿推动的髋的转动基本是在一个水平面的转动，两腿推动的转动体系包括髋及其以上身体和手握的球杆，该转动在挥杆下杆时基本以左腿为轴，其转动惯量（转动惯量是对该转动体系被转动的难易程度的度量）是最大的，但转动起来后所具有的动能也是最大的；扭腰转肩能带动肩及其以上手臂包括手握的球杆转动，双肩转动基本以脊椎为轴，其转动惯量为次；两手推动的体系就仅是球杆，该转动基本以左手腕为轴，转动惯量最小。转动体系转动的角加速度与转动作用的大小成正比，与其转动惯量成反比。显然，要完成一定角度的转动，转动惯量大的转动系统要比转动惯量小的转动系统所需的时间长一些。

人体各部件组成的挥杆运动系统不是一个理想刚性构架，而是一个有一定弹性的构架，这个弹性构架在施力和运动过程中是会发生变形的。因此，从肌肉力量发出到后续身体部位的运动产生有一个时间上的滞后差异。

运动部件离发力肌肉越远，中间部件越多，运动滞后越多；中间部件弹性越大，运动滞后越多。举一个简单的例子，用手转动一根棍子，再对比转动一根同样长短的薄片，我们会发现：棍转动过程中，手回到开始位置时，棍端基本回到开始位置；薄片转动过程中有弯曲变形，所以，转动中手回到开始位置时，薄片端头滞后于开始位置，或者说，薄片端头要回到开始位置，手的转动必须超前于准备时的位置。这一变形体的运动规律反映在的高尔夫球挥杆运动中的最明显的现象是，在职业运动员球杆击球瞬间可以看到：髋、肩、球杆握把依次超前离开准备姿势的位置以髋最大，肩为次，而球杆握把最小。这是因为：两腿推动髋的水平转动，腰肌拉动肩的转动，两手驱动球杆握把的转动，它们带动高尔夫球杆的旋转是不一样的，两腿和肩带动球杆的旋转是一致的，而手腕曲腕蓄能是和前两者不一致的，这就有了能量叠加的可能性。

从前述运动分析中看到，扭腰转肩的轴线被髋带动转动，手转杆的轴线由双臂的转动带动转动，但击球时刻三个转动系统转动轴必须落在过左脚脚跟与球垂直的板墙内，这是保证杆头速度指向目标的条件。

从特征差异分析可以看到，腿转髋系统转动到位所需时间长，扭腰转肩系统次之，手转杆系统最小。因此，为保证击球时三个转动轴同时落在一个板墙内，腿转髋、扭腰转肩、手转杆要依次先后叠加施力和运动，这就是高尔夫球挥杆下杆的主要顺序和能量叠加，而非能量传导。

课题六　杆的控制面方向

由于高尔夫球有很好的弹性，击球过程中球会发生一定的变形。当击球时，如果杆头速度方向与杆面朝向不一致，杆面不仅会对球中心产生撞击力，还会因与变形球面的切向撞击而对球面产生切向摩擦力，摩擦力的方向为沿杆头速度方向在杆面投影的方向。在这两个力的作用下，球不仅冲向前方，还绕球中心旋转，从而形成弧旋球。弧旋由击球时刻杆头速度方向偏往杆面所朝的方向产生。所以，挥杆击球时应使杆头的速度方向对准目标，并且，此时杆面方向也应对准目标方向，这样球才会直线奔向目标。

实际上，标准球杆设计时已经考虑了握杆的左手腕。杆头在目标板墙内时，杆头速度方向是垂直于目标板墙的，因而杆面的设计考虑了球杆被握置于垂直板墙内时，杆面与目标板墙一样正好对准目标方向。因此，一般情况下，只要按照前述控制杆头方向的条件击球，则杆面方向将自动与杆头速度方向一致，即指向目标。也就是说只要按控制杆头方向的条件击球，无须人为地另外调整杆面。实际上在下杆击球前短暂的时间内，人也无法对杆面方向进行判断和调整。

由于杆的长短存在差异，人体高矮和强壮也存在差异，杆面方向和击球速度方向有一些固定性的偏差，这些偏差可以在挥杆准备时通过少量地前后移动球位、少量地旋转握把进行调整。另外，如果挥杆准备时有意预留一定的杆面偏差，就可以打出所需的左曲球或右曲球。

训练检测

1. 高尔夫球的力学基础是什么？
2. 如何做好超越器械和鞭打等动作？
3. 延时理论是什么？
4. 什么是TTRO理论？

任务五 高尔夫球的限位理论

活动场地 / 环境

多媒体教室、高尔夫球练习场。

任务要求

1. 了解高尔夫球挥杆腕关节限位理论；

2. 了解高尔夫球挥杆右肩关节限位理论。

能力训练

掌握高尔夫球挥杆限位理论，能够运用限位理论分析技术动作；初步形成自己的挥杆限位分析体系。

课题一 腕关节限位

一、甜蜜点对击球的影响

关于甜蜜点击球对距离的影响，有专门的实验显示，假设用 1 号木开球击到甜蜜点能够打 250 码的距离，如果击球点偏离甜蜜点 1/2 英寸（1.27 厘米），那么距离会减少大约 12 码；如果击球点偏离甜蜜点 3/4 英寸（1.905 厘米），那么击球距离则会减少大约 30 码。

球是架在梯上的，容易打薄或打厚，进而影响击球距离。而用铁杆击球，打薄或是打厚的现象更多，这在攻击果岭或是长草和沙坑时会导致致命的失误。

因此，用甜蜜点击球，是每一个高尔夫球员追求的目标。很多球员在练习场打球时能用甜蜜点击球，但是到了场上就很难用甜蜜点击球，为此，我们引进腕关节限位的理念，保障既不打薄也不打厚。

二、腕关节限位动作要领

腕关节限位通常是指左腕关节限位。应用左腕关节限位，能够保障在最后击球时在甜蜜点击球，不会让杆面击球时打厚或打薄。也就是说，在最后的击球动作中，由于左腕关节的限位，能够固定左肩至球杆杆头底部的长度，从而加大击球的准确性。

三、腕关节限位容易出现的问题

左臂尤其是左前臂紧张，会影响击球质量。左手腕翘手腕蓄能和释放冲击不充分，则杆面回正困难。

四、解决方案

第一，在正常握杆的同时，将左手拇指向前伸出，这样在击球的过程中，左臂手腕和球杆为最长状态，不会因为释放冲击而增加长度，从而打厚。

第二，采用分解练习法，掌握不同位置左手腕的相应动作。

第三，运用太极高尔夫球教学法，在慢动作的情况下掌握腕关节限位的基本动作。

重点：左手腕的定位。

难点：如何运用左手握杆进行定位。

五、辅助性练习

手抓铅球，半蹲位，一手提前抓铅球（男5公斤，女4公斤），放开手，让铅球下落，马上用该手抓住铅球。

课题二　右肩关节限位

一、右肩关节限位动作要领

在上杆的过程中，右上臂始终与右侧胸贴住，在下杆直到击球完成，右臂始终与右侧胸贴住，我们称之为"右臂肩关节限位"。这是控制挥杆的一种方式。能够保障击球的准确性，保障甜蜜点击球，在杆面与球接触时既不靠近趾部也不靠近跟部。在挥杆过程中，由于右臂肩关节的限位，保障左臂回到正常的位置，从而保障击球最后动作的形成与杆面的回正。因此，越来越多的职业选手们采用3/4挥杆。

二、右肩关节限位容易出现的问题

第一，上杆形不成右肩关节限位，出现"鸡翅膀"。

第二，上杆过程中，不会转肩而是由上举双手完成上杆。

第三，转肩上杆过程中，右肘关节向后拉，使球杆脱离挥杆平面。

三、解决方案

第一，在右腋下放一手套，在上杆和下杆击球过程中始终保持不掉下来。主要采用3/4挥杆。

第二，采用"回头看"挥杆练习法，主要解决不会转肩问题。

第三，用弹力带固定双臂，转肩上杆。

重点：右肩关节定位。

难点：保持右臂肩关节与右侧胸的接触。

四、诱导性练习

簸箩筛沙子练习法。

训练检测

1. 什么是腕关节限位？

2. 什么是右肩关节限位？

任务六　高尔夫球的动力链分析

活动场地／环境

多媒体教室、高尔夫球练习场。

任务要求

1. 了解高尔夫球动力链的概念；

2. 了解高尔夫球动力链的发力顺序。

能力训练

掌握高尔夫球动力链的相关知识，能够进行高尔夫球挥杆动力链分析；初步形成高尔夫球动力链分析体系。

课题一　动力链的概念

动力链的概念来自机械制造业，后来被引入运动医学。身体运动功能训练领域认为，人体运动系统的动力链是将参与完成某一动作的组织按照一定顺序排列的链条式结构。一条完整的动力链由肌肉链、骨关节链和神经链三种结构组成，三者相互配合，共同完成人体内由简单到复杂的各项运动。

人体动力链是指在体育运动中人体的神经、肌肉、骨骼系统依据力学原理所构成的特定时空序列的链条关系。在人体运动过程中，动力链中的肌肉、骨骼和关节根据动作特点以一定的发力顺序逐次运动，由肌肉链、关节链、神经链共同支配身体力量并进行合理有序的传递。不同运动项目的运动方式不同，动力链的发力方式也会因项而异，但有一点可达成共识，即动力链是有效传递能量的链条。

高尔夫球全挥杆技术动作符合动力链顺序原理或速度叠加原理。高尔夫球挥杆动力链是指在下杆过程中，由双足蹬转发力开始，将地面反作用力自下而上依次传递并带动膝关节、髋关节、骨盆、胸腔、肩膀、手臂、球杆向目标方向旋转的发力过程。当身体肌肉，关节的运动顺序发生变化时，不仅会降低球速，还会增加身体运动过程中的潜在损伤风险。

一、动力链的解剖学基础

从生物力学角度看，肢体运动可看作力量是由多关节构成的动力链上的依次传递，人体的运动功能也是在动态动力链上产生的。在打高尔夫球时，人体各运动环节必须协调有序地产生兴奋，才能使肢体远端在最佳位置，以最佳速度、在最佳时机快速完成技术动作。由于高尔夫球挥杆动作是动力链的多关节运动，任何一处发力都可沿不同链传导至全身各处，为使人体力量达到有序协调状态，神经系统"指挥"肌肉参与运动全过程，骨骼肌肉以链式形式相互配合，共同完成挥杆击球动作。

二、动力链的发力顺序

鞭打动作是典型的动力链技术动作之一，一直都是运动学、动力学和生物力学研究的重点。在很多运动项目中都要应用到"鞭打"技术动作，如标枪投掷动作、网球发球、羽毛球扣球、网球击球、棒垒球投球、排球扣球、短跑摆腿、散打鞭腿等技术动作的研究，都证明动力链中肌肉动力传导方式是将地面应力通过肢体近端向远端传导的普遍模式。鞭打动作中，近端环节质量较大，远端环节质量较小，近端环节的依次制动会将动量向远端环节传递，可使质量较小的远端环节获得较大的运动速度。

投掷和旋转过程中，按时间顺序，从地面开始，力量沿着动力链依次通过人体的各个环节（踝、膝、躯干、肩、肘），最终传递至远端肢体（手臂和腕）。力量经过各环节传递后，最后表现在远端肢体上的力量是各个环节力量的叠加。在力量传递过程中，时序性和协调性的破坏都将影响人体整体的运动表现。大量研究也证明，近端肌肉兴奋产生的相互作用力是远端有效发挥功能的保证。

高尔夫球挥杆动作类似于棒球击球、垒球投掷，它们的动作遵循由身体近端传递至远端的动力学顺序，该动作将肢体动作速度依次增加，使末端环节获得最大速度。高尔夫球技术要求在挥杆过程中身体各环节自下而上，依次叠加传递，最终将力量传递至球杆并以最快的鞭打速度将球击出，在挥杆击球动作中具有明显的"鞭打"动作。

课题二　高尔夫球挥杆动力链分析

　　高尔夫球挥杆动力链技术是高尔夫球挥杆技术动作中最重要的技术之一。良好的挥杆动力链技术可有效运用全身力量，增加挥杆速度和击球距离，是实现稳定击球的前提，也是有效避免运动损伤的重要手段。

　　众所周知，完成一个全挥杆击球动作仅需不到 2 秒时间，下杆动作则用时更短，因此我们很难运用肉眼在极短时间内捕捉到挥杆动力链序列。另外，传统高尔夫球的教学与训练，以教练的直观感受和经验为主，教学训练质量受教练的主观认识影响较大，不利于对球员进行客观的教学与训练。

　　随着科学技术的快速发展，有了科技手段助力高尔夫球教学与训练，大量与高尔夫球挥杆技术动作和高尔夫体能相关的智能化、数字化测评设备和系统应运而生。采用专业高尔夫球动作捕捉设备辅助技术教学与训练已成为当今和未来发展的必然趋势。动作捕捉设备在高尔夫球挥杆技术中的应用不仅能将人为误差降到最低，而且能够增加对高尔夫球技术动作评估的客观性和准确性。在众多国内外与高尔夫球运动项目相关的动作捕捉设备中，我国诺亦腾公司研发并成熟应用于国内外高尔夫球教学与训练领域的MySwing Professional高尔夫球全身动作捕捉分析系统是一款集高尔夫球全身挥杆技术动作测评、高尔夫球体能测评、可自主设计测评动作、可智能化数字化训练等多功能于一体的高尔夫球测评系统。

　　该系统可精准测评出高尔夫球挥杆动力链序列，如图2-6-2-1所示。

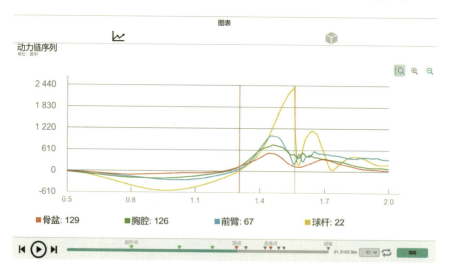

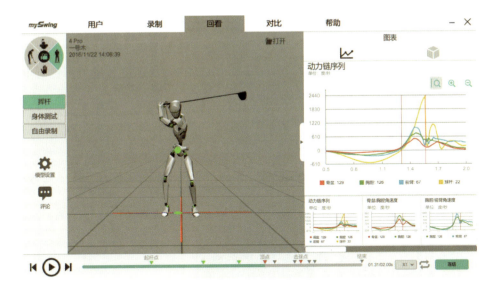

图 2-6-2-1　动力链序列测评

MySwing Professional 是一套高尔夫球全身 3D 系统，是专注于高尔夫球训练教学、评估和训练领域的，便携式的，可灵活应用于室内室外并不受光线干扰的，基于惯性传感器的高尔夫球技术动作捕捉系统，有全身、半身、单臂等多种模式可供灵活选择。整套系统包含 21 个传感器，遍布全身主要关节和球杆，能够快速准确地捕捉球员的动力链和相关运动学数据（见图 2-6-2-2）。

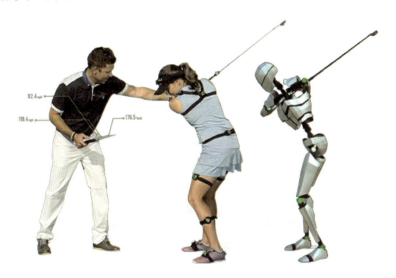

图 2-6-2-2　上杆

传感器尺寸：身上节点 40 mm×30 mm×23 mm，杆上节点 50 mm×47 mm×43 mm。传感器重量：身上节点 15 g，杆上节点 35 g。可测挥杆动态范围：360 度。加速度测量范围：±8 g/±24 g。角速度测量范围：身上节点±2 000 dps，杆上节点±4 000 dps。

MySwing Professional系统拥有多达几十种数据分析选项可供使用，包括运动轨迹、旋转角度、位移与速度、发力顺序等（见图2-6-2-3）。

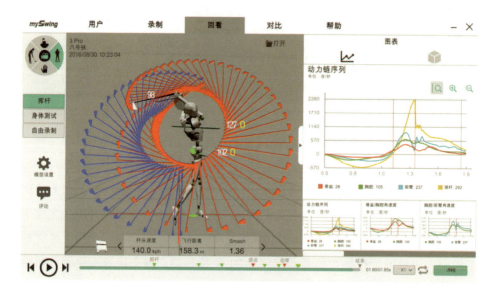

图 2-6-2-3　系统界面

一、在基础体能测试方面

精准的动作捕捉系统能够快速有效地测试球员躯干、膝、踝、肩肘腕各关节运动角度，能够帮助教练对球员挥杆技巧和体能训练进行客观的指导；与球员解剖学参数、肌力参数相结合，从而对相关评估内容作出判断，如关节周围肌肉柔韧性、关节灵活性、神经控制能力、姿势稳定性等。

二、在专项技术分析方面

MySwing Professional系统能够对球员击球动作进行专项技术动作分析，包含运动轨迹、旋转角度、位移与速度、发力顺序等详尽数据分析，从而对相关评估内容作出判断，如动作的时空特征、球员技术特点、球员运动链弱势环节和失衡环节。

三、自动生成测试报告

MySwing Professional 系统能够方便快捷地为球员的挥杆数据导出PDF格式的定制报告，并且能够在相应的挥杆板块下给出自己的评价和专业性建议。挥杆技术动作的周期性测评报告对比分析，能够极大提高教学质量和效率。

训练检测

1. 什么是动力链？
2. 如何进行高尔夫球挥杆动力链分析？

项目三
高尔夫球课程系统化设计

项目描述

　　高尔夫球课程设计是高尔夫球教练必须具备的基本能力，我们从教学目标、教学设计、教学大纲制定、教学进度设置、教学方案设计等方面进行阐述，旨在科学、系统地构建系统化教学设计的能力，为高尔夫球教练的教学工作提供科学的指导。

学习目标

　　了解高尔夫球教学目标、教学设计、教学大纲制定、教学进度设置、教学方案设计，提高分析问题和解决问题的能力。

能力目标

　　能够运用所学高尔夫球课程系统化设计知识，解决高尔夫球教练教学工作所遇到各种问题，提高自己的从业能力。

任务一　教学目标与教学设计

活动场地 / 环境
多媒体教室。

任务要求
1. 了解什么是教学目标；
2. 了解教学设计的原则和方法。

能力训练
掌握教学目标与教学设计相关理论知识，能够准确有效地制定教学目标和进行教学设计；初步形成高尔夫球教学目标的设计能力。

课题一　教学目标

教学目标包含在课程目标之中。课程目标有广义和狭义之分。广义的课程目标的含义定位于教育与社会的关系，是一个比较大的视角，涵盖面是多层次的。它体现教育意图，包含教育方针、教育目的、培养目标、教学目的和教学目标，其中，教学目标又包含年级教学目标、单元教学目标和课时教学目标。在狭义上，课程目标不包含教育方针，只包含教育目的、培养目标、教学目的和教学目标。

高尔夫球教学目标是指高尔夫球教学活动实施的方向和预期达成的结果，是一切教学活动的出发点和最终归宿，它既与教育目的、培养目标相联系，又不同于教育目的和培养目标。教学目标又分为显性与隐性两个目标。隐性的教学目标就是在教案中不能写出来的课堂教学目标，其内容就是教书育人的重要内容之一。隐性的教学目标不但要有，更重要的是能在课堂教学的过程中既能体现出来，又不影响教学主线（比如说毛振明先生提出的快乐体育，如果作为隐性目标来呈现的话，那它会起到事半功倍的效果）。隐性目标要求潜移默化地、水滴石穿地渗透到在课堂教学中。

教学目标包括三个方面：知识、技能和情感（隐性）。知识目标常用"知道""了解""理解"等词语来表述，技能目标常用"学会""掌握""熟练掌握"等词语来表述，情感目标常用"体会""体验""感受""认识"等词语来表述。教学目标是撰写高尔夫球教案过程中比较难写的部分，需要授课教师对此章节的教材有全面的认识和较深的理解。教学目标的设计一定要针对性强、具体、可操作、可评价，不能写得过于笼统和空泛。

评价一节课的好与坏，首先要看课前设置的教学目标是否能实现，其次才是看其他项目是否达标。切忌在设计教学目标时缺少"知识、技能、情感"三个方面中的任何一项！如果对课程的三个方面理解不透彻，就不会落实到每一节课的教学目标之中去。

课题二　教学设计

一、教学设计概述

教学设计是指根据课程标准的要求和教学对象的特点，将教学诸要素有序安排，确定合适的教学方案的设想和计划。教学设计一般包括教学目标、教学重难点、教学方法、教学步骤与时间分配等环节。

二、教学设计的目的

教学设计的目的是提高教学效率和教学质量，使学生在单位时间内能够学到更多的知识，更大幅度地提高学生各方面的能力，从而使学生获得良好的发展。

三、教学设计的原则

（一）系统性原则

教学设计是一项系统工程，它是由教学目标和教学对象的分析、教学内容和方法的选择以及教学评估等子系统组成的，各子系统既相对独立，又相互依存、相互制约，组成一个有机的整体。各子系统的功能并不等价，其中教学目标起指导其他子系统的作用。同时，教学设计应立足于整体。每个子系统应协调于整个教学系统中，做到整体与部分辩证地统一，系统的分析与系统的综合有机地结合，最终使教学系统整体优化。

（二）程序性原则

教学设计是一项系统工程，诸子系统的排列组合具有程序性特点，即诸子系统有序地成等级结构排列，且前一子系统制约、影响着后一子系统，而后一子系统依存并制约着前一子系统。根据教学设计的程序性特点，教学设计中应体现出其程序的规定性及联系性，确保教学设计的科学性。

（三）可行性原则

教学设计要成为现实，必须具备两个可行性条件。一是符合主客观条件。主观条件应考虑学生的年龄特点、已有知识基础和师资水平，客观条件应考虑教学设备、地区差异等因素。二是具有操作性。教学设计应能指导具体的实践。

（四）反馈性原则

教学成效考评只能以教学过程前后的变化以及对学生作业的科学测量为依据。测评教学效果的目的是获取反馈信息，以修正、完善原有的教学设计。

四、教学设计的方法

教学设计的方法如下：

第一，教学设计要从"为什么学"入手，确定学生的学习需要和学习目标。

第二，根据学习目标，进一步确定通过哪些具体的教学内容提升学生的知识与技能、过程与方法、情感态度与价值观，从而满足学生的学习需要，即确定"学什么"。

第三，要实现具体的学习目标，使学生掌握需要的教学内容，确定采用什么策略，即"如何学"。

第四，要对教学的效果进行全面的评价，根据评价的结果对以上各环节进行修改，以确保促进学生的学习，获得成功的教学。

五、教学设计的特征

教学设计具有以下特征：

第一，教学设计是把教学原理转化为教学材料和教学活动的计划。教学设计要遵循教学过程的基本规律，选择教学目标，以解决教什么的问题。

第二，教学设计是实现教学目标的计划性和决策性活动。教学设计以计划和布局安排的形式，对怎样才能达到教学目标进行创造性的决策，以解决怎样教的问题。

第三，教学设计以系统方法为指导。教学设计把教学各要素看成一个系统，分析教学问题和需求，确立解决问题和满足需求的程序纲要，使教学效果最优化。

第四，教学设计是提高学习者获得知识、技能的效率和兴趣的技术过程。教学设计是教育技术的组成部分，它的功能在于运用系统方法设计教学过程，使之成为一种具有操作性的程序。

训练检测

1. 如何设置教学目标？
2. 如何进行教学设计？

任务二　高尔夫球课程教学大纲与教学进度

活动场地 / 环境

多媒体教室。

任务要求

1. 了解什么是高尔夫球课程教学大纲；

2. 了解如何制定高尔夫球课程教学进度；

3. 了解高尔夫球教学的重点与难点。

能力训练

掌握制定高尔夫球课程教学大纲的相关理论知识，能够准确有效地制定课程的教学重点、难点；初步形成撰写高尔夫球教学大纲和安排教学进度的能力。

课题一　编写高尔夫球课程教学大纲的基本原则

高尔夫球课程教学大纲是高尔夫球课程的教学纲要。其中包括课程的性质与任务、课程目标与要求、课程的基本内容与教学要求、课程学时分配、课程习题课（讨论课）的要求、实习实训内容要求、教学方法与手段、课程考核与成绩评定办法等。高尔夫球课程教学大纲是根据教学计划，以纲要形式规定高尔夫球课程教学内容的文件。

高尔夫球课程教学大纲以纲要的形式规定了高尔夫球课程的教学目的和目标、任务，知识、技能的范围、深度与体系结构，教学进度和教学法的基本要求。它根据教学计划，规定学员必须掌握的理论知识、实际技能和基本技能，也规定了教学进度和教学方法的基本要求。高尔夫球课程教学大纲结合教学法的特点，顺序地排列高尔夫球课程教学内容的主题、分题和要点，一般以篇、章、节、目等编制成严密的教学体系。在大纲文本中规定了高尔夫球课程教学内容的范围和分量，时间分配和教学进度，也在一定程度上反映了课程的学术观点以及教学深度、重点和难点等。大纲文本还应把高尔夫球课程有关篇章的实践或其他作业题目规定下来；还要介绍各篇章的教科书、参考书或其他参考资料和文献，以及必要的教学设备等。总之，高尔夫球课程教学大纲部分反映了该课题主线、知识结构以及实施环节。

一、符合专业人才培养方案和教学计划的要求

高尔夫球课程教学大纲的编写应当考虑高尔夫球课程在整个教学计划中的地位和任务，高尔夫球课程在培养专门人才的目标上的作用以及通过学习要达到的目的和目标。高尔夫球课程教学大纲是高尔夫专项体育教练培养规格在课程中的具体体现，因而选择的教学内容必须保证专业培养目标的实现。教学大纲的编写还应当遵循教学计划整体优化的原则。教学计划中的每一部分教学内容都是互相联系的，对各部分内容既要注意相互衔接，又要避免重复或遗漏。因此，在编写教学大纲时，要从教学计划的全局出发，明确高尔夫球课程内容的分配，处理好先修内容与后续内容的衔接与配合，并尽可能依据教学法要求，对于重复部分进行认真的技术处理。

二、体现科学性与思想性相结合、理论联系实际的原则

高尔夫球课程教学大纲的编写应当从课程教学内部处理好科学性与思想性、理论性与实践性的关系。教学大纲要体现科学性和思想性结合的要求，所列出的论点都应当是已经经过科学检验的、符合客观规律的知识；对于各种非唯物主义的学术观点，应当以马克思主义的立场、观点和方法进行分析和批判。教学大纲的科学性与思想性的结合，还表现为历史与逻辑的统一：教学大纲应便于教材的叙述，要反映出高尔夫球所研究的各种现象、事实和规律的认识发展过程。同时，教学大纲也要及时反映高尔夫球发展的最新、典型性的新的研究成果。

教学大纲的编写还应当遵循理论联系实际的原则，坚持理论与实践一致，观点与材料统一。在重视理论传授时，不能忽视实践的训练，应使实践、实习、社会调查等教学形式在高尔夫球课程教学大纲中占有重要的地位。

三、要有相对的稳定性，又要不断更新

高尔夫球课程教学大纲要保持相对的稳定性，才能保证稳定的教学质量。同时，高尔夫球课程教学大纲也要及时反映现代体能训练科学技术的最新成就和当代科技发展的最新水平，保证教学大纲的先进性，实现教学内容的现代化。因此，高尔夫球课程教学大纲要不断更新内容。但是，无论是更新教学内容，还是补充新的内容，都应当从教学的目的和目标、任务和学生的接受能力出发，切忌盲目、片面地求新求多，加重学员的负担，降低教学质量。所以，编写教学大纲、选择教材内容，包括更新和补充知识，都应当贯彻少而精、量力性原则，分量要适当合理，既要从学员现有的水平出发，又要起到促进学员智能发展的作用。

总之，高尔夫球课程教学大纲是课程内容合乎逻辑的构架，是教学顺序、教学工作的指南，以及对该课程掌握程度的反映。教师可从各自的授课条件出发拟订本课程的大纲，了解、熟悉、钻研教学大纲，并在自己的教学实践中执行大纲。

课题二　高尔夫球课程教学进度

高尔夫球课程教学进度是指以课程每个课题教学日程安排为主要内容的计划。在学期或学年开始前由任课教师制定，内容包括：学员情况的简明分析，学年或学期教学总要求，教科书章节或课题的教学时数及起讫日期，各课题需要运用的教学手段等。

高尔夫球课程教学进度可详可略，但要明确、具体。它有助于教练掌握各章节的教学日期，避免教学赶进度或延误时间，也是进行教学管理的一种手段。

课题三　一般教学以及高尔夫球教学的重点与难点

一、一般教学的重点与难点

设置每一节课的教学重点要准确、书写清晰。教学重点有时常常与节的名称相同。撰写的本节课教学重点，往往是本节名称所含内容的解释性的语

言。每个教练对同一节课"节的名称"解释语言不尽相同。

每一节课的教学难点要根据教学的环境、学生的认知能力、理解能力、接受能力精心设计。

二、高尔夫球教学的重点与难点

高尔夫球教学的重点、难点如表3-2-3-1所示。

表3-2-3-1　高尔夫球教学的重点、难点

课程次数	课题名称	主要内容	重点、难点	备注
1	中、短铁杆挥杆技术1	铁杆击球的技术动作原理，挥杆前的准备。基本站位、握杆方法	重点： 基本站位； 握杆方法。 难点： 站位的选择； 握杆方法的选择	室外练习场
2	中、短铁杆挥杆技术2	TTRO课程体系	重点： TTRO理论。 难点： 如何实现TTRO	室外练习场
3	中、短铁杆挥杆技术3	太极高尔夫球教学法	重点： 太极教学法的提出。 难点： 太极教学法的应用； 整体发力	室外练习场
4	中、短铁杆挥杆技术4	四分之一挥杆之整体上杆	重点： 三角形的保持。 难点： 三角形的应用	室外练习场
5	中、短铁杆挥杆技术5	四分之一挥杆之击球动作	重点： 最后击球动作概念。 难点： 形成最后击球动作； 如何锁肩	室外练习场
……	……	……	……	……

训练检测

1. 如何制定高尔夫球课程教学大纲？

2. 如何安排高尔夫球课程教学进度？

3. 如何设定高尔夫球课程教学的重点与难点？

任务三　教学模式与教学方法

活动场地 / 环境

多媒体教室。

任务要求

1. 了解什么是教学模式；

2. 了解如何选择教学方法。

能力训练

掌握教学模式的特点和功能以及常用的教学方法；初步形成构建高尔夫球教学模式和选择运用高尔夫球教学方法的能力。

课题一　教学模式

一、教学模式概述

教学模式可以定义为是在一定教学思想或教学理论指导下建立起来的较为稳定的教学活动结构框架和活动程序。作为结构框架，突出了教学模式从宏观上把握教学活动整体及各要素之间内部关系的功能；作为活动程序，则突出了教学模式的有序性和可操作性。

（一）理论依据

教学模式是一定的教学理论或教学思想的反映，是在一定理论指导下的教学行为规范。不同的教育观往往提出不同的教学模式。比如，概念获得模式和先行组织模式的理论依据是认知心理学的学习理论，而情境陶冶模式的理论依据则是人的有意识心理活动与无意识心理活动、理智与情感活动在认知中的统一。

（二）教学目标

任何教学模式都指向一定的教学目标，在教学模式的结构中教学目标处于核心地位，并对构成教学模式的其他因素起着制约作用，它决定着教学模式的操作程序和师生在教学活动中的组合关系，也是教学评价的标准和尺度。正是教学模式与教学目标的这种极强的内在统一性，决定了不同教学模式的个性。不同教学模式是为完成一定的教学目标服务的。

（三）操作程序

每一种教学模式都有其特定的逻辑步骤和操作程序，它规定了在教学活动中师生先做什么、后做什么，各步骤应当完成的任务。

（四）实现条件

实现条件是指能使教学模式发挥效力的各种条件因素，如教师、学生、教学内容、教学手段、教学环境、教学时间等。

（五）教学评价

教学评价是指各种教学模式所特有的完成教学任务，达到教学目标的评价方法和标准等。由于不同的教学模式所要完成的教学任务和达到的教学目的不同，使用的程序和条件不同，其评价的方法和标准也有所不同。除了一些比较成熟的教学模式已经形成了一套相应的评价方法和标准外，有不少教学模式还没有形成自己独特的评价方法和标准。

二、教学模式的特点

（一）指向性

由于任何一种教学模式都围绕着一定的教学目标设计，而且每种教学模式的有效运用也需要一定的条件，因此不存在对任何教学过程都适用的普适性的模式，也谈不上哪一种教学模式是最好的。评价最好教学模式的标准是在一定的情况下达到特定目标的最有效的教学模式。教学过程中在选择教学模式时必须注意不同教学模式的特点和性能，注意教学模式的指向性。

（二）操作性

教学模式是一种具体化、操作化的教学思想或理论，它把某种教学理论或活动方式中最核心的部分用简化的形式反映出来，为人们提供了一个比抽象的理论具体得多的教学行为框架，具体地规定了教师的教学行为，使得教师在课堂上有章可循，便于教师理解、把握和运用。

（三）完整性

教学模式是教学现实和教学理论构想的统一，所以它有一套完整的结构和一系列的运行要求，体现着理论上的自圆其说和过程上的有始有终。

（四）稳定性

教学模式是大量教学实践活动的理论概括，在一定程度上揭示了教学活动带有的普遍性规律。一般情况下，教学模式并不涉及具体的学科内容，所提供的程序对教学起着普遍的参考作用，具有一定的稳定性。但是教学模式是依据一定的教学理论或教学思想提出来的，而一定的教学理论和教学思想又是一定社会的产物，因此教学模式总是与一定历史时期社会政治、经济、科学、文化、教育的水平联系，受到教育方针和教育目的的制约。因此，这种稳定性又是相对的。

（五）灵活性

作为并非针对特定的教学内容，体现某种理论或思想，又要在具体的教学过程中进行操作的教学模式，在运用的过程中必须考虑到学科的特点、教学的内容、现有的教学条件和师生的具体情况，进行细微的方法上的调整，以体现对学科特点的主动适应。

三、教学模式的功能

（一）教学模式的中介作用

教学模式的中介作用是指教学模式能为各科教学提供一定理论依据的模式化的教学法体系，使教师摆脱只凭经验和感觉，在实践中从头摸索进行教学的状况，搭起了一座理论与实践之间联系的桥梁。

教学模式的这种中介作用，是和它既来源于实践，又是某种理论的简化形式的特点分不开的。

一方面，教学模式来源于实践，是对一定具体教学活动方式进行优选、概括、加工的结果，它为某一类教学及其所涉及的各种因素和它们之间的关系提供一种相对稳定的操作框架，这种框架有着内在的逻辑关系的理论依据，已经具备了理论层面的意义。

另一方面，教学模式又是某种理论的简化表现方式，它可以通过简明扼要的象征性的符号、图式和关系的解释，来反映它所依据的教学理论的基本特征，使人们在头脑中形成一个比抽象理论具体得多的教学实施程序，便于人们对某一教学理论的理解，也是抽象理论得以发挥其实践功能的中间环节，是教学理论得以具体指导教学并在实践中运用的中介。

（二）教学模式的方法论意义

教学模式的研究是教学研究方法论上的一种革新。长期以来人们习惯于采取单一刻板的思维方式，比较重视用分析的方法对教学的各个部分进行研究，而忽视各个部分之间的联系或关系，或习惯于停留在对各个部分关系的抽象的辩证理解上，而缺乏教学活动的特色和可操作性。教学模式的研究指导人们从整体上去综合地探讨教学过程中各因素之间的互相作用和其多样化的表现形态，以动态的观点去把握教学过程的本质和规律，同时对加强教学设计、研究教学过程的优化组合也有一定的促进作用。

四、模式综述

教学模式是教学理论的具体化，是教学实践的概括化的形式和系统，具有多样性和可操作性，因此教师对教学模式的选择和运用有一定的要求，教学模式必须与教学目标相契合，要考虑实际的教学条件并针对不同的教学内容来选择教学模式，当然首先还是要了解有哪些教学模式，它们的特点是什么。

（一）传递－接受式的教学模式

该教学模式源于赫尔巴特的四段教学法，后来由苏联的凯洛夫等人进行改造传入我国。在我国广为流行，很多教师在教学中自觉不自觉地都用这种方法教学。该模式以传授系统知识、培养基本技能为目标。其着眼点在于充分挖掘人的记忆力、推理能力与间接经验在掌握知识方面的作用，使学生比较快速有效地掌握更多的信息量。该模式强调教师的指导作用，认为知识是从教师到学生的一种单向传递，非常注重教师的权威性。

1. 理论基础

该教学模式根据行为心理学的原理设计，尤其受斯金纳操作性条件反射的训练心理学的影响，强调控制学习者的行为达到预定的目标，认为只要通过"联系—反馈—强化"这样反复的循环过程就可以塑造有效的行为目标。

2. 教学基本程序

该教学模式的基本教学程序是：复习旧课—激发学习动机—讲授新课—巩固练习—检查评价—间隔性复习。

复习旧课是为了强化记忆、加深理解、加强知识之间的相互联系和对知识进行系统整理。激发学习动机是根据新课的内容，设置一定情境和引入活动，激发学生的学习兴趣。讲授新课是教学的核心，这个过程以教师的讲授和指导为主，学生一般要跟着教师的教学节奏，按部就班地完成教师布置给他们的任务。巩固练习是学生在课堂上对新学的知识进行运用和练习解决问题的过程。检查评价是通过学生的课堂和家庭作业来检查学生对新知识掌握情况的过程。间隔性复习是为了强化记忆和加深理解。

3. 教学原则

教师要根据学生的知识结构和认知水平对教学内容进行加工整理，力求使所传授的知识与学生原有的认知结构相联系。要充分发挥教师的主导作用，教师在传授知识的时候需要很高的语言表达能力，同时要对学生在掌握知识时候常遇到的问题有所反馈。

4. 辅助系统

辅助系统包括课本、黑板、粉笔、挂图、模型、投影仪等。

5. 教学效果

优点：学生能在短时间内接受大量的信息，能够培养学生的抽象思维能力。

缺点：学生对接收的信息很难真正地理解，人格培养单一化、模式化，不利于创新性、分析性人格的培养，不利于培养学生的创新思维和解决实际问题的能力。

6. 实施建议

在介绍讲解性的内容上运用比较有效。教师不可在任何教学内容上都运用这种模式，长此以往必然形成一种"满堂灌"的教学模式，非常不利于学生的全面发展。

（二）自学–辅导式的教学模式

自学–辅导式的教学模式是在教师的指导下自己独立进行学习的模式。这种教学模式能够培养学生的独立思考能力，在教学实践中也有很多教师在运用它。

1. 理论基础

该教学模式从人本主义出发，注意发挥学生的主体性，以培养学生的学习能力为目标。在这种教学模式下，教师先让学生独立学习，然后根据学生的具体情况进行指导。它承认学生在学习过程中试错的价值，培养学生独立思考和学会学习的能力。

2. 教学基本程序

自学–辅导式的教学程序是：自学—讨论—启发—总结—练习巩固。

教师布置一些有关新教学内容的学习任务组织学生自学，在自学之后让学生之间交流讨论，发现他们所遇到的困难，然后教师根据这些情况对学生进行点拨和启发，总结规律，再组织学生进行练习巩固。

3. 教学原则

自学内容要难度适宜，教师在教学过程中要适时点拨，可以先由学生进行自主学习，后由教师进行指导性的概括和总结。

4. 辅助系统

要提供必要的学习材料和学习的辅助设施，给学生自学提供有力的支持。

5. 教学效果

优点：能够培养学生分析问题、解决问题的能力，有利于教师因材施教，能够发挥学生的自主性和创造性，有利于培养学生相互合作的精神。

缺点：学生如果对自学内容不感兴趣，可能在课堂上一无所获；需要较长的时间；需要教师非常敏锐地观察学生的学习情况，必要时进行启发和调动学生的学习热情；针对不同学生进行讲解和教学，所以很难在大班教学中开展。

6. 实施建议

最好选择难度适合学生的内容进行自学，教师要有很高的组织能力和业务水平。

（三）探究式教学模式

探究式教学模式以问题解决为中心，注重学生的独立活动，着眼于学生思维能力的培养。

1. 理论基础

依据皮亚杰和布鲁纳的建构主义的理论，应注重学生的前认知，注重体验式教学，培养学生的探究和思维能力。

2. 基本程序

教学的基本程序是：问题—假设—推理—验证—总结提高。

首先创设一定的问题情境并提出问题，然后组织学生对问题进行猜想和

做假设性的解释，再设计实验进行验证，最后总结规律。

3. 教学原则

创造民主宽容的教学环境，充分发挥学生的思维能力，教师要掌握学生的前认知特点并实施一定的教学策略。

4. 辅助系统

需要一定的供学生探究学习的设备和相关资料。

5. 教学效果

优点：能够培养学创新能力和思维能力、民主与合作的精神以及自主学习的能力。

缺点：一般只能在小班进行，需要较好的教学支持系统，教学需要的时间比较长。

6. 实施建议

在探究式教学中教师一定要尊重学生的主体性，创设宽容、民主、平等的教学环境。教师要给予那些打破常规的学生一定的鼓励，不要轻易地对学生说对或错。教师要以引导为主，切不可轻易告知学生探究的结果。

（四）概念获得模式

该教学模式的目标是使学习者通过体验所学概念的形成过程来培养他们的思维能力。该模式主要反映了认知心理学的观点，强调学习是认知结构的组织与重组的观点。

1. 理论基础

该教学模式的理论基础是布鲁纳、古德诺和奥斯汀的思维研究理论。他们认为，分类是把不同的事物当作相等看待，是将周围的世界进行简化和系统化的手段，从而建立一定的概念来理解纷繁复杂的世界。布鲁纳认为，所谓的概念是根据观察进行分类而形成的思想或抽象化；在概念形成的过程中要注重事物之中的一些相似成分，而忽略那些不同的地方；在界定概念的时候需要五个要素，即名称、定义、属性、例子以及与其他概念的相互关系。

2. 基本程序

概念获得模式共包含这些步骤：教师选择和界定一个概念—教师确定概念的属性—教师准备选择肯定和否定的例子—将学生导入概念化过程—呈现例子—学生概括并定义—提供更多的例子—进一步研讨并形成正确的概念—概念的运用与拓展。

3. 教学原则

帮助学生有效地习得概念是学校教育的基本任务之一。概念获得模式采取"归纳—演绎"的思维形式。应通过一些例子让学生发现概念的一些共同属性，掌握概念区别于其他概念的本质特征。学生在获得概念后还需要进行概念的理解，即引导学生从概念的内涵、外延、属、种、差别等方面去理解概念。为了强化学生对概念的理解，还应该对与概念相关的或相似的概念、逻辑相关概念、相对应的概念等进行辨析。学习的目的在于运用，在运用的过程中可以发现学生对概念的掌握程度，可以及时地采取补救措施。

4. 辅助系统

需要大量正反例子，课前教师需要精心的准备。

5. 教学效果

能够培养学生的归纳和演绎能力，能够形成比较清晰的概念，能够培养学生严谨的逻辑推理能力。

6. 实施建议

针对概念性很强的内容实施教学，课前教师要对概念的内涵与外延做很好的梳理。

（五）巴特勒学习模式

20 世纪 70 年代美国教育心理学家巴特勒提出教学的七大要素，并提出七段教学论，在国际上影响很大。

1. 理论基础

它的主要理论依据是信息加工理论。

2. 教学程序

基本教学程序是：设置情境—激发动机—组织教学—应用新知—检测评价—巩固练习—拓展与迁移。此即教学七步骤。

教学七步骤中的情境是指学习的内外部的各种情况，内部情况是学生的认知特点，外部情况是指学习环境（构成要素有个别差异、元认知、环境因子）。动机是学习新知识的各种诱因，它的构成要素有情绪感受、注意、区分和意向。组织是指将新知识与旧知识相互关联起来，它的构成要素有相互联系、联想、构思和建立模型。应用是对新知识的初步尝试，它的构成要素有参与、尝试、体验和结果。评价是对新知识初步尝试使用之后的评定，它的构成要素有告知、比较、赋予价值和选择。巩固练习的构成要素有强化、练习、形成习惯、常规、记忆和遗忘。拓展与迁移是指把新知识迁移到其他情境中去，它的构成要素有延伸、迁移、转换、系统和综合。

3. 教学原则

巴特勒从信息加工理论出发，非常注重元认知的调节，利用学习策略对学习任务进行加工，最后生成学习结果。教师在利用这种模式的时候，要时常提醒学生反思自己的学习行为。要考虑各种步骤的组成要素，根据不同情况有所侧重。

4. 辅助系统

一般的课堂环境，掌握学习策略的教师。

5. 教学效果

这是一种普适性的教学模式，根据不同的教学内容可以转化为不同的教学法，只要教师灵活驾驭就能获得理想的教学效果。

6. 实施建议

教师只要是一位研究型的教师，具有一定的教育学和心理学的知识，掌握元认知策略，就可以灵活运用这种教学模式。

课题二　教学方法

一、教学方法的概念

学无止境，教无定法。教学的方法从理论上讲，应当是有无数种。

在课堂教学过程中，教学方法通常以讲授法为主，不能事事都要学生去活动、去体验。同时，还有讨论法、发现法、读书指导法、演示法、实验法、导学法、辅导法、谈话法、陶冶法、任务驱动法、交流法、互动法、练习法、开放方式教学法等教学方法。在教案中可以写出本节课中使用的几种主要教学方法。

教学方法包括教师教的方法（教授法）和学生学的方法（学习法）两大方面，是教授法与学习法的统一。教授法必须依据学习法，否则便会因缺乏针对性和可行性而不能达到预期的目的。但由于教练在教学过程中处于主导地位，所以在教授法与学习法中，教授法处于主导地位。

二、教学方法的含义

教学方法，是教学过程中教师与学生为实现教学目的和教学任务要求，在教学活动中所采取的行为方式的总称。

教学方法的内在本质特点：

（1）教学方法体现了特定的教育和教学的价值观念，它指向实现特定的教学目标要求。

（2）教学方法受到特定的教学内容的制约。

（3）教学方法要受到具体的教学组织形式的影响和制约。

三、常用方法

（一）讲授法

讲授法是通过简明、生动的口头语言向学生传授知识、发展学生智力的方法。它通过叙述、描绘、解释、推论来传递信息、传授知识、阐明概念、论证定律和公式，引导学生分析和认识问题。运用讲授法的基本要求是：

第一，讲授既要重视内容的科学性和思想性，又要应尽可能地与学生的认知基础发生联系。

第二，讲授应注意培养学生的学科思维。

第三，讲授应具有启发性。

第四，讲授要讲究语言艺术。语言要生动形象、富有感染力，清晰、准确、简练，条理清楚、通俗易懂，音量、语速尽可能适度，语调抑扬顿挫，适应学生的心理节奏。

讲授法的优点是容易控制教学进程，能够使学生在较短时间内获得大量系统的科学知识。但如果运用不好，学生学习的主动性、积极性不易发挥，就会出现教师满堂灌、学生被动听的局面。

（二）讨论法

讨论法是在教师的指导下，学生以全班或小组为单位，围绕中心问题各抒己见，通过讨论或辩论活动获得知识或巩固知识的一种教学方法。其优点在于，由于全体学生都参加活动，可以培养合作精神，激发学生的学习兴趣，提高学生学习的独立性。运用讨论法的基本要求是：

第一，讨论的问题要具有吸引力。讨论前教师应提出讨论题和讨论的具体要求，指导学生收集阅读有关资料或进行调查研究，认真写好发言提纲。

第二，讨论时，要善于启发引导学生自由发表意见。讨论要围绕中心，联系实际，让每个学生都有发言机会。

第三，讨论结束时，教师应进行小结，概括讨论的情况，使学生获得正确的观点和系统的知识。

（三）直观演示法

演示法是指教师在课堂上通过展示各种实物、直观教具或进行示范性实验，让学生通过观察获得感性认识的教学方法，是一种辅助性教学方法，要和讲授法、谈话法等教学方法结合使用。运用演示法的基本要求是：

第一，目的要明确。

第二，现象要明显且容易观察。

第三，尽量排除次要因素或减小次要因素的影响。

（四）练习法

练习法是学生在教师的指导下巩固知识、运用知识、形成技能技巧的方法。练习一般可分为以下几种：

第一，语言的练习，包括口头语言和书面语言的练习，旨在培养学生的表达能力。

第二，解答问题的练习，包括口头和书面解答问题的练习，旨在培养学生运用知识解决问题的能力。

第三，实际操作的练习，旨在形成操作技能，在技术性学科中占重要地位。

（五）读书指导法

读书指导法是教师指导学生通过阅读专业书籍，以获得知识、巩固知识、培养自学能力的一种方法。

（六）任务驱动训练法

教师给学生布置探究性的学习任务，学生查阅资料，对知识体系进行整理，再选出代表进行讲解，最后由教师进行总结，即为任务驱动训练法。任务驱动训练可以以小组为单位进行，也可以以个人为单位组织进行，它要求教练布置任务要具体，其他学生要积极提问，以达到共同学习的目的。任务驱动训练法可以在完成任务的过程中培养学生分析问题、解决问题的能力，培养学生独立探索及合作精神。

（七）参观训练法

参观训练法是指组织或指导学生到育种试验地进行实地观察、调查、研究和学习，从而获得新知识或巩固已学知识的教学方法。参观训练时一般由校外实训教师指导和讲解，要求学生围绕参观内容收集有关资料，质疑问难，做好记录。参观结束后，由学生整理参观笔记，写出书面参观报告，将感性认识升华为理性知识。参观训练法可使学生巩固已学的理论知识，掌握前沿知识。

四、选择运用

科学、合理地选择和有效地运用训练方法，要求高尔夫球教练能够在现代教学理论的指导下，熟练地把握各类教学方法的特性，综合地考虑各种训练方法的各种要素，合理地选择适宜的训练方法并能进行优化组合。

（一）选择教学方法的基本依据

1. 依据训练目标选择训练方法

不同层次的教学目标的有效达成，要借助相应的训练方法和技术。高尔夫球教练可依据具体的可操作性目标来选择和确定具体的训练方法。

2. 依据训练内容特点选择训练方法

不同阶段、不同单元、不同课时的内容与要求也不一致，这些都要求训练方法的选择具有多样性和灵活性的特点。

3. 根据球员实际特点选择训练方法

球员的实际特点直接制约着教练对训练方法的选择，这就要求教练能够科学而准确地研究分析球员的实际特点，有针对性地选择和运用相应的训练方法。

4. 依据教练的自身素质选择训练方法

任何一种教学方法，只有适应了教练的素养条件，并能为教练充分理解和把握，才有可能在实际教学活动中有效地发挥其功能和作用。因此，教练在选择教学方法时，还应当根据自己的实际优势，扬长避短，选择最适合自己的教学方法。

5. 依据训练环境条件选择训练方法

教练在选择训练方法时，要在时间允许的情况下最大限度地运用和发挥训练环境条件的功能与作用。

（二）教学方法的运用

教练选择教学方法的目的，是要在实际教学活动中有效地运用。

首先，教练应当根据具体教学的实际，对所选择的教学方法进行优化组合和综合运用。

其次，无论选择或采用哪种教学方法，要以启发式教学思想作为运用各种教学方法的指导思想。

另外，教练在运用各种教学方法的过程中，还必须充分关注球员的参与性。

训练检测

1. 如何选择教学模式？
2. 如何选择教学方法？

任务四　高尔夫球教学方案设计

活动场地 / 环境

多媒体教室。

任务要求

1. 了解什么是高尔夫球课程；

2. 了解如何撰写高尔夫球课程教案。

能力训练

掌握制订高尔夫球课程教案的相关理论知识；初步形成撰写高尔夫球课程教案的能力。

课题一　什么是高尔夫球课程

一、高尔夫球课程的类型

（一）理论课

理论课是指按照高尔夫球课程教学纲要规定的教材和教学计划，在室内讲授高尔夫球发展史、挥杆理论、力学原理、裁判规则等知识的课。

（二）实践课

实践课是指在高尔夫球场馆进行技术和身体练习的课，分为新授课、复习课、综合课、考核课四种类型。

1. 新授课

新授课是指学习新内容的课。组织新授课时应注意的主要问题如下：

（1）使学生对新教材内容形成正确、完整的概念。

（2）根据教材的性质和学生的特点以及场地器材等实际情况科学地安排教学步骤。

（3）首先掌握动作的基本环节，并着重解决普遍存在的问题。

（4）要有适当的重复次数和运动负荷。

2. 复习课

复习课是以复习旧教材为主的课。组织时应注意的主要问题如下：

（1）应对复习内容提出明确具体的要求。

（2）应在集体指导的基础上，做好区别对待和个别指导工作。

①对较好学生，应逐渐提高要求；

②对较差学生，应帮助其树立信心；

③对大多数学生，提出一般要求。

（3）要精讲多练。

3. 综合课

综合课是指由两种以上不同性质的教材组成的课。组织时应注意的主要问题如下：

（1）注意新旧教材和不同性质教材的合理搭配。

（2）科学合理地安排新旧教材顺序和教学分组。

（3）根据教材的不同性质、特点和难易程度，合理分配时间、密度和负荷。

4. 考核课

考核课是以检查学生成绩为主的课。组织考核课时应注意的主要问题如下：

（1）除安排测验项目外，可安排一些复习教材和内容，加强教学重点。

（2）充分做好准备活动，加强安全措施。

二、高尔夫球教学组织

（一）高尔夫球教学组织的概念

高尔夫球教学组织是指教师根据体育教学特点、任务和实际情况，对学生、场地器材进行合理安排时所采取的措施。

（二）高尔夫球教学组织的内容

1. 分组教学

（1）分组教学是指全班同学按条件分成若干小组，由教师统一指挥，分别进行练习的一种组织形式。

（2）分组教学形式：分组不轮换，分组轮换。

①分组不轮换的形式：把学生分成若干组，在教师的统一指导下，按内

容安排的顺序，依次进行学习。

优点：便于教师指导，有利于合理安排内容顺序和运动负荷。

缺点：没有一定数量的场地和器材，会影响密度和负荷。

②分组轮换的形式：把学生分成若干组，在教师的指导下，各组学生分别学习不同性质的内容，按预定的时间，互相轮换学习的内容。

优点：使学生获得较多的练习机会，培养学生独立工作的能力。

缺点：教师不易全面指导学生，在合理安排内容的顺序和灵活掌握教学的时间上存在一定的困难，不易使各组都符合人体机能活动能力变化规律。

③分组轮换种类：两组一次轮换，三组两次等时轮换，四组三次不等时轮换，先合（分）后分（合）组。

2. 场地和器材布置

场地和器材布置时的注意事项如下：

（1）对现有的场地、器材的布局要合理、教具要齐全。移动的器材向固定器材靠拢。

（2）活动范围小的项目尽量利用边角。击球场地安排，要注意是否对其他项目有所影响。

（3）做好安全检查工作。

（4）使用器材应有组织措施要求。

课题二　高尔夫球课教案的编写

一、编写高尔夫球课（实践课）教案的步骤

（一）确定课时教学目标

教学目标包括运动知识、技术技能目标、身体健康目标、心理（情感）健康目标以及社会适应目标。

要求全面、明确具体、切实可行。

全面是指课时教学目标应包括上面所述的四个方面。这四个目标反映了体育教学的总目标，必须贯彻落实到每一节课中去，可有主次之分。

明确具体是指课时教学目标要定得不抽象、不笼统、不烦琐，要重点突出，让人一目了然。既对学生的学习有具体的数量和质量标准，又对学生的行

为有明确的要求，文字表达上也力求简洁。

切实可行是指课时教学目标要定得符合教学进度的要求和学生的实际水平，使大多数学生经过努力能完成课时教学目标。应避免目标定得偏高或偏低，脱离实际而收不到良好的效果。

（二）构思课的内容、运用教法与学练法

一般先构思基本部分，然后再考虑准备部分和结束部分。在落笔书写时，则应按课的各部分顺序依次写出。

1. 内容的构思

（1）先应考虑基本部分的教材，如果一堂课安排两个以上教材，则应先确定其先后次序；

（2）分析研究各项教材的重点、难点、动作要领、完成的方法，以及必要的辅助练习、诱导练习；

（3）针对基本部分的内容再构思准备部分的准备练习；

（4）针对基本部分的内容再构思结束部分的放松练习，以及准备部分与结束部分的常规等。

2. 运用教法与学练法的构思

（1）考虑分组教学的形式；

（2）各项内容教师如何活动，学生如何活动及其步骤；

（3）如何运用教法和学练法，如何组织学生练习，使学生既掌握了知识、技术技能，又发展了身体、培养了运动能力；

（4）怎样通过学生队伍的组织和调动，使得课的各个部分紧密衔接；

（5）学生练习时教师如何指导；

（6）场地器材的分配和使用；

（7）采取什么安全措施；

（8）教学比赛或游戏的规则；

（9）要求和注意事项等。

（三）合理安排课的各部分时间、各项内容教学时间和练习次数

各部分时间是根据各部分在全课所处的地位和作用来确定的。

各项内容教学时间是指课的内容一栏内各项教学内容的时间安排（包括准备与结束部分的常规）。要根据这些内容在该部分所起的作用，对实现课时目标的影响，以及各部分的时间来安排。

练习次数是指每项练习中一个球员的练习次数。

应根据各项内容的教学时间、课的组织等来合理安排。

（四）预计课的生理负荷和练习密度

为了更好地实现教学目标，教练应根据教学内容、球员情况以及场地器材与气候条件，预计出本课的练习密度。预计时应以中等水平的球员为依据。

（五）计划本课所需的场地、器材和用具

应根据教学内容和学校场地器材等具体情况合理安排。

注意：

第一，场地的使用相对集中，以利于教师指导和节省掉队时间，并尽可能充分利用学校的器材，以便让学生有更多的练习机会。

第二，如果在同一时间内有几个班级上课，事先应与其他教师协商，妥善解决。

第三，构思成熟后可画上场地布置图并在场地器材栏内填上本课所需的场地器材和用具的名称、数量、规格，以便做好课前准备。

（六）课后小结

课后小结虽然是每节课后完成的，但这是一份完整的教案所不可缺少的一部分。教师应在每次课后将本次课教学目标的完成情况，主要优缺点，以及改进的方法等简明扼要地填写在课后小结栏中。

为把教案写得更完善，还增加了生理负荷（时间、次数、强度）一栏，并在预计部分预计出心理负荷曲线，以利于进一步加强上课的计划性。

二、高尔夫球课（实践课）教案的编写格式与基本要求

（一）表格式教案

优点：一般按表格规定的内容填写，比较清楚，既便于自己看，又便于别人检查。

缺点：书写比较复杂。

（二）文字叙述式教案

优点：一般按上课的顺序依次书写完，书写较容易。

缺点：不如表格式一目了然。

为了较规范、全面地了解制订教案的内容与方法，这里提出两种较为详细的、规范的教案示例作参考。

教案示例：表格式（见表3-4-2-1）。

表 3-4-2-1　教案示例

第1次课 　　　　　　　　　　　　　　　　　　　　年　　月　　日

课的内容和目标	1. 高尔夫球铁杆技术、基本站位、挥杆线路； 2. 素质练习； 3. 培养学生互查、互看的能力，团结协作的能力，以及书写教案的能力		
课的部分	时间	授课内容	教学组织与方法
准备部分	15分钟	1. 查出勤情况（体委整队，师生问好，安排见习生）； 2. 宣布本课内容、目标及要求； 3. 学生带做准备活动； 4. 点评	二列横队 X X X X X X O O O O O O △ 要求： 1. 每一名学生都要以饱满的热情和精神风貌来对待每次课； 2. 服装要求整洁，利于运动，并具健康的美感； 3. 课上要发挥自己的主观能动性，自觉地进行学习； 4. 及时与老师交流与沟通，做到不懂就学，不会就问
基本部分	65分钟	复习内容： 1. 56度CHPPING技术。 　CHPPING技术是用铁杆，使用推杆技术以提高击球准确性的技术动作。如果距离较短就用劈起杆或9号铁，如果距离较长就用8号、7号或6号铁。如果距离非常长，而滑道又很窄，甚至可以用5号或4号铁。 **铁杆形成的最后击球动作** **铁杆的基本站位动作**　**杆头与头部的连线与地面保持垂直**	教法与学法 1. 教师分组。 2. 教师边讲解边示范，学生边模仿（镜面、背面、侧面示范）。 X X X X X X O O O O O O △ 3. 分组讨论。 4. 学生的练习方法。 （1）2~3人一组，一个打位，10球×4组； （2）同学之间可以进行讨论，不上打垫的同学在后面观察练习同学的击球技术，寻找不足之处。 5. 教师巡回指导。

续表

课的部分	时间	授　课　内　容	教学组织与方法
基本部分	65分钟	铁杆上杆的前送　　铁杆收杆的前送 球低人高站位 2.辅助性练习：平板支撑。 重点：距离的掌握和方向的准确性。 难点：中轴的稳定与髋关节的固定，上杆距离和击球距离的对应。 新授内容： 3.高尔夫球铁杆技术、基本站位、挥杆线路介绍。 （1）基本站位：两脚左右开立，上体前压，两腿微屈，双手放松在提前，调整握杆。 铁杆与木杆基本站位时肩的区别 铁杆的基本站位　　1号木的基本站位 如何检验站位是否合适？ 有一种简单的方法：右手松开握柄，右臂自然下垂。如果你站得离球太远，你的右臂和右手将处于身体和握柄之间。如果你和球的距离合适，上体前倾幅度合适，右臂将与左臂齐平。在这种情况下，你就能制造出正确的挥杆平面，增加击球距离。下次比赛中，你将发现自己的开球距离有所提高。	1分钟×3组（可以是不在打位上的同学练习） 6.教师边讲解边示范，学生边模仿（镜面、背面、侧面示范）。 ×××××× 　○○○○○○ 　　△ 7.学生练习方法。 （1）2~3人一组，一个打位，10次×4组。 （2）同学之间可以进行讨论，不上打垫的同学在后面观察练习同学的击球技术，寻找不足之处。 8.教师巡回指导。

续表

课的部分	时间	授 课 内 容	教学组织与方法
基本部分	65分钟	（2）球的位置：球位现在有两种，一种是尼克劳斯球位，另一种是本·霍根球位。我们主要采用本·霍根球位，即球位随着球杆的缩短由左侧向右侧移动。 （3）杆面的位置：杆面方向与击球方向是垂直的，前提条件是底面与地面平行。 **铁杆的开杆角度** 4. 挥杆路线：三种挥球路线如下，由外至内（out to in）、由内至外（in to out）和由内至内（in to in）。挥球路线就是杆头击球运动的线路。 **挥杆路线** 5. 诱导性练习：徒手移动髋关节练习，即双手放在髋关节两侧，左髋向后，右髋向左，把重心完全放在左脚上。 重点：挥杆的基本线路。 难点：中轴的稳定，重心的转移，手臂的放松。 6. 身体素质练习。注意身体的用力及安全。 （1）转体跑，30×4。 （2）灵活性练习5米左右摸地跑，20×4	20次×3组（可以是不在打位上的同学练习） 9. 分组做素质练习，要求学生态度认真，达到预期的生理目标。 10.学生练习方法。 ××××××× ○○○○○○

续表

课的部分	时间	授 课 内 容	教学组织与方法
结束部分	10分钟	1. 学生代做整理活动； 2. 集合整队，总结课的学习及完成情况，对学生的参与程度进行评价，提出下次课的要求及课下作业； 3. 整理器材； 4. 下课	1. 二列横队。 ⅩⅩⅩⅩⅩⅩ ОООООО △ 2. 教师讲评
场地器械	7号铁杆10支，56度铁杆10支，球90个		
小结	热情度很高，对专业理论知识的理解比纯技术课程要深刻		

训练检测

1. 如何进行高尔夫球教学方案设计？

2. 如何撰写高尔夫球课教案？

项目四
高尔夫球训练理论

项目描述

　　高尔夫球训练理论是高尔夫球教练工作的重要理论依据，我们将从高尔夫球训练的概念与任务、球员状态诊断、周期性训练计划的制订等方面进行阐述，旨在为广大教练构建出科学、系统的训练理论体系。

学习目标

　　了解高尔夫球训练的概念，掌握高尔夫球训练理论，构建高尔夫球特有的科学训练体系，学会运用高尔夫球训练理论知识分析问题和解决问题。

能力目标

　　能够运用所学知识，正确认识高尔夫球训练的性质，能够运用高尔夫球训练理论的科学知识构建训练计划，提高自己的从业能力。

任务一　运动训练的概念与任务

活动场地 / 环境

多媒体教室。

任务要求

1. 了解运动训练的概念与任务；

2. 了解运动训练理论的应用点。

能力训练

掌握运动训练的概念，能够有意识地提高对运动训练的认知水平；初步形成高尔夫球运动训练理论的概念。

课题一　运动训练的概念

运动训练是指为提高运动员的竞技能力和运动成绩，在教练的指导下，有组织、有计划地开展体育活动。它是竞技体育的重要组成部分。运动训练的主要参与者是运动员和教练而不是一般的体育参与者，是一个有组织有计划的活动过程，其目的是提高训练水平，为取得运动成绩奠定基础。

适应是机体内外环境不断取得平衡的过程。在正常情况下，人体各器官系统的活动相互制约和相互协调，处在一种相对平衡的状态。这种相对平衡是人体生命存在和机体机能正常活动的必要条件。当外界环境发生变化时，机体内环境的相对平衡受到破坏，体内各种功能不得不重新进行调整，以维持机体内外环境的相对平衡，这就是适应过程。

适应是生物活动的基本规律之一，也是通过运动训练提高人体竞技能力和取得优异运动成绩的生物学基础。

在运动训练中，引起适应过程的外界环境变化包括施加运动负荷、改变训练内容和变换训练环境与条件等。

在运动训练中，主要是采用施加运动负荷等方法，有意识地打破机体内环境的相对平衡，使之发生向较高机能水平的转化，从而在与施加的运动负荷相适应的水平上重新获得相对平衡。这种由于运动训练而产生的机体与施加负荷的外环境不断取得平衡的过程，就称为训练适应。

训练适应的作用体现在以下三个方面：

首先，训练适应是人体机能不断提高的生物学。不断提高人体机能是运动训练的重要任务之一。现代的运动训练要求运动员最大限度地挖掘其机能潜力，而人体机能的不断提高依赖于训练适应过程。只有提高对运动负荷的刺激，使其产生训练适应过程，才能使人体机能不断提高。

其次，训练适应是发展竞技状态的生物学前提。运动竞技状态的形成，正是训练适应过程高度发展的结果。竞技状态的形成，要求运动员在各器官系统的形态、机能、运动素质、运动技术、运动战术及心理状态等方面的训练适应都达到相当完善的程度，并和谐地结合成一个整体。而竞技状态的暂时消失，又是训练反适应性衰退的结果。这种反适应性衰退使运动员机体得以恢复，并进一步发展新的训练适应，在高一级水平上重新形成竞技状态，取得更好的运动成绩。

最后，训练适应是运动训练理论的生物学依据。运动训练理论是运动实践经验的总结和概括，它建立在运动训练客观规律之上，对运动训练实践起着指导作用。运动训练理论只有建立在训练适应以及其他一些运动训练客观规律的基础上，才能经受得住运动训练实践的检验，形成科学的理论体系，指导运动训练沿着正确的方向发展。

训练适应过程的产生和发展受很多因素的影响，如运动负荷、恢复过程和心理状态等，其中负荷和恢复起着决定性的作用。因此，在训练适应过程中尤其重视恢复过程，这是形成训练适应的必要前提。另外，如果运动员心理和日常生活的总负荷与运动员机体所能承受的负荷能力相吻合，训练适应过程就能正常发展，机能水平和运动成绩则可相应提高；如果运动训练与日常生活的总负荷超过了运动员机体的承受能力，则可能导致过度训练。对过度训练的预防，首先要考虑到根据运动员机体的可接受性和个人特点合理安排运动训练。其次要遵守生活制度，注意劳逸结合。可以通过观察及时发现早期症状，找出过度训练的具体原因，并调整训练计划。

课题二　运动负荷与任务要求

在运动训练过程中，只有对运动员机体通过练习施加强烈的刺激，才能引起机体的深刻的反应，充分地挖掘出机体机能潜力。运动员如果不能承受大负荷直至极限负荷的训练，是难以适应现代训练和比赛的要求的。极限负荷是相对的，是就运动员个体而言的，当某一训练阶段的负荷达到运动员个体的极限，并产生训练适应时，就要进一步提高负荷水平。由于在训练过程中运动员具有承担负荷的极限性特点，教练要将科学、合理地安排负荷作为实施训练的重要环节。

一、合理安排运动负荷的基本要求

（一）训练过程中加大负荷必须循序渐进

加大运动负荷切记不能认为越大越好、为大而大，否则会超过运动员所能承受的"最大负荷"能力。对高水平的优秀运动员而言，应在整个运动训练过程中经常性地采用与比赛接近的负荷，力求使大运动量和大强度同时出现，以使运动员全年保持竞技状态，随时出现最佳成绩。对一般运动员来说，负荷必须循序渐进地逐步增加，既有运动员所能承受的"最大负荷"，又有中小负荷的搭配，保证能持续地进行大负荷训练。这对青少年和儿童运动员尤为重要。

（二）掌握好负荷和恢复的关系

没有负荷就没有训练水平的提高，但没有恢复就不能安排新的负荷。只有在机体承担一定的负荷后，得到适当的恢复，以消除疲劳，才能使机体能力逐步得到提高。所以训练中每次课的恢复安排，应在运动员机体能力得到恢复和提高的基础上进行，训练课之间的间歇过长或过短都不利于机体能力的提高。

（三）适当地搭配负荷量和负荷强度

训练过程中负荷的安排一般都呈现一种波浪起伏的状态，负荷的量和强度的变化，通常有三种搭配的形式：一是既加量又加强度，二是加强度减量，三是加量减强度。在现代高水平运动员的训练中，必须负荷量和负荷强度同时达到最大值，要定期地模拟比赛所特有的负荷和紧张状况。对此，无论以哪种形式搭配负荷量和负荷强度，都要从运动员的实际出发，以有利于尽快

提高运动成绩为前提。而突出强度，是当今高水平运动员负荷安排的一个重要特征。

（四）根据训练的不同任务和运动项目的特点安排负荷

就一次训练课而言，如果主要任务是学习掌握技术，则强度不宜过大，而以加大练习量为主；如果主要任务是发展某一运动素质，则负荷的量和强度都应加大。运动项目的特点和比赛对负荷的要求不同，在日常训练中负荷的安排也应有所区别。但无论哪种项目负荷的安排，都应以达到单位训练时间里的最大效益为准则。

（五）加强医务监督和恢复手段的运用

负荷安排不当是造成运动损伤和过度疲劳的主要原因之一。因此，加强医务监督，尤其是监测负荷所产生的效应很重要。同时要教给运动员一些有关负荷及自我监督、控制和调整负荷的必要知识，使其与教练员更好地配合，以使负荷的安排符合运动员所能承担的水平。另外，积极采用有效的恢复手段，有助于更快地消除负荷后的疲劳，加强能量物质的再生，迅速地产生适应。

二、运动训练的表现性

通过运动训练，运动员的竞技能力会有所提高，但必须经过比赛的验证。因此，在日常训练中要加强运动员比赛能力的培养。比赛能力的培养与竞技状态的形成和发展密切相关。

竞技状态是指运动员达到优异运动成绩所处的最适宜的准备状态。这里所指的"优异运动成绩"，是就本人的最佳成绩而言的；"最适宜的准备状态"也是相对的，是就运动员本人在参赛前训练的准备程度而言的，准备的程度越高，在比赛中创造本人最佳成绩的可能性越大。

只有经过必要的准备性训练才会出现竞技状态。竞技状态的出现有其具体特征，它们是衡量和判定竞技状态的客观标志。这些特征是：

第一，运动员机体各器官系统的机能达到最高水平，在运动中出现"节省化"现象，机体能最大限度地适应大负荷乃至极限负荷的训练和比赛，并且恢复过程也比较快。

第二，运动员的运动素质和专项技战术（技术和战术）的发展达到了本人的最佳水准，并且运动素质与专项技战术结合紧密，能通过专项技战术把提高了的运动素质最大限度地发挥出来，完成的动作准确、熟练、协调，具有最佳效果。

第三，运动员在训练中情绪高涨、精力旺盛、自我感觉良好、渴望参加比赛，在比赛中具有特殊的专项感受力、意志顽强、心理稳定，有完成任务和夺取胜利的充分信心。

竞技状态的上述特征，集中表现为运动员能在重大比赛中达到甚至超过本人的最好运动成绩。

三、运动训练的特点

一是适用对象的特殊性。运动训练适用对象主要是运动员群体，相较于体育教学、健身的参与群体，这一群体的规模要小得多，但具有较强的运动能力、身体素养和扎实的体育技术技能。

二是高强度的运动负荷。运动训练的最终目的是最大限度挖掘和提高人体的运动能力，因此在训练中必须通过高强度、长时间以及大运动量的身体刺激不断打破人体原有生理机能平衡，在更高层面上达到新的平衡。

三是操作手段的专业化。随着训练水平的提升，科学化、专业化的训练方法手段已经成为影响训练效果的最关键要素。

四是效果评价的实践性。对训练效果的检验一方面可以通过身体形态机能、体能、技战术水平等多个要素来评价，但最根本的是通过竞赛成绩结果来评定。

四、运动训练的任务要求

运动训练的直接目的是不断提高运动员的运动技术水平，创造优异成绩。其任务是：提高运动员各器官系统的机能，发展运动素质；掌握和提高专项运动的技战术，以及有关的理论知识；培养运动员独立进行训练的能力；进行道德和意志、品质教育。这四个方面的任务是紧密联系、互相促进的，又都是以创造优异成绩为目的的。因此，训练的内容及采取的方法、手段等都具有专门的性质，并要求运动员承担很大的运动负荷，训练中的成绩要能在正式比赛中表现出来。这与体育教学和身体锻炼都有明显的不同。

课题三　运动的周期性与运动原则

一、运动的周期性

训练要按准备期、竞赛期、休整期三个相互紧密衔接的时期所组成的一个训练周期，循环往复地进行；后一个周期要建立在前一个周期的基础上，不断提高运动员的训练水平。周期性原则主要是根据形成竞技状态的三个阶段这一客观规律所确定的。每年安排一个周期（称单周期）还是两个周期（称双周期），以及时期的划分，要考虑国内外重大比赛日程和运动项目的特点，以保证运动员在预定的竞赛日程里形成和保持竞技状态，创造优异成绩。不宜围绕一般比赛安排周期和划分时期。

二、运动原则

（一）不间断性

运动员从开始参加训练到出现优异运动成绩，以及保持成绩并继续提高，直至"运动寿命"的终结，这中间都应系统地、不间断地进行训练。这个原则是依据条件反射学说而确定的（即运动员在连续不断地训练中所掌握的动作不但熟练精确，而且可以较快和较容易地掌握新学动作）。这是由于暂时性神经联系建立得越多、越巩固，就越能使动作技能发挥积极的转移作用。一个运动项目的知识、技战术都有其自身的系统，学习时要有一个由简到繁、由浅到深的逐步发展的过程，而且还需要有关的基本技能和素质的相应配合，这些技能与素质也有其自身的系统和相互间的联系。要求训练具有连续性和各有关方面相互协调配合，使不断增多的暂时性神经联系不断地巩固和发展，同时，也促使其他器官系统的机能相应地提高，从而获得优异的成绩。如果训练中断，则技术、技能要下降，其他器官系统的机能也要下降，已取得的训练成果将会消失。因此，要求全年、多年地进行不间断的训练，训练内容、方法和运动负荷的安排也要有连续性，各级训练组织的训练大纲、计划、要求等都应有机地联系起来。

（二）合理性

遵循合理性原则，是指合理安排运动负荷，在训练中要根据任务、对象的水平，逐步地、有节奏地加大运动负荷，直至运动员能承担的最大限度。训练中如运动负荷太小，机体的机能就得不到提高；如运动负荷太大，超过了运动员的承担能力，就会产生过度疲劳；如运动负荷停止在一个水平上，机体的机能和运动素质就不能进一步发展。所以，要逐步地、有节奏地加大运动负荷，不要加得过快、过猛，否则运动员有可能适应不了，容易发生伤害事故。在运动训练中加大运动负荷不是目的，只是提高运动员训练水平的一个手段。运动负荷的大小是相对的，"最大限度"也没有一个固定的、适用于所有运动员的统一标准，要依具体情况而定，并要由小到大，形成一个加大—适应—再加大—再适应的过程，使大、中、小有节奏地结合起来。

（三）区别对待

区别对待是指在训练中要根据运动员的年龄、性别、身体条件、运动素质、技战术水平、文化程度、接受能力、个性特征等不同情况，有针对性地确定训练任务、内容、方法、手段和运动负荷。运动员各方面的条件和情况是千差万别的，而且随着训练过程的发展，情况也在不断地发生变化，因此，教练员要有针对性地制订训练计划，把对不同运动员的不同要求具体落实到训练的各个环节中去，并根据情况的发展和变化采取相应措施，进行区别对待。

运动训练原则不会是一成不变的。随着科学技术和训练实践的发展，训练中许多尚未被人们发现的客观规律必将被人们发现和认识。因此，这些原则也将进一步充实和丰富。

训练检测

1. 什么是运动训练？
2. 如何安排运动负荷？

任务二　高尔夫球员的状态诊断与训练目标建立

活动场地 / 环境

多媒体教室。

任务要求

1. 了解高尔夫球员的状态诊断概念；
2. 了解运用状态诊断结果建立训练目标。

能力训练

掌握高尔夫球员的状态诊断概念，能够对高尔夫球员进行状态诊断并提出训练目标；初步形成高尔夫球员状态诊断能力。

课题一　高尔夫球员的状态诊断

　　高尔夫球员的状态诊断是提高运动成绩和竞技能力的重要组成部分，它可以为高尔夫球员的运动训练过程确立一个客观、准确的参照点，也是实施高效训练和客观检验以及评价训练效果的重要前提。

　　随着人工智能在高尔夫球教学训练领域中的成熟应用，我们可以借助专业的高尔夫动作捕捉辅助设备系统对高尔夫球员竞技能力进行多学科的综合测评与诊断，并通过大量数据量化高尔夫球员的现状，通过科学严谨的数据分析发现高尔夫球员当前状态与目标间的差距，为高尔夫球员运动训练过程的实施提供客观依据，并以此数据为依据，通过调整技术训练指标，修订训练计划等方式来加强高尔夫球员运动训练过程的科学性和客观性，从而达到数字化训练的目标和任务。因此，借助智能化数字化设备，降低人为主观因素，客观地测评高尔夫球员的状态是制定训练目标的重要依据。

　　高尔夫球员的状态诊断包括运动成绩诊断、竞技能力诊断和训练负荷诊断。

一、运动成绩诊断

高尔夫球员的运动成绩诊断不单指某一次的成绩，而是包括但不限于在比赛中所取得的名次和竞技水平，既包括上一次比赛中获得的最好成绩，也包括多次比赛中所表现出来的平均水平。平均比赛水平更能客观、全面地反映运动员的真实运动成绩。

二、竞技能力诊断

对高尔夫球员竞技能力进行诊断时，要充分考虑高尔夫球运动项目竞技能力的结构特点，如高尔夫球员的技能、体能、技术、战术、心理和运动智能等能力的诊断指标和诊断手段。为此，我们可以先建立优秀高尔夫球员的竞技能力结构模型。这些模型可以应用于其他高尔夫球员制定训练指标过程中，也可以作为高尔夫球员运动选材的依据。

三、训练负荷诊断

高尔夫球员竞技能力的变化需要一定量的训练负荷。高尔夫球员所取得的运动成绩和竞技能力都与训练负荷中的训练量和训练强度的合理结合有着密切的关系，因此在高尔夫球员的训练中，要精准而客观地量化运动训练负荷。

运动训练负荷通常由训练量和训练强度组成。训练量的指标通常是指练习的次数、训练时间、练习距离、练习重量等。一次训练课要求空挥杆50次、训练总时间为1小时、30次7号铁杆击球距离不低于100码等都属于训练量的表达。而训练强度是指单位时间内完成练习所用到的力量大小和机体的紧张程度，影响运动强度的主要因素是单位时间内的练习速度和练习次数。3分钟内需要完成最快速度的20次挥杆击球、30秒内完成60次原地快速弹跳运动、3个小时完成18洞比赛等均为训练强度的要求。

课题二　高尔夫球员训练目标和高尔夫球诊断系统

一、高尔夫球员训练目标的构成

高尔夫球员训练目标是制订高尔夫球员训练计划的重要依据，建立训练目标可以有效激发高尔夫球员参与运动训练的主动性和积极性，因此在整个高尔夫球教学与训练中，应及时客观测评高尔夫球员的运动训练效果，并将阶段性训练目标和总体训练目标进行比较，及时发现问题并进行适当的调节和修正，从而完成整个训练过程的量化数据管理。

高尔夫球员的训练目标包括运动成绩指标、竞技能力指标和训练负荷指标。

（一）运动成绩指标

高尔夫球员的运动成绩指标包括该球员在比赛中所表现出来的竞技水平和比赛名次。

（二）竞技能力指标

高尔夫球员的竞技能力指标是指构成高尔夫球员的竞技能力发展水平的技能，包括体能、技术、战术、心理、智能等几大指标。这几大指标的单项水平和组合方式与运动员的竞技水平有着直接相关性。因此，优秀的高尔夫球员竞技能力特征模型的建立可以使我们更有目的地、有参考标准地制订运动训练计划。

（三）训练负荷指标

高尔夫球员的训练负荷指标是指高尔夫球员训练过程中具体的量和强度。训练负荷不仅包含身体技能训练负荷和身体素质训练负荷，还包括技术训练负荷和心理训练负荷。

二、高尔夫球诊断系统的建立

（一）建立科学规范的高尔夫球成绩诊断指标

无诊断不训练，通过智能化数字化的测评手段来明确高尔夫球员的运动成绩现状，是基于现实问题个性化制订运动训练方案的重要依据，也是制订科学化训练方案的前提。

（二）建立全面综合的高尔夫球竞技能力测评指标

高尔夫球竞技能力包括技能、体能、技术、战术、心理、智能等六个方面，应针对不同年龄段的球员，采用客观的测评工具建立这六个方面的客观测评指标体系。

（三）明确不同水平高尔夫球员的训练负荷指标

科学合理的训练负荷是提升运动员竞技能力和获得优异运动成绩的基础。

教练在制定训练负荷时，应根据训练目标，充分考虑技术训练与体能训练的比例，以及各自训练量和强度的合理搭配。

训练检测

    1. 如何对高尔夫球员进行状态诊断？

    2. 如何建立高尔夫球诊断系统？

任务三　高尔夫球训练的原则与过程以及练习场训练的原则

活动场地 / 环境

多媒体教室。

任务要求

1. 了解高尔夫球训练的原则与过程；
2. 了解高尔夫球练习场训练的原则。

能力训练

掌握高尔夫球训练以及练习场训练的原则，明确高尔夫球训练的过程；初步形成高尔夫球训练的组织能力。

课题一　高尔夫球训练的原则与过程

一、高尔夫球训练的原则

原则是人们说话或行事所依据的法则或标准，是人们根据客观规律的认识制定的。训练规律的客观性是指训练内部各构成要素之间以及与外部相关因素之间结构与功能上的本质联系和发展的必然趋势。

高尔夫球训练原则是依据运动训练活动的客观规律而确定的组织运动训练所必须遵循的基本准则，是运动训练活动客观规律的反映，对运动训练实践具有普遍的指导意义。

高尔夫球训练的原则包括竞技需要原则、系统训练原则、动机激励原则、周期安排原则、有效控制原则、适宜负荷原则、直观教练原则、区别对待原则和适时恢复原则。

其中，竞技需要原则是指根据提高运动员竞技能力及运动成绩的需要，从实战出发，科学地进行训练阶段的划分，以及安排训练的内容、方法、手段和负荷等因素的训练原则。

遵守竞技需要原则的意义在于：更好地结合专项特点和比赛需要；提高训练的专项针对性、实战性、实效性。

竞技需要原则的科学基础为：

（1）训练目标对训练活动的重要导向作用（指挥棒作用）；

（2）专项竞技需要的特异性（充分认识项目的本质特征）；

（3）现代训练的专项化发展趋势（早期专项化是中国运动员效益低下的主要原因之一。）

要围绕运动训练的基本目标，全面安排好训练和比赛，准确分析专项竞技能力的结构特点，按照竞技的需要确定负荷内容和手段，注意负荷内容的合理结构。

二、高尔夫球训练的过程

运动训练是竞技体育的重要组成部分，其核心目标是通过科学的训练活动，最大限度地挖掘运动员的竞技潜力，力求有效地促进运动员竞技能力的全面、持续、快速发展，为运动员在竞技体育比赛中创造优异的运动成绩奠定全面的能力基础。

（一）多年训练过程的序列安排

高尔夫球员从开始参加运动训练到停止竞技训练活动的过程，是一个目标统一、联系紧密的完整体系；与此同时，在训练过程中又具有不同时期的特点。

高尔夫球训练过程具有连续性与阶段性的特点，因此，对长达十几年的训练过程进行合理的阶段划分是一项非常重要的工作。

在高尔夫球员的多年训练过程中，相邻的两个训练阶段总是密不可分的，前一阶段是后一阶段的基础，后一阶段是前一阶段的延续。

各个训练阶段通过训练内容、方法以及负荷等方面的有序安排而实现彼此的协调，使得各个区间性多年训练过程共同构成一个有效提高球员竞技能力，获得并保持竞争优势的整体发展过程，实现各个训练阶段之间的统一与紧密衔接。

（二）高尔夫球训练过程中的衔接问题

要想实现最佳的竞技发展，就必须保持各个阶段训练效应的统一与连接，保证各个训练阶段之间的精密衔接。因此，相邻两个训练阶段的连接部分意义重大，不同时间层级的训练过程之间的衔接也有不同的表现特点。

各训练阶段衔接安排需求：

第一，相邻的两个训练课、训练日、小周期之间，训练衔接主要通过训练目标和任务以及训练要素设计的总体协调来实现，这种相邻阶段的链接部分更多地表现于自然的休息。

第二，相邻的两个大周期和两个年度之间，前一阶段恢复期的后期就应该考虑下一阶段的训练目标，进而采取相应措施，以便下一阶段有一个适宜的开始。

对于全程性多年训练，连接段落的训练是实现运动员竞技能力持续发展的重要保障。

课题二　高尔夫球练习场训练的原则

到练习场不外乎两种目的：改善挥杆和保持状态。无论基于哪种目的，在练习时都应该遵循以下四大原则。

一、欲速则不达

通常，为了打出一记好球，不惜尝试多次的连续挥杆——几小时的练习时间，几乎无间歇的、争分夺秒地反复击球。其实，这种做法态度可嘉但并不可取。把握挥杆的节奏，并不是单靠有限时间内密集挥杆达到的。相反，这种试图通过多次击球，获得良好击球效果，从而满足自我成就感的心态，反而会破坏自身挥杆节奏，导致与精确挥杆姿势渐行渐远。在没有清楚地了解自己的问题和训练目的的前提下，练得越猛，越容易让身体记住错误的动作，积重难返。

正所谓"欲速则不达"。球员应把更多的关注度放在寻找自身问题上。在此过程中，教练的意见是相当有必要的。应在知道问题的症结后，有针对性地训练。认真对待每一次挥杆，从握杆、站姿到挥杆中调节手臂与身体之间的同步与协调都要一丝不苟，而不是急于求成。忽略每次击球质量，单纯地希望用击球数量去换取水平提升是很不成熟的想法。

二、学会思考和调整

在练习时，要排除干扰，专注于自己的挥杆。如果练习场十分吵闹，最好的办法是尽量等身边的人结束击球，然后自己再调整节奏去挥杆。每一次挥杆结束，不管打得好坏，在球落地之前都应保持收杆的姿势。如果这次击球效果差，则回忆刚才的挥杆动作，然后做出适当调整，争取在下一次挥杆时避免使用同样的动作、节奏。如果收杆过快，急于进行下一杆击球，那么将很难分析出挥杆动作过程中因细微差别而带来的不同击球效果。失之毫厘，谬以千里，如此描述高尔夫球一点不为过。应静下心来，体会微妙的动作变化所带来的不同击球距离、高度、方向，培养正确的挥杆节拍，进而后期通过目标击球，增强立体空间感。

三、不可"恋战"

在长时间的击球练习后，如果身体出现劳累、四肢无力、酸痛，甚至手心起水泡，尽量不要继续练习。此时，参观一下练习场或许是个不错的选择。事实上，身体处于疲惫时，挥杆动作会出现不自觉的惰性，这将影响挥杆的姿势与节奏。时间久了，这种姿势与节奏成为惯性，是不易被纠正的。除非体力过人，或者练习的是短杆。在每次连贯的挥杆练习中，100个球可为上限。每击打100个球并适当休整后继续练习，能保证更佳的练习效果。

四、多多反思

在练习时记录下出现的问题，应该提高的环节，以及提高的方法，每次练习时的状态、遇到的困惑，练习后所达到的效果……这样，在下次练习时遇到同样的错误，便有据可依。做笔记是循序渐进、稳步提升球技的良好方法，恰如职场"工作计划"，必不可少。

训练检测

1. 如何制订训练计划?
2. 如何使用好练习场?

任务四　高尔夫球周期性训练的概念与训练内容组合安排的理论依据

活动场地 / 环境

多媒体教室。

任务要求

1. 了解高尔夫球周期性训练的概念；

2. 了解运用周期性训练原则制订周期性训练计划。

能力训练

掌握高尔夫球周期性训练规律，能够根据竞赛任务，运用周期理论制订高尔夫球训练计划；初步形成制订高尔夫球周期性训练计划的能力。

课题一　周期性训练的概念

为了准备并参加一个或者连续进行的系列比赛，运动员需要制订周期性计划。以使准备期、比赛期和恢复期紧密衔接，构成一个结构完整、目标统一的阶段性训练过程。这样的训练称为周期性训练。

一、准备期

准备期是训练周期的第一个阶段，一般也是持续时间最长的一个阶段，处于基础地位。在这个阶段的训练中，运动员要完成大量的基本能力训练，有重点地全面提高竞技能力水平；在此基础上，结合参加重要高尔夫球比赛的特定需求，逐步培养竞技状态。

（一）任务与时间

任务：提高运动员体能、高尔夫专项技术和比赛战术等，形成竞技状态。

时间：持续时间较长。

（二）方法、手段与负荷特点

方法：持续、间歇、分解，间歇、重复、完整。

手段：多样、专项。

负荷：中（量大，强度小），大（量小，强度大）。

二、比赛期

比赛期的主要任务是参加比赛并取得好成绩。由于有些高尔夫球比赛时间持续较长，要保持球员的竞技状态还需要安排一定的训练，主要目的在于进一步做好身心准备，在比赛中更好地发挥出竞技水平。

（一）任务与时间

任务：系统整合各项竞技能力，做好参加比赛的各项准备，形成稳定的竞技状态，创造优异成绩。

时间：根据赛事情况而定。

（二）方法、手段与负荷特点

方法：重复、间歇、完整（比赛）。

手段：专项（有训练因素），比赛（以恢复为主）。

负荷：负荷强度较大，负荷量较小。

高尔夫球是一项对运动员心理能力要求很高的竞技项目，在不同的训练阶段都要安排相应的心理能力训练，而临赛的准备阶段和比赛阶段的训练更会直接影响比赛的结果，因此，心理训练的内容就更加重要。

三、恢复期

高尔夫球员在紧张的训练和比赛中，无论心理还是生理上都长期处于高度紧张状态，能量消耗很大，而且后期还要参加比赛，需要尽快恢复身体机能。因此，为了更好地完成多赛制下的持续训练和系列比赛，在周期性训练计划中要特别注意合理安排处于间歇阶段的恢复期训练，结合高尔夫球项目的特点以及前期比赛的情况，通过自然恢复和积极恢复等多种方式，尽快恢复身体机能。

（一）任务与时间

任务：心理、生理恢复及总结。

时间：一般持续一两周。

（二）方法与负荷特点

方法：游戏、持续、变换。

负荷：通过较低负荷强度的积极训练，在保持身体活性的基础上实现身体能量的快速恢复，更多地采用持续训练和游戏等形式。

四、不同类型训练周期的任务和特点

为了全面发展高尔夫球员的竞技能力，需要在一定时间内完成各项能力的训练，进而不断地加以重复，因此，周期性训练中就要合理安排不同能力的训练内容。由于不同时期的训练任务不同，训练的重点也有所不同，可以把训练周期分为基本训练周、赛前训练周、比赛周以及恢复周4种类型。

不同类型训练周期中，训练的目标和具体任务有所不同，由此需要设计有针对性的训练内容，选取有效的训练方法和手段。

（一）基本训练周

基本训练周是运动训练过程中最基本的训练周期，球员竞技能力的提高主要得益于这个阶段的训练。

1. 主要任务和内容

主要任务是通过大量反复的练习有效提高球员的专项能力与技战术水平，通过训练负荷的刺激全面提高球员的竞技能力。

可安排多项训练内容，通过比重有所不同、方式各有变化的训练内容，有效刺激球员机体能力的全面发展。

2. 负荷安排特点

基本训练周中，高尔夫球项目不同阶段的训练课次负荷安排不同。

基础训练阶段的儿童每周训练3~4次。

随着年龄的增长和运动水平的提高，球员逐渐能够承受更大的负荷，课次也逐渐增多，高水平球员每周训练12~14次，每次2~3小时。

如果高水平球员每天安排2次训练，则其中1次为基本课，主要安排专项体能以及核心技术的训练，训练负荷较大，持续时间较长；另一次为补充课，安排补充性的训练内容，目的在于弥补球员竞技能力的不足，负荷相对较小。

通过这种有节奏的安排，可以保证一周的训练负荷呈现周期性的变化，大小负荷训练错落有致。

（二）赛前训练周

1. 主要任务和内容

赛前训练更有针对性、内容更集中，高尔夫专项技能训练更突出，主要任务在于完善专项竞技能力的核心要素。

紧密结合比赛专项要求，通过集中训练完成竞技能力的定向整合，形成稳定的个人能力框架与集体（团体赛）战术配合体系。

技术训练以完整练习为主。结合比赛特点、对手特点，有针对性地进行适应性战术训练。

可以在比赛期的比赛周前安排几个这样的训练周。

2. 负荷安排特点

核心任务是有效刺激运动员的机体以形成良好的竞技状态，这个过程以强度刺激为主，形成临赛状态安排适应性热身比赛，强化机体能力转化。

总体负荷水平保持在较高的层次。

（三）比赛周

1. 主要任务和内容

比赛周的训练直接为完成比赛、争取好成绩服务，核心要点在于培养最佳竞技状态并成功参赛。具体组织过程中，在前期竞技能力发展与状态调整的基础上，通过训练进一步整合能力结构，在比赛日达到竞技状态的高峰，通过竞技能力的充分发挥实现竞技制胜取优的参赛目标。

2. 负荷安排特点

比赛周的训练负荷总体处于较低的水平，尤其是训练量要严格控制。

由于高尔夫球员不同技术能力在大负荷训练后达到的超量恢复所需的时间不同，就需要通过错落有序的训练内容安排，保证各个方面的能力在比赛时间同时出现高峰状态。

根据球员竞技能力恢复的时间不同，可以把高强度的无氧代谢训练、速度训练、力量训练、高强度专项训练等安排在赛前 3~5 天训练中，而把有氧代谢训练中低强度的一般性训练安排在赛前 1~3 天进行，使运动员多种竞技能力的变化曲线的最高点交汇于比赛日。

课题二 训练内容组合安排的理论依据

一、超量恢复原理

在一次大负荷之后的超量恢复阶段，给予机体再次负荷，可以使机体获得理想的训练成果。

机体在一次大负荷之后，需经48~72小时才能实现体能的超量恢复。

二、供能系统供能及恢复原理

运动员在从事不同性质的训练中，各个供能系统都不同程度地参与了工作，并出现不同程度的疲劳。

与供能系统相对应的运动能力，在负荷恢复的过程中是不同步的。

与负荷的主要性质相应的运动能力恢复得最慢（2~3天才能充分恢复），其他运动能力可在短得多的时间内充分恢复。

三、不同项群对应的训练内容的安排原理

体能主导类项群：各项素质和技术训练交替安排。

技能主导类表现性项群：技术训练占突出地位。

技能主导类对抗性项群：技术、战术内容交替安排。

训练检测

1. 如何制订周期性训练计划？

2. 不同训练周期的任务和特点是什么？

任务五　高尔夫球训练课

活动场地 / 环境

多媒体教室。

任务要求

1. 了解高尔夫球训练课的类型与结构；

2. 了解高尔夫球训练的方法与手段。

能力训练

掌握高尔夫球训练课的类型与结构，掌握高尔夫球训练的方法与手段；初步形成高尔夫球训练课训练计划的制订能力。

课题一　高尔夫球训练课的类型与结构

一、类型

（一）身体训练课

身体训练课的主要内容，在于全面发展高尔夫球员的各项身体能力，提高力量、速度、耐力、协调性、柔韧性等各种身体素质的水平。

一次课中常常会安排两种或者两种以上运动素质的训练。

由于各种素质练习需要的身体条件不一样，需要合理安排训练顺序。一般来说，快速力量练习、速度练习更强调爆发力的练习，安排在训练课的前一部分进行，在训练课的后一部分，运动员身体出现疲劳，安排以发展耐力素质为主的练习，会取得更好的训练效果。

（二）技术和战术训练课

技术和战术是运动员竞技能力的核心要素，技术和战术训练也成为现代竞技训练的关键环节，在训练过程中占有较大的比重。

技术和战术训练课的基本任务是使运动员掌握专项技术和战术，并不断提高能力水平，保证在比赛中高质量地完成技术与战术配合。在安排训练课时，要紧密结合高尔夫项目特点与实战要求，根据运动员技能发展的具体需求，合理运用各种训练手段。

（三）综合训练课

综合训练课的任务是根据专项发展的需求，全面或综合地发展运动员所需要的各项专项竞技能力。在一节训练课中，通常安排两种以上的训练内容。

由于高尔夫球比赛中的情况瞬息万变，对球员竞技能力的需求增多，而训练时间又相对有限，需要在较短的时间内完成更多的训练内容，为了实现这个目标，高尔夫球的课程训练更多地采用综合训练课的安排形式，即在训练课中交替安排不同内容的训练，利用不同练习对身体不同部分、不同功能进行交互刺激，以保证充分地利用训练时间，提高训练效率。

安排时要注意不同训练内容的合理组合。通常在一次训练课中，先进行技术和战术训练，后安排运动素质的训练；先安排体能训练，后进行灵敏性、速度训练，再安排力量和耐力训练。

在此基础上，还要注意负荷的合理分配，以便运动员能依次完成全部训练内容，达到预期的训练目的。

二、结构

（一）准备部分

准备部分的任务是使运动员调整心理状态，调动各种生理机能，准备承受基本部分训练负荷及完成所安排的训练内容，以获得理想的训练效益。

运动员肌肉开始活动，机体各种调节系统、植物性系统和执行系统逐渐积极地被动员起来。不同系统动员的速度是不同的，一些指标（心率、呼吸量）达到稳定的水平较快，而另一些指标（每分血循环量及需氧量）比较慢。优秀运动员的准备活动可以较快地完成动员过程。

准备活动可分为一般性准备活动和专门性准备活动两个部分。

一般性准备活动的主要任务是全面调动机体的各种器官系统，提高这些器官系统的活动性。此时，机体各器官系统从日常生活状态开始逐步活跃起来。通常，一般性准备活动以有氧活动开始，逐步提高工作强度，可使心率达到 130～140 次/分。一般性准备活动所采用的练习较广泛，所用时间也因人、因基本部分内容而异，通常采用慢跑和徒手操，或其他强度较为和缓的练习。

专门性准备活动可结合基本部分所安排的内容设计，也可采用专项基本练习的形式。专门性准备活动的任务是直接为基本部分内容服务的，使机体适应特定的训练要求，并从技术上做好必要的准备，以保证基本部分主要内容高质量地完成。虽然专门性准备活动仅仅是预备性的，但为了适应将要进行的训练并获得较好的训练效果，训练强度有时可接近基本部分主要内容的要求。

（二）基本部分

基本部分安排训练课的主要训练内容。基本部分的结构和持续时间依项目不同而异，即使是同一项目的训练，在不同的训练时期内，这种差别有时也是很大的。造成这种现象的主要原因在于，每次训练课都是整个训练过程计划的组成部分，必须使每次课的训练效果能够承上启下，使前次课的效果得到延续，本次课的效果得到累积，课的内容练习手段和负荷等各项指标必须符合训练过程的发展趋势。这就必须根据运动员竞技水平需要来决定本课基本部分的训练安排。

1. 单一内容训练课的基本部分

单一内容训练课基本部分的特点是内容简单、任务明确、时间集中、内容集中，适于完成需时较长的训练任务，如基本技术训练、各种运动素质的训练等，也可施加较大的训练负荷，以促进运动员机体产生深刻的生物学改造。

在技能类项目中，如一次课中采用单一训练内容，常会出现身体局部疲劳，影响运动员神经系统的兴奋程度。因此，在安排时应采用多种形式、不同的练习密度和间歇，以适时调整运动员的体力状态，保证训练获得良好的效果。例如，我国优秀高尔夫球运动员的技术训练课经常根据各个不同打法而改变练习的方式。例如，该课安排扣球练习，先采用一对一的对攻，再采用多球练习，最后练习双人对攻等。此时练习内容虽然不变，但由于形式改变，运动员提高了练习的积极性，增加了练习的兴趣，缓解了神经系统产生的疲劳程度，也使练习更加符合比赛的要求。

2. 综合内容训练课的基本部分

综合内容训练课由多种内容的练习组成，基本部分的变化较为丰富，因此，这类训练课基本部分的安排较为复杂。组织这类课的基本部分时，应考虑以下问题：

（1）安排好各种内容练习之间的顺序。各种训练内容对运动员所产生的刺激都会对运动员机体留下相应的痕迹，这种痕迹产生的后效作用对后续训练内容的影响可能是良好的，也可能不是良好的。例如，通常在基本部分开始安排速度练习，后续训练内容安排耐力训练，往往会产生较为良好的作用。反之，则可能产生不良的后果。

一般来说，要求神经系统较为兴奋、能量供应充沛的练习应安排在前面，容易产生疲劳的练习应安排在后面；技术性强的练习安排在前面，素质性练习安排在后面；对其他练习产生良好影响的练习放在前面，不产生影响或有不良影响的练习放在后面。

（2）改变训练内容时必须做好适应性的专项准备活动。如在综合内容的训练课基本部分中安排相互联系不紧密的内容，那么，在更换内容时应做一些专项性的准备活动。例如，铁杆技术练习结束后换跳跃力量练习，那就应在跳跃力量练习前活动一下下肢关节，做一些跑跳的练习，并活动一下髋关节和脊柱，然后再进行正式的跳跃练习。

（3）注意不同训练内容负荷的累积效应。综合内容训练课的基本部分虽然安排的训练内容不同，但机体接受的负荷性质可能是一样的，这时就应考虑：练习产生的负荷作用于机体的同一系统，机体的这一系统可能因负荷的累积而受到较为深刻的刺激。例如，在我们进行练习场的技术练习时，先安排铁杆击球练习，再进行身体素质练习，虽然看起来练习的形式不一样，但其实都是无氧系统与有氧系统相结合参与工作，这两组练习的负荷效果重叠在一起，就使该系统承受了更大的负荷，另外运动系统尤其是髋部和脊椎的负荷量也是较大的。

在对负荷性质进行判别的基础上，应考虑产生负荷的练习作用于机体的何种机能系统。应尽量安排不同的机能系统交替进行工作。

（4）安排作用于同一机能系统的练习时负荷应有波浪形的变化。例如，在基本部分安排作用于同一机能系统的练习时，为使该系统有适时的休整，就应间歇性改变练习形式，以使其负荷产生波浪形的变化。综合课的负荷曲线根据内容的多少可能出现几次高峰，在换项的间隙处于波谷。这种类型的综合课在高尔夫球员、田径全能选手的训练中被广泛应用。

（三）结束部分

训练课结束部分的任务主要是解除训练课基本部分的心理、生理上的紧张状态。现代运动训练把恢复作为训练的组成成分。当然，作为训练课的结束部分并不可能完全消除紧张训练带来的疲劳，训练课的结束也就意味着运动员机体全面恢复过程的开始。

课题二　高尔夫球训练的方法与手段

一、训练方法

运动训练中经常采用的训练方法有重复训练法、变换训练法、间歇训练法、竞赛法、综合训练法等。

（一）重复训练法

重复训练法是按照一定要求反复练习某个技术动作的训练方法。运用此法，要根据训练任务、对象，确定重复的数量和负荷强度。例如，在学习掌握技术时，应严格按照技术规格重复练习，在数量和强度上不宜做过高要求；而在提高、巩固技术时，除要有一定的数量外，对强度也要逐步提高要求，使运动员能在困难的条件下熟练、正确地掌握技术，以便在比赛中运用。

（二）变换训练法

变换训练法是在变换练习的环境、条件，改变练习的速度、时间、速率以及动作组合等情况下进行训练的方法。运用此法时应根据训练的具体任务，有目的地变换练习的强度、时间、速率和环境等。例如：为了适应比赛，可按比赛地点的气候、场地设备等情况，变换训练的条件；为了矫正错误动作，可适当减轻练习的重量，降低对动作速度、速率的要求。当错误得到纠正时，就应及时变换到正常条件下练习。

（三）间歇训练法

间歇训练法是规定重复动作之间的休息时间的训练法。此法与重复训练法最主要的区别就在于，严格控制每次或每组练习之间的间歇时间，使运动员在未完全恢复的情况下就进行下一次或下一组练习，一般以脉搏频率计算，每分钟不低于 120 次。间歇训练法可以根据训练的任务，通过调整练习的数量、每次练习的负荷强度、重复次（组）数、间歇时间和休息方式等五个因素，组合成多种间歇训练方案。

（四）竞赛法

高尔夫球训练一般都应按高尔夫球运动项目的竞赛规则进行（在参加正式比赛前的训练更应如此），但也可根据训练的具体要求，缩短或延长正式比赛的距离、时间，减少洞数，减少人数，或附加一些条件，予以限制。

（五）综合训练法

将前述几种训练方法加以不同的组合运用，就形成了综合训练法。综合训练法的另一种组合形式是循环训练。各个训练法的组合运用和循环训练的组成，要根据各个训练法的特点，结合训练任务，以及运动员的实际情况而定。

随着现代科学技术的发展，在上述常用的训练方法的基础上，又不断出现许多新的训练方法。如根据训练方法对生理机能产生的影响及其本身的特点而形成的有氧训练法、无氧训练法、缺氧训练法和高原训练法。把控制论运用到运动训练领域后，出现了模式训练法。这种方法运用控制论的观点和方法，通过研究高水平优秀运动员的训练和提高成绩的过程，确定一种最佳发展的模式，使训练对象在形态、生理机能、运动素质、技术等方面按此模式的方向发展。若发生偏差，就立即查明原因，及时修正。

二、训练手段

训练手段是为解决运动员在运动素质、技术、战术等方面存在的问题，而专门采取的措施，它包含训练内容和训练方法两个方面的含义。例如，为解决运动员右腿蹬地力量不足的问题，在斜坡上进行击球练习，这一专门措施既包括训练内容（在斜坡上的击球），又包括训练方法（重复训练法）。

（一）稳定性的训练手段

身体和关节的功能是不同的，对需要稳定的关节进行的功能促进训练和对需要灵活的关节进行的功能促进训练是不同的。需要稳定训练的三个主要肌群包括：深层腹肌、髋外展肌和旋转肌、肩胛稳定肌。

稳定性对高尔夫球无论是挥杆还是短杆都至关重要。本项训练主要提升高尔夫球员髋部、脊柱和肩部的稳定性，在挥杆过程中，脊柱是身体的中轴，身体围绕着脊柱有效地转动，髋部的稳定性可以将下肢力量传递给脊柱，肩部的稳定性可以将躯干的力量传递给手臂，最后传递到杆头，形成有效的挥杆和稳定且有力的击球。

（二）平衡性的训练手段

在高尔夫球场地打球时，会遇到各式各样不同的击球环境——各种距离、风速、风向、果岭速度、沙坑、长草、坡位球等，每一次击球都有不同的境遇。

提高身体的平衡能力可以使机体快速适应球场，稳定击球中心度。应模拟在各种不同的环境中进行击球训练，提高身体意识。下意识的平衡感越强，越有利于正确地击球。

良好的身体意识不仅有利于完成流畅的挥杆动作，还能够帮助球员感受且控制上杆的位置，更快学习新技术的同时，也能更加精准地距离控制。

（三）躯干支柱力量的训练手段

本设计将躯干支柱力量分为三个部位的力量进行训练，是在提升运动员髋部、脊柱和肩部稳定性的基础上增加其力量的训练。

躯干是高尔夫球所有技术动作的中心，增加躯干支柱力量，不仅可以形成稳定流畅的挥杆动作，还能够加大击球距离，使球员从容应对各种异常的球场状况。可通过卧姿、跪姿、立姿和坐姿等身体形态，对身体进行不同难度的训练。难度动作包括四点支撑、双脚站立支撑和单脚站立支撑等。可辅以简单的训练器材，如瑞士球、弹力带等。

（四）力量与爆发的训练手段

前面提到的几种训练手段实际都为力量与爆发做了良好的铺垫。想要将精准的击球方向和超远的击球距离相结合，机体的功能需提升到能够实现完美挥杆角度是其一，也是重要前提，避免在挥杆过程中出现功能性薄弱的现象。想要提高高尔夫球专项力量与爆发力，实际上就是要提升挥杆速度，做到延迟释放并增加击球瞬间的爆发力，以完美释放冲击，杆头速度是增加距离的重要影响因素。

许多人能够在健身房中使用健身器械进行体能训练，并能够获得理想的身材或是超出常人的力量，他们可以搬动重物，却不能将其所拥有的力量完美释放到小球当中。这是因为高尔夫球挥杆是在多平面、多维度且移动中进行发力的运动，同时还要做到控制身体肌肉依次按照正确的顺序进行转动、发力、释放，如果肌肉之间不懂得沟通配合，或是无法控制某些肌肉的时序，再大的力量都无法实现理想的击球距离。因此，在力量与爆发部分的训练中，高度结合了高尔夫球挥杆特点和需求，采用如高尔夫球站位抛实心球等动作练习，选用高尔夫球挥杆站位和挥杆平面的动作模式，从而提高挥杆中所需的旋转运动发力能力。

（五）拉伸的训练手段

拉伸可以提高柔韧性，使身体更加容易转动到理想的挥杆位置，还可以在准备活动部分有效降低肌肉黏滞性，减少运动损伤的出现，同时还可以在运动训练后对肌肉进行放松。

首先，进行静态拉伸。静态拉伸主要针对背部群肌和腰腹部群肌以及腿部肌群进行功能性提升，在放松的同时提升挥杆稳定性和击球准确性等。

其次，选择泡沫轴滚动，运用泡沫轴对四肢和躯干进行放松训练。

课题三　高尔夫球训练课的负荷量度

一、竞技状态

运动员取得优异运动成绩所处的状态为最佳状态，在这种状态下，运动员各器官系统的机能达到最高水平，能适应紧张激烈的训练和比赛，恢复过程比较快；运动素质与专项运动技术紧密地结合，动作准确、熟练、协调，具有很高的效果；情绪高涨，自我感觉良好，意志顽强，有完成训练和比赛任务，争取胜利的充分信心。竞技状态要通过科学的训练安排才能形成，它有获得、相对稳定、暂时消失三个阶段。训练的安排要保证在重大比赛前形成竞技状态，并在竞赛期保持相对稳定，以便在重大比赛中取得优异成绩。

二、专项能力

专项能力是指运动员对所从事的运动项目的训练和比赛的适应程度。专项能力强，表明运动员适应专项训练和比赛的程度高，能进行大强度的专项训练和比赛，并能取得较好的专项运动成绩。

三、量与强度

影响负荷量大小的主要因素有练习的次数、时间、距离、负重量等。计算负荷量时要把这些因素的和统计出来，如计算高尔夫球员一次训练课的负荷量，就要将该课移动的总距离和击球的次数统计出来。影响负荷强度大小的主要因素有练习的密度、完成每个练习所用的速度、负重量以及以较大的速度或负重量进行的练习在全部练习中所占的百分比。确定负荷强度的大小，一般简易的方法是在练习后测量运动员每分钟的脉搏次数。负荷量和负荷强度是相互联系、不可分割的，是对立统一的。负荷强度反映了练习的紧张程度和对运动员身体影响的大小。但有一定的量就有一定的强度，量大了，强度的提高就受一定的限制；强度大了，量的加大也受一定的影响。强度对运动员机体的影响比量更重要。在安排运动负荷时，量和强度的提高和降低要相互配合，科学合理。

四、测定和评价

测定和评价运动员的训练水平是运动训练中的一项重要工作。测定是指选择恰当的手段与方法，对反映运动员训练水平的各个方面进行观察、测量、测验，收集有关训练的真实情况和效果的材料；评价是对测定所得到的有关材料进行整理、统计、分析，从而对运动员的训练水平作出实事求是的、准确的评定，以便发现训练中的问题，为提高训练工作的质量提供依据。

五、训练课负荷

（一）明确负荷属性是度量负荷大小的重要前提

训练过程中安排一定量度的负荷并不是目的，负荷是为了完成某一种训练任务而安排的，因此，安排训练的负荷并不是单纯地追求负荷的数量，而是要为达到某一目的而服务。

（二）高尔夫球训练课负荷量度等级的划分

1. 根据主要训练手段的训练量确定训练课负荷量度的大小等级

在一次预定时间界限的训练课中，完成主要训练手段的最大训练量可作为大负荷训练判定标准，大负荷训练量的 50%~80% 为中等负荷，50% 以下为小负荷。

如在两小时的训练课中，运动员用极限强度击球，其最大可能只能击球 100 次，那么这 100 次就是这名运动员一堂课中发展速度能力的大负荷。与其相应的 50~80 次为中负荷，50 次以下为小负荷。

2.根据训练课后恢复的状态确定训练课负荷量度的大小等级

运动员机体在训练负荷刺激下产生疲劳，负荷越大，疲劳越深，需要恢复的时间也就越长。据此，可从恢复时间的长短推断出负荷的大小。恢复时间短，则表明负荷较小；恢复时间越长，负荷越大。

比较同一时间长度的训练课结束后机体疲劳恢复时间的长短，即可判断训练课负荷的大小等级。普拉托诺夫对周期性项目运动健将的跟踪检测表明，各种性质的大负荷课后需要经过 2~3 天的恢复过程。较大负荷课恢复时间为 1~1.5 天，中等负荷课恢复时间通常在 10~12 小时，小负荷课则几十分钟或几个小时就可完成恢复过程。

六、高尔夫球课训练计划的基本内容与格式以及要求

（一）基本内容

（1）一般情况，包括课次、日期、时间等。

（2）训练课的任务。

（3）总负荷安排。

（4）课的结构与时间安排。

（5）各部分的内容、手段、运动负荷（即各部分练习的名称、次数、组数、时间等）。

（6）练习的组织形式、措施与要求。

（7）场地器材数量及其布局。

（8）课中各指标监测记录。

（9）课后小结。

（二）格式

高尔夫球课训练计划的格式有文字式、表格式或文字与表格结合的方式。

（三）要求

（1）课训练计划的制订必须有依据，既要根据运动训练的科学原理，又要从运动员的实际出发。

（2）课训练计划必须依据和反映训练总体要求，并注意与前后训练课之间的联系。

（3）课训练的任务、内容、手段、负荷安排要具体，可操作性要强。

（4）课训练计划要根据项目特点、运动员的训练水平，做到一般要求与

区别对待相结合。

（5）要结合身体训练、技战术训练对心理、智能训练提高具体要求。

（6）课后要认真进行小结，肯定成绩，发现问题，以便下次课进行调整。

训练检测

1. 如何选择高尔夫球训练方法与手段？

2. 如何安排好高尔夫球训练课的运动量与运动强度？

3. 如何撰写高尔夫球课训练计划？

项目五
高尔夫球心理训练与技能形成

项目描述

　　高尔夫球是心智技能运动，心理因素在比赛中起到至关重要的作用，因此，对高尔夫球员的心理训练是必不可少的。我们将对心理训练概念、方法和技能形成规律等方面进行阐述，旨在为高尔夫球教练构建心理训练的体系。

学习目标

　　了解高尔夫球心理训练的基本概念，掌握高尔夫球心理训练的基本原则和方法策略。掌握高尔夫球教练工作性质、工作内容及各项职责，熟练运用高尔夫球训练心理暗示。掌握高尔夫球技能形成机制。

能力目标

　　能够运用所学知识，正确认识高尔夫球心理训练工作性质，熟练运用心理训练的方法和手段开展工作。能够有意识地对高尔夫球技能形成各个阶段进行有针对性的训练，提高自己的从业能力。

任务一　高尔夫球心理训练

活动场地 / 环境

多媒体教室。

任务要求

1. 了解高尔夫球心理训练的概念、分类与方法等；
2. 了解高尔夫球心理训练工作的性质及其特点。

能力训练

掌握高尔夫球心理训练的概念，能够有意识地选择合适的高尔夫球心理训练方法；初步形成高尔夫球心理训练的体系。

课题一　高尔夫球心理训练概述

高尔夫球心理学是专门研究高尔夫球员在高尔夫球训练和比赛中的心理活动特点和规律的综合性学科。高尔夫球员在训练和比赛中，运用恰当的训练方法和手段、心理策略和技术，能够实现接近或达到其生理潜能的相对稳定的运动表现，并获取优异的比赛成绩。其旨在利用运动人体科学、运动生物力学和心理学原理，了解和分析心理状态对高尔夫球员的影响。

高尔夫球比赛是在高尔夫球规则的约束下，与他人进行同场竞技的过程。心理训练有素的球员，在面临复杂多变的比赛环境时的思考和行动会更有效率，这将有助于球员完成流畅的高尔夫球挥杆技术动作。稳定的心理状态还会让高尔夫球员的注意力更加集中在与完成技术动作和击球目标相关的事情上。为了帮助球员在较短的时间内快速适应复杂多变的训练环境和比赛环境，并实现技术和战术的稳定发挥，要对球员进行心理技术的刻意训练。

课题二　高尔夫球心理训练的定义和类型

一、高尔夫球心理训练的定义

广义上讲，高尔夫球心理训练是根据高尔夫球的特点和竞赛需求，有目的、有计划地对球员的心理施加影响的过程。狭义上讲，是指采用特殊的手段使球员学会调节和控制自己的心理状态并进而调节和控制自身行为的过程。

高尔夫球心理训练是当今运动训练和比赛中不可缺少的重要组成部分，它直接影响着运动员技术和战术水平的发挥。高尔夫球员的心理训练和技术训练、战术训练、体能训练一样，可塑性强且受后天环境和训练方法的影响较大，因此，心理训练同样需要长期地、系统地进行。高尔夫球心理训练可以使球员获得专项运动所需要的良好的个性心理品质，帮助球员快速适应训练和比赛要求，也为获得最佳的竞技状态打下良好的心理基础。

高尔夫球心理训练要与高尔夫球专项运动特征紧密结合，要从小抓起，要有计划地长期进行，也要尽可能采用用量化指标来测评心理技能训练的数据结果。

二、高尔夫球心理训练的类型

（一）根据专项需要和训练内容划分

根据专项需要和训练内容，可将高尔夫球心理训练划分为一般心理训练和专项心理训练。

一般心理训练旨在提升高尔夫球员普遍需要的心理品质，使其拥有健康稳定且适应于参加高尔夫球训练和竞技比赛的一般心理特征。

专项心理训练是指集中发展高尔夫球竞赛所需要的个性心理特征，训练球员采取特定的心理应对策略，如训练高尔夫球员所必备的时间估计、速度估计、反应认知方式、注意力稳定性、注意转移、注意广度和注意分配等心理品质。

（二）根据心理训练目标与比赛的关系划分

根据心理训练目标和比赛的关系，可将心理训练划分为比赛期心理训练与日常心理训练两大类。比赛期心理训练主要集中于调整球员在比赛阶段的心理品质，包括赛前心理准备、赛中心理控制和赛后心理调整。训练期心理训练以改善高尔夫球员所应具备的普遍的个性心理特征为主要任务。

通常情况下，竞赛前球员的体能、技能和战术能力均相对稳定，心理状态却非常活跃，但是过度活跃的心理状态也会对比赛产生巨大的影响。因此，在赛前根据球员的实际心理状态，适当激发球员强烈的比赛动机并控制其激活水平是非常关键的。

比赛环境中的多因素变化也会极大影响球员的情绪。良好稳定的情绪是保证球员充分发挥其体能、技能及战术能力的重要因素，它直接影响球员的比赛成绩，因此应模拟高尔夫球比赛环境中的心理需求，进行高强度的心理训练。

比赛结束后的心理状态管理也是重要环节。客观的心理评价和良好的心理调整同样是心理训练的重要组成部分。对于获得优异比赛成绩的球员，应充分肯定他们在比赛中的积极情绪体验，也要及时发现他们在比赛中出现的不良情绪问题，并给予及时的安抚。对于成绩发挥不理想的球员，需要及时帮助他们疏导因失败而带来的消极情绪体验，并肯定他们在比赛中积极的心理表现部分，以激发他们获取胜利的强烈动机。

日常主要是针对高尔夫球运动所需求的个性心理特征进行改善性训练。因此，应根据球员的训练年限、训练阶段等特点安排不同比例的专项心理训练和一般心理训练。高尔夫球员的基础训练应以改善一般个性心理特征为主，并随着专项训练任务的需求，增加个性心理训练的比重。

（三）高尔夫球心理训练方法

1. 目标训练法

目标训练法是指根据训练或比赛需求，提前为训练或比赛设置将要达到的最终结果。目标直接影响着心理的方向、时间和强度。合理的目标能够有效激发球员的积极性并调动其在训练或比赛中的潜能，因此教练在建立心理训练目标的过程中，应将长期目标和短期目标相结合，以客观的具体目标和现实目标为依据进行长期且循序渐进的心理训练。

其中，制定心理训练目标时，要具体、明确、可量化，如注意力稳定性训练的单次训练时长，训练内容，周训练、月训练、年训练频次。另外，训练目标要具有实现性，比如高尔夫球员能够通过一定的努力获得明显进步和改善，而非无论通过多大努力都无法实现。在目标心理训练法实施过程中，要及时反馈，获知训练效果，并进行适当调整。

2. 诱导训练法

诱导训练法是指在心理训练过程中，教练采取有效刺激将球员的心理状态引导到训练或比赛所需要的心理状态上的训练方法。诱导的方式也具有多样化特点。例如，通过肯定、鼓励和批评等语言进行诱导性训练。在诱导训练方法的使用过程中要充分考虑球员的心理现状和现实需求，所采用的手段和内容是球员感兴趣的，也应是球员所能接受的。

3. 放松训练法

放松训练法是指通过调整呼吸，集中注意力，使紧张肌肉得到充分放松，从而调节中枢神经系统兴奋程度的训练方法。

好的放松训练法可以有效调节高尔夫球员的骨骼肌放松程度，降低其中枢神经系统的兴奋性，从而达到降低能量消耗，加速疲劳恢复的心理训练效果。合理的放松训练法能够使球员的中枢神经系统处于适当的兴奋状态，使其注意力更加集中。

4. 表象训练法

表象训练法是指在特定专项语言的引导下，球员在脑海中反复想象高尔夫球技术动作或运动比赛情境，从而提高运动技能和情绪管理能力的训练方法。表象训练法在运动心理训练领域应用较为广泛，包括一般表象练习法和专项表象练习法。合理的表象训练法不仅有利于技术动作的动力定型，而且有助于加快动作的熟练程度和动作记忆。但采用表象训练法应遵循先进行视觉表象训练，再过渡到动觉表象训练的顺序，因为视觉表象训练是动觉表象训练的基础，且训练语言要简练，通俗易懂。

5. 注意力训练法

注意力训练法是指通过各种方法提高注意的稳定性、抗干扰性的训练方法。根据需求可分为一般性注意力训练法和专门性注意力训练法。

（1）一般性注意力训练法包括：

①实物注意力训练法。球员可以利用身边的设备，如高尔夫球或高尔夫球杆握把等设备进行训练。例如，通过观察高尔夫球的文字、颜色，观察高尔夫球杆握把上的文字、纹路等细节进行注意力训练。

②秒表注意力训练法。通过注视秒针的转动培养注意力，至少坚持60秒不离开秒针，在顺利完成的基础上再延长观察时间到120秒、180秒等，直至找到注意力不离开秒针的最长时间，并重复进行三到四次的训练，每次间隔时间为10~15秒。经过一段时间的训练后，注意力集中的能力会有极大提高。

为增加注意力训练强度，实物注意力训练和秒针注意力训练可以特意设置在噪声较大的环境中进行。

（2）专门性注意力训练法包括：

①启发注意力训练法。启发式注意力训练，有助于吸引球员对新的学习内容的兴趣和注意力。例如，在进行木杆挥杆技术教学过程中，教练可以进行小幅度转髋转肩和大幅度转髋转肩的击球技术动作示范，让球员观察、比较并分析两个技术动作的优缺点。这样可启发球员掌握高尔夫球挥杆技术动作中转髋转肩的要领。

②变换条件训练法。变换训练条件，有助于吸引球员对专项技能的注意力。例如，在进行短距离定点推杆练习时，刚开始球员会比较认真地推球入洞，但因没有新异刺激，练习几轮后会出现兴趣明显下降和注意力分散等现实问题。这时，可以通过设置不同的任务条件进行训练。例如，进行限定次数训练，推击不同定点距离训练，盲推特定距离训练，等等。通常引入新异刺激条件的训练，能够使球员集中注意力。

③信息引导训练法。很多时候球员不能集中注意力，可能是由于缺乏注意力线索而导致的，因此教练员在日常训练和竞赛中，应充分利用视觉、听觉和本体感觉来引导球员的注意力。例如：要求球员上杆时，注意转肩应达到的相对位置，以判断上杆幅度；通过听挥杆击球的声音，判断球面击球点的位置；通过本体感觉，控制上下杆的节奏和时间。

6. 暗示训练法

暗示训练法是指利用言语等信息对人的心理施加影响，实现行为调控的训练方法。大量的体育心理学研究发现，自我暗示能够提高技术动作的稳定性和成功率。例如，在进行沙坑击球时，心里可反复默念"身体轻松"，顺利完成转体动作，从而提高沙坑击球的稳定性和准确性。为减轻开球时的紧张，使内心安静下来，可以默念"我现在状态不错，很放松，可以顺利完成开球技术动作"，这样也可以增加开球的成功率。

暗示训练法的使用要求：第一，要使球员理解语言表达的真实含义。第二，要准确发现球员在训练或比赛中经常出现哪些消极想法。第三，要及时与球员沟通，正确认识消极想法对技术动作的影响。第四，要以合适的积极提示语言代替消极想法。要以积极语音提示为主，如"放松""加油""大家都期待我表现得更好""有信心"等。尽量避免消极语言的出现，如"我不能完成动作""千万别失败""千万别出现失误动作"等。第五，经常重复使用

积极词语，培养积极态度和良好习惯。

7. 模拟训练法

模拟训练法是心理训练中的重要训练方法。它是专门针对竞赛中可能出现的问题进行模拟实战并进行反复训练的方法。模拟训练的主要目的是使球员的身心适应竞赛环境中的心理状态，以促使技术和战术在特殊的竞赛环境中得到正常稳定的发挥。模拟训练法可以分为实战模拟法、录像视频模拟法等。其中，实战模拟法可以分为对手特点模拟法、观众观看模拟法、语言刺激模拟法、不同级别赛事模拟法、特殊球位模拟法、特殊球场环境模拟法等。

三、提高球员参赛信心的技巧

球员比赛成绩取决于赛前的身体、技术、战术和心理状态的综合表现。伴随着大量高科技对高尔夫球技术教学与训练的辅助，球员的技术潜能被进一步挖掘，当今的高水平选手在技术上的差距越来越小，心理因素对比赛成绩的影响则越来越重要。因此，在技战术水平区别不大的情况下，提高参赛球员的心理技巧是获得优异比赛成绩的重要手段之一。

在比赛中，为了使球员的心理状态保持最佳水平，可根据具体比赛情景和个人情况采用三类调节方法：情绪生理调节、情绪认知调节和情绪环境调节。

（一）情绪生理调节

1. 表情调节

情绪的状态和外部表情存在密切联系。情绪的内在变化会通过面部表情外显出来，比如，开心时的眉飞色舞，难过时的无精打采，愤怒时的横眉冷眼等。情绪状态与面部表情密切相关，因此，可以通过改善外显的面部表情来改变情绪状态。微笑能使精神安定。当感觉紧张时，可用手搓一搓面部肌肉。当情绪低落时，可对着镜子做几个笑脸动作，也可以想象之前比赛获胜得奖的情形。

2. 呼吸调整

呼吸调整是指通过调整呼吸的频率、深度和方式来改善情绪的训练方法，以腹式呼吸为主。

当情绪紧张时，会生理反射性地出现呼吸频率加快和微缺氧问题，这主要是由于呼吸方式不合理导致呼吸快而浅，使体内进入大量氧气，呼出大量二氧化碳。当二氧化碳呼出过多时，会使血流中的二氧化碳失去平衡，而导致呼吸不畅。针对以上问题可采用缓慢的、深度的腹式呼吸方法进行改善，比如，采用深吸气4秒、呼气8秒的方式进行训练，可快速有效地缓解赛前紧张情绪。

　　3. 身体活动调节

　　身体活动调节是指通过调整身体活动方式改善情绪状态的方法。神经兴奋是双向传导的，既可以从肌肉传递至大脑，也可以从大脑传递至肌肉。肌肉活动积极，则从肌肉向大脑传递的冲动会增多，大脑的兴奋性水平会带动情绪的提高；反之，肌肉活动减缓，大脑的兴奋性会适当下降，进而使情绪低落。

　　因此，通过采用不同的速度、强度、幅度、方向的身体动作练习，可以有效改善球员在赛场上的情绪状态。比如：当情绪过度紧张时，可以采用强度小、幅度大和节奏慢的身体活动进行练习；当情绪过度低沉时，可采用幅度小、强度大、速度和节奏快的身体练习来提高兴奋性。

（二）情绪认知调节

　　1. 表象调节

　　表象调节是指通过表象改善情绪和行为的方法。当在赛场上出现紧张焦虑情绪时，通过在脑海中回忆过去比赛过程中自己的最佳表现来重温当时的情绪状态，会有利于减轻紧张焦虑情绪，增强参赛信心。

　　2. 暗示调节

　　暗示调节是指通过积极语言暗示控制情绪和行为的方法。它是在比赛中进行心理调节的重要方法。暗示可分为自我暗示和他人暗示。语言暗示会影响到人的心理、生理和个体行为。在比赛之前和比赛之中，教练与球员应尽量用积极语言分析对手情况，制定战术，树立信心。尽量使用积极语言，如用"我能行"替代"我可能不行"，用"我做足了所有准备"代替"我没有准备好"，用"我能量满满"代替"我很疲惫"，用"我今天状态很不错"代替"我今天状态不太好"，等等。一般来讲，儿童和青少年比成人，女性比男性更易受暗示语言的影响，普通球员易受权威暗示语言的影响。

　　3. 宣泄调节

　　宣泄调节是指以恰当的方式及时宣泄负面情绪，如焦虑、痛苦、遗憾、不安等情绪的方法。在参赛前、后、中的过程中，赛场环境瞬息万变，压力无处不在，适当的情绪宣泄是调节压力的重要途径。当球员情绪不稳定时，教练应尽可能引导球员找到合适的情绪宣泄渠道，以满足情绪的宣泄需求。在这个过程中，教练可以耐心地让球员倾诉，找到问题所在，并为球员提供合理的宣泄途径，这样可以起到明显的情绪调节作用。

4. 情绪转移

情绪转移是指通过转移注意力的方式来控制情绪的一种方法。高尔夫球竞技比赛受情绪的影响非常大，过度不快或过度紧张都会极大干扰竞技能力的发挥。当出现不愉快或过度紧张时，可通过听音乐或看短视频的方式有意识地将注意力从应激刺激上转移到其他事物上。

5. 激励调节

激励调节是指通过刺激和唤醒自尊意识来改善情绪和行为的方法。在存在众多干扰因素的情况下，球员需要适当的"刺激"和"提醒"才有可能意识到自身的问题，并主动采取实际方案解决它。在刺激的方式上，教练可以根据球员的个性特征选择不同的刺激语言。比如：针对"争胜心比较强的球员"，教练可适当采用"激将法"提醒对方。同时也要有意识地引导球员自我激励。例如，看到球场上表现比较好的球员，可以自我激励，暗示自己也要表现得同样好，从而使自己迅速兴奋起来，从容面对赛场上的各种挑战。

（三）情绪环境调节

1. 音乐调节

音乐调节是指通过音乐控制情绪的方法。合适的音乐能够使人产生兴奋、镇定和平衡等三种情绪。有心理学家研究发现，在对人的刺激因素中，占第一位的是音乐，占第二位的是电影、电视、舞台和书籍等，占第三位的是大自然美景和艺术品。当球员在赛前或赛中出现情绪异常时，如过度焦虑不安时，可通过听一段轻音乐来调节情绪。

2. 颜色调节

颜色调节是指通过颜色控制情绪的方法。颜色是视觉的刺激物，不同的颜色会引起不同的感觉。在比赛中可以恰当运用颜色来改善情绪。比如：红色能使人快乐，充满热情；蓝色能使人安宁，心胸平和；黄色能使人兴高采烈；绿色能使人安定；黑色能使人沉重沮丧；白色能使人轻快。因此，在赛场上如果球员过度紧张，可以为球员准备绿色的擦汗毛巾来稳定情绪；如果球员情绪低落，可以准备红色物品等刺激物。

3. 气味调节

气味调节是指通过气体味道来改善情绪的方法。气味同样影响情绪，有研究发现，嗅觉与情绪之间的神经联络格外密切，人类的情绪 75% 是由嗅觉产生的。比如：当球员精神疲惫时，可通过释放薄荷气味来提升其思维活跃度；当球员心绪紊乱时，可以通过释放玫瑰花香的味道，使其心情平静；当球员情绪低落时，可以通过释放新鲜苹果或芦荟的味道，使其心情舒畅；当球员情绪低落时，可以通过释放橙子或柠檬的气味，使其兴奋起来。

在实际竞赛过程中，可以根据需求将不同的气味洒在擦汗巾或运动服上，这样球员在比赛间歇可以通过使用擦汗巾来调整自己的情绪状态。

训练检测

1. 什么是高尔夫球心理训练？

2. 高尔夫球心理训练是如何进行分类的？

3. 如何提高参赛者的信心？

任务二　高尔夫球技能形成

活动场地 / 环境

多媒体教室。

任务要求

1. 了解高尔夫球技能的形成机制；

2. 了解高尔夫球技能形成各个部分的特征。

能力训练

掌握高尔夫球技能形成的机制，能够在高尔夫球技能形成的各个阶段进行有针对性的训练；初步形成高尔夫球技能形成的训练体系。

课题一　高尔夫球技能形成机制

只有了解高尔夫球技能形成的心理学、生理机制、运动技术形成的过程及影响运动技能形成和发展的因素，才能设计出合理的教学模式，选择合理的教学手段，进而让球员科学掌握高尔夫球技能。

一、高尔夫球技能的基本特征

高尔夫球技能是通过后天学习和刻意训练获得的一种运动行为。它是在大脑神经皮质的主导下建立起来的、复杂的、连锁的、肌肉本体感受性的运动条件反射。

二、高尔夫球技能的复杂性

高尔夫球技能被称为最复杂的生物力学运动技能之一，如上杆、下杆、击球、送杆、收杆等一系列动作的依次完成需要运动中枢，以及视觉、听觉、躯体感觉等参与。

三、高尔夫球技能的连锁性

高尔夫球技能对身体的发力顺序要求较为严格，良好的挥杆动力链序列是其重要技能之一，它极大影响击球的稳定性。例如，在下杆击球过程中，优秀球员的合理动力链序列是通过转髋依次带动转胸腔、肩、手臂、球杆，进而产生击球、送杆等动作。前一个动作的结束是下一个动作的开始，整个挥杆被看作一套紧密连接的连锁反应。

四、高尔夫球技能的肌肉本体感受性

无论是高尔夫球挥杆技术还是推杆技术，都需要复杂的肌肉本体感受和神经反射活动的参与。大脑根据本体感受信息，整合听觉、视觉、皮肤觉、动觉感受性等众多神经感觉的信息，调控整个机体或部分肢体动作所能达到的位置、速度等来实现运动目标，并及时根据目标需求对动作进行调整。高尔夫球技能的学习和熟练离不开良好的肌肉本体感受性。

课题二 高尔夫球技能形成过程

高尔夫球技能从开始学习到熟练掌握是一个连续的、循序渐进的过程。下面根据动作形成的生理学机制和心理学变化特点阐述运动技能形成的过程。

一、分解练习阶段

在高尔夫球技能动作学习的初期，通过教练讲解、示范和实践，能够初步对高尔夫球技能获得一种感性认识，但初学者的神经反应过程仍处于泛化阶段，其没有建立精准的抑制过程。

（一）动作特点

在这个过程中，初学者的注意力范围较窄，知觉准确性低，动觉感受性差，肌肉紧张与放松的配合度不高，多余动作较多，导致动作之间的练习不协调。

在此阶段，练习者主要观察整体的示范动作，并进行模仿练习，但动觉

感受性较差，动作的控制力不强，难以发现动作的不足。

（二）教学训练要求

1. 强化直观教学

针对高尔夫球初学者泛化阶段的教学，应以整体教学、直观教学和模仿练习为主，可通过示范、影像、图片以及对镜子练习等直观教学法来加强视觉与本体感觉之间的相互联系，加深对完整技术动作的神经肌肉感觉。

2. 遵循循序渐进原则

动作技能的学习应遵循由简到繁，由分解到整体的循序渐进的原则。根据高尔夫球技术的难易程度，可适当采用分解教学法、先分解再综合的教学法进行逐步学习，这不仅可以降低初学者学习的难度，还能减轻因技术复杂而产生的恐惧心理对技能学习带来的干扰。在进行较难技术动作练习时，可恰当使用保护帮助措施，使初学者建立对目标动作的正确肌肉感觉。

3. 抓住技术动作的主要环节

在泛化阶段，应抓住该阶段教学中动作的主要环节，如高尔夫球挥杆的发力顺序、转髋时机等，重点攻克球员在掌握动作中存在的主要问题，但不宜过多强调动作的细节，如挥杆的幅度，力量的大小，手腕的动作角度，等等。

二、完整练习阶段

初学者随着反复练习，初步掌握了部分重要动作，并开始把各部分的分解动作有机联系起来。在分化阶段，大脑皮质中枢的兴奋、分化和抑制过程日趋完善，这标志着高尔夫球技能学习的条件反射活动由泛化阶段正式进入分化阶段。

（一）动作特点

练习者的注意力范围增大，且注意力主要集中于技术细节，肌肉感觉越来越清晰，紧张程度大幅降低，动作之间的干扰减少，多余动作也慢慢减少，动作准确性进一步提高，初步形成一定的专项技能。与此同时，与技能动作相关的肌肉控制得到加强，不该收缩的肌肉得到放松，多余动作逐渐消失，能够顺利且连贯地完成技术动作，并初步形成技术动力定型，但这种动力定型不够稳定，遇到新异刺激或较强刺激时，动作还会出现间断、停顿和不协调等问题。

（二）教学训练要求

1. 建立完整的高尔夫球技能概念

通过教练的讲解和球员的实践，强化球员对动作的正确认识，以及对动作各环节间内在联系的理解，从而形成正确的动作概念。

2. 不规范动作纠正

在此阶段，教练应在建立完整动作的基础上，及时纠正球员的错误动作，以免错误的动作形成动力定型。教练可以借助动作捕捉设备，如MySwing Professional高尔夫动作捕捉设备强化正确的技术动作，加速正确动力定型的形成。

3. 加大动作完成难度

为了使关键技术动作建立更稳定的分化抑制，可以通过增加动作的难度和人为制造障碍物、对抗方式等进行技能训练，这样可加速动作技能的熟练掌握。例如，增加挥杆的重量，限制挥杆幅度，在不稳定的站位环境中进行技能训练，等等。

三、巩固与自动化

学习者通过进一步的反复训练之后，会在大脑中建立起稳定的动力定型，神经的兴奋与抑制将更加集中，各个动作可以以连锁的形式表现出来。在这个阶段运动技能将日趋巩固和完善，标志着技术的学习已进入巩固与自动化阶段。在这个过程中，中枢神经的兴奋与抑制过程更加精确，并建立了高尔夫球技能的动力定型。

（一）动作特点

球员在环境变化的信息加工上注意范围进一步扩大，对动作本身的注意力减少，视觉控制作用减弱，动觉控制作用加强，动作更加协调连贯、稳定准确。通常情况下，不需要大脑皮质有意识地进行控制就能顺利完成动作，动作的完成能进入"无意识"状态，也能及时发现和纠正动作的错误。

（二）教学训练要求

1. 促进动作自动化形成

高尔夫球挥杆技能达到巩固程度时，教练应加强球员的技术理论学习，使其加深对动作内在规律的认识和理解；增加在复杂多变环境下的练习和应用，不断加强动作的稳定性，进一步强化动作自动化的形成。

2. 预防动作变形

由于自动化动作是在无意识的状态下形成的，所以动作发生少许改变往往不易被练习者察觉，若是发生改变的动作不被提醒，经过多次的重复练习，不规范的动作也会出现动力定型，这样会造成动作质量的下降。因此，在动作自动化后，教练和球员仍要加强动作检查的力度和频次，做到精益求精。

3. 巩固练习

运动技能进入巩固和自动化阶段后仍要不断强化。如果不持续进行强化训练，已经获得的良好运动技能还会消退，动作技能难度越大、越复杂，越容易消退。因此，应注重动作自动化后的巩固练习。

训练检测

1. 高尔夫球技能形成机制是什么？
2. 高尔夫球技能形成过程是什么？

项目六
高尔夫球体能训练理论

项目描述

　　体能在运动员竞技能力的总体构成中具有鲜明的基础性特征，是其他各种能力形成与发展必不可缺的重要的基础性条件。良好的体能状态是保持高效能训练、培养高水平竞技状态、成功参赛的基本保证。我们将从力量素质训练、耐力素质训练、速度素质训练、灵敏与柔韧素质训练和节奏素质训练五个方面对高尔夫球的专项体能训练进行分析。

学习目标

　　了解高尔夫球体能基本概念和分类，掌握高尔夫球体能训练的基本素质要求。能够针对不同的球员制订相应的体能训练计划，熟练运用高尔夫球及体育（专业）术语。

能力目标

　　能够运用所学知识，正确认识高尔夫球体能教练的工作性质，熟练运用教练的术语开展工作，提高自己的从业能力。

任务一　高尔夫球体能训练概述

活动场地 / 环境

多媒体教室

任务要求

1. 了解体能和体能训练的概念；
2. 了解高尔夫球体能训练的分类。

能力训练

掌握高尔夫球体能训练的要求，能够有意识地提高对高尔夫球体能训练的认知水平；初步形成高尔夫球体能训练的体系。

课题一　体能和体能训练的概念以及高尔夫球对体能的要求

一、体能的概念

"体能"一词近年来颇受体育界科研工作者青睐，频繁在各类期刊报纸中出现。由于中外文化差异，我们在英文中只能找到与"体能"相近的"physical fitness""physical conditioning""physical capacity""physical efficiency"等词。"physical conditioning""physical capacity""physical efficiency"这几个词直译为"身体能力"，其解释为"本来的和已经达到的赖以完成各种不同结构与分量的负荷的运动能力的总称"。港澳台地区受西方思想和文化的影响，把"physical fitness"译为"体适能"，实际上就是"身体适应能力"的简称。香港学者钟伯光所著《Keep fit 手册》中对"适能"的定义是：适能就是指身体对外界的适应能力，完整适能包括身体适能（physical fitness）和心理适能（psychological fitness or mental fitness）两部分。身体适能（physical fitness）简称"体适能"，可以分为两大范畴：健康相关体适能（health-related physical fitness）和运动相关体适能（sports-related physical fitness）。健康相关体适能可让身体应付日常工作、余暇活动以及突发事件。运动相关体适能是可以确保运动员运动表现和成绩的能力，如爆发力、速度、耐力、柔韧、敏捷等，其目的在于取胜及创造纪录。因此，在体能方面的训练要求极为严格，常常要向自己的极限挑战，身体受伤甚至损害健康有时是在所难免的。从上述可以看出，体适能包括体能训练的各项身体素质。

上海辞书出版社 1984 年出版的《体育词典》中有"体能"这一词条，表述如下：人体各器官系统的机能在体育活动中表现出来的能力，包括力量、速度、灵敏、耐力和柔韧等基本的身体素质，以及人体的基本活动能力（如走、跑、跳、投掷、爬越、悬垂和支撑等）。

1992 年出版的《教练员训练指南》指出运动素质又称"体能"，认为体能是运动员机体在运动时所表现出的能力，体能包括力量、耐力、速度、灵敏和柔韧。1996 年出版的全国体育院校通用教材《体育理论》认为，体能是体质的一部分，体能是指人体各器官系统的机能在肌肉活动中表现出来的能力，体能包括身体素质和身体基本活动能力，如走、跑、跳、投、攀登、爬越、举起重物等能力。

2000 年出版的体育院校通用教材《运动训练学》对"体能"进行了阐述：运动员体能指运动员机体的基本运动能力，是运动员竞技能力的重要构成部分；运动员的体能发展水平是由其身体形态、身体机能及运动素质构成的。2002 年第二版的体育院校函授教材《运动训练学》认为体能（身体竞技能力）是运动员竞技能力总体结构中的最重要结构之一，它是指运动员为提高运动技术和战术水平以及创造优异运动成绩所必需的各种身体运动能力综合。该教材认为体能包括运动员的身体形态、身体机能、身体健康和运动素质，体能是身体运动能力的综合。

熊斗寅先生的《浅谈"体能"概念》一文将体能分为大体能和小体能。大体能泛称身体能力，它包括身体运动能力、身体适应能力、身体机能状态和各项身体素质。小体能就是运动训练中的体能训练和体能性项目。从这个定义可以看出，体能就是身体能力。

二、高尔夫球对体能的要求

高尔夫球挥杆动作是一个高强度的复杂动作，在挥杆过程中几乎身体中的所有关节和肌肉都或多或少派上用场。哪怕只有身体的某一部位存在缺点和不足，都会让挥杆质量大打折扣。如果存在不足的部位多于一个，要发力并实现在整个身体内部传输效率的最大化是极其困难的。此外，高尔夫球员的身体产生或吸收的力量属于体育界中最高级别的。据统计，高达80%的高尔夫球员在职业生涯中至少经历一次伤痛。受伤比例如此之高，原因之一就是高尔夫球挥杆对脊柱产生的压力可达身体重量对脊柱压力的8倍。

高尔夫球挥杆的连贯性和效率取决于多项独特的身体能力和各套技术的掌握情况，其中包括技术的灵活性、稳定性、力量、爆发力、耐力、平衡感以及身体意识。如果一位球员在任何一项上存在薄弱之处，那么他的挥杆质量就会受到部分影响。而体能与技能缺失的情况越严重，造成的负面影响就越大。

高尔夫球项目区别于其他项目的特点，是对球员的稳定性及控制能力有更高要求。高尔夫球在整个挥杆过程中正确保持身体稳定，可以使能量从地面通过臀部、躯干、手臂，最终在击球瞬间有效地传递到杆头，身体任何部位稳定性不足都会导致挥杆过程中动力和连贯性遭受较大的损失。好的高尔夫球专项体能训练将帮助高尔夫球员预防此项运动可能带来的运动伤害并提高他们的运动表现能力。

高尔夫球是一项对体能要求非常高的运动项目。挥杆时杆头速度可达100公里/时，相当于棒球击球时的速度，其肌肉收缩力量会达到其峰值的90%，相当于举起一个你竭尽全力也只能最多连续举起4次的重物，接近足球球员射门动作的强度。徒步打完18洞，需持续运动4~5小时，心率可达到100~170次/分；消耗热量4 185.85~5 023.02千焦，可见足够的力量与耐力是高尔夫球的基本身体要求。

课题二　体能训练的概念以及高尔夫球体能训练的分类

一、体能训练的概念

美国国家运动医学会出版的训练学书籍《运动能力训练》（*Sports Performance Training*）中，提出了广泛应用于美国竞技训练领域的"整合训练和竞技表现能力优化训练模型"。该模型比较经典地概括出了体能训练的领域、训练原则等具体训练内容。该模型认为，体能训练的主要成分包括放松能力训练、循环呼吸训练、核心训练、平衡训练、速度（功率）强化训练（CNS）、速度（灵活性、快速反应）的SAQ训练、多维抗阻力整合训练以及专项体能训练等。

我国学者对体能的一般解释为：提高身体能力的训练，即运用科学的负荷和手段，促使人的身体形态和机能产生适应性变化，提高机体适应特定运动所需能力的训练。田麦久对体能训练的具体任务进行了描述：体能训练的直接任务就是根据各个项目竞赛的需要，提高运动员的运动素质，改善运动员的机能状况，并力求使得运动员的身体形态适合运动项目的需求。王卫星也提出了类似的观点：体能训练是指为提高运动员身体运动能力，结合专项需要并通过合理训练负荷调控，提高运动员形态、机能和运动素质水平，对身体结构和功能进行有目的的改造，从而促进竞技水平提升的训练过程。

从竞技体育角度对"体能训练"进行解释，一定要重视项目本身所具有的特点，而体能训练就是要让运动员的骨骼生长密度、关节灵活度、肌肉伸张力度更加适应项目要求的训练方式，让运动员的身体形态、身体功能、运动素质和健康水平诸方面专项化的综合体现更加符合项目的运动需求特点。

二、高尔夫球体能训练的分类

高尔夫球运动需要腿部、髋部、躯干、肩部和手臂产生极高的旋转速度来进行极具爆发力的击球，而且在高尔夫球运动中利用高质量的协调和准确性来精确击球更为重要，这一切都需要稳定的身体和中正的脊椎来做基础，提高柔韧性可以让挥杆动作幅度和旋转的角度变大，从而提高击球的准确性；提高力量可以提升挥杆速度，从而击出惊人的距离；身体的稳定包括整体站位的稳定和核心稳定，是力量和爆发力形成的必备条件。研究证明，如果身体在不稳定和偏离中正的情况下继续活动和训练的话，就更容易累积关节和组织上的压力，更会鼓励肌肉不平衡和影响长期的运动表现。

通过分析高尔夫球运动的特点可知，要想获得高效的挥杆以及良好的球场表现，在进行高尔夫球专项体能训练的过程中，需要关注下面几个关键因素：

第一，力量素质。力量素质是指人的机体或机体的某一部分肌肉工作（收缩和舒张）时克服内外阻力的能力。

第二，耐力素质。耐力素质是人体长时间进行持续肌肉工作的能力，即对抗疲劳的能力。

第三，速度素质。速度素质是指人体快速运动的能力。

第四，灵敏与柔韧性素质。敏捷性是大小肌肉群的可操作性与协调性。柔韧性是利用肌肉在整个范围内运动的能力。

第五，平衡性。平衡性指运动中保持平衡的能力。

上述五个方面是高尔夫体能训练的重要指标。

训练检测

1. 什么是体能训练？
2. 高尔夫球体能训练的分类是什么？

任务二　高尔夫球力量素质训练

活动场地 / 环境

多媒体教室、健身房。

任务要求

1. 了解高尔夫球力量素质训练的概念和分类；
2. 了解高尔夫球力量素质训练的方法。

能力训练

掌握高尔夫球力量素质训练的概念、分类，能够有意识地提高对高尔夫球力量素质训练的认知水平；初步形成高尔夫球力量素质训练的体系。

课题一　力量素质训练概述和核心力量训练的作用

一、力量素质训练概述

力量素质是人体进行体育运动的基本素质之一，是获得运动技能和取得优异运动成绩的基础，同时也是其他身体素质发展的重要因素。力量素质是指人的机体或机体的某一部分肌肉工作（收缩和舒张）时克服内外阻力的能力。

体能训练是一种随着时间的推移不断增加的持续运动的训练。体能训练的目的是改进训练者在完成某项运动中的表现，增加有氧输出能力和功效，同时使肌肉组织不被损坏，这样就避免了无氧练习中需要的休息和恢复。

运动表现要依靠四种主要技能——力量、速度、能力和精确性的应用。对于任何运动项目而言，运动表现都是至关重要的，高尔夫球也不例外。

高尔夫球击球距离的远近取决于杆头正确击球时的速度，杆头的速度来自挥杆的速度。挥杆需要身体的每个关节和肌肉在没有对抗的基础上充分调动身体的本体感觉，将能量依次通过腿部、臀部、躯干以及肩肘和手腕最终传递到杆头。挥杆的速度取决于身体各部位的协调用力。因此，要增加挥杆的速度，必须增强整个身体协调发力的能力，在进行力量训练时应使全身的肌肉力量都得到锻炼和增强，保证协调用力。高尔夫球力量训练分为一般力量训练和专项力量训练：一般力量训练是指徒手或通过器械提高下肢、髋部、腰背、肩部和手臂等的力量；专项力量训练是指结合挥杆技术提高整个身体协调发力的能力，从而提高挥杆的力量和准度。一般力量训练方法有器械训练、平板支撑、俄罗斯转体、腹背侧肌练习、负重弓步转体、俯卧飞鸟、卧推等，专项力量训练方法有徒手扔铅球、挥负重杆、挥棒球、持铅球做挥杆状等。

想打好高尔夫球需要具备力量、爆发力、耐力、灵活性、平衡感及稳定性等多项良好的素质。对于专业球员来说，任何一项处于弱项，都会导致其挥杆质量下降，击球不稳定，进而使成绩受到负面影响。高尔夫球员的稳定性及控制能力十分重要，在整个高尔夫球挥杆击球的过程中，为了保证能量不受损失，需要高尔夫球员对挥杆击球的各个技术动作细节进行打磨，身体运动链各个环节不能够有较大的损失，尤其是身体髋关节部分，其为全身发力的中心点，是身体所有力的交汇点，在整体发力中起到重要的启动、传导及融合作用，如若其稳定性不足，便会阻碍能量的传递，不能有效控制身体各个部分的用力，导致技术动作变形，使得击球出现偏差，对运动成绩造成不良影响。

推杆在高尔夫球比赛中起到至关重要的作用。比赛成绩是由 18 洞的总杆数决定的，其中推杆占总杆数的 65% 以上，可见推杆对于球员打球的成绩有很大的影响。核心力量对推杆的影响具有决定性的作用，其动作重点为上杆的转肩、稳定击球后释放、以身体为中轴转肩发力击球。核心力量训练是对固定肌群进行的专业性训练，其主要作用是提高核心稳定性，目的在于能够在运动过程中稳定地控制身体的姿态和重心，使身体四肢的力量能够最大效率地传递到肢体末端，同时也具有在运动的过程中产生力量、传导力量和控制重心的功能，使球员在高速的运动过程中维持身体平衡。

二、核心力量训练的作用

（一）核心力量训练对高尔夫球技术提高起到一定的促进作用

高尔夫球挥杆击球一共分为起杆、上杆、顶点、下杆、击球五个步骤，这五个步骤都离不开中轴的稳定性，核心力量是保持中轴稳定性的基础，只有在核心力量充分的前提下，才可能有稳定的中轴，从而把每一个步骤做到最好。如果核心力量不好，就不会有一个稳定的中轴，从而导致击球时站姿不稳定，击球的效果大打折扣。扎实、准确的击球能够有效提高高尔夫球技术，因此核心力量对高尔夫球技术来讲十分重要。

（二）核心力量训练可增强高尔夫球击球稳定性

高尔夫球的主要比赛目标为用尽量少的杆数精准地击球入洞，高尔夫球一系列运动技术都是在为击球做准备，只有击球稳定才能创造出优异的成绩。击球过程中最复杂的动作为挥杆，不是仅用上肢的力量挥杆，而是上肢下肢围绕身体躯干统一整体发力，才能打出较远的距离。以身体为中轴承载上下肢的力量可以更加稳定地击球，身体躯干在这个运动链中的作用至关重要。日常训练中加入核心力量的训练可有效地发展肌肉群，提升核心稳定性。

（三）身体中轴的稳定性对高尔夫球击球精准度有积极的影响

高尔夫球员的中轴是高尔夫球员的脊柱，在整个击球过程中，中轴一端与髋关节相连，另一端是悬空的，而髋关节在击球过程中处于非稳定状态，因此，在一端悬空而另一端非稳定的状态下要做到稳定性是极其不易的。如果在击球的过程中中轴向上移动，杆头就会击不到球或击打球的上部，出现打"薄"的情况；如果在击球的过程中中轴向下移动，杆头也可能会击不到球或是击打球的下部地面，出现打"厚"的情况；如果在击球的过程中中轴向左移动，杆头就会不能回正，出现开杆面击球，打出右曲球的情况；如果在击球的过程中中轴向右移动，杆头就会超越回正，而出现关闭杆面击球，打出左曲球的情况。因此，在击球过程中保持中轴的稳定性对击球的精准度有积极的影响，而要保持中轴的稳定性，良好的核心力量是必不可少的。

（四）核心力量训练可以有效地提高高尔夫球击球精准度

经过核心力量训练的球员，推杆及切杆精准度明显上涨，入洞杆数及切杆得分数更多。这说明核心力量训练在高尔夫球教学中的应用可以更好地提高推杆及切杆的技术质量，提高击球的精准度。

（五）核心力量训练相对于传统体能训练更加适合高尔夫球

开展教学实验：在实验班教学中增加核心力量训练，对照班进行常规的教学和传统体能训练，再分别对两班学生的身体素质进行干预，结果两班学生身体素质都有提高，但实验班的核心力量测试及核心稳定性测试成绩上涨度优于对照班。这说明核心力量训练可以有效提高学生的肢体平衡性，传统体能训练大多是针对力量的训练，对于稳定性的影响较小。高尔夫球技术需要运用的力是全身整体的力，想稳定地挥杆击球就需要以身体为中轴带动四肢一起发力，因此核心的稳定是十分关键的。所以，核心力量训练相对于传统体能训练在高尔夫球教学中更加具有针对性。

（六）核心力量训练可以有效促进完成高尔夫球课程的教学目标与任务

高尔夫球课程的教学目的与任务是使球员了解高尔夫球的起源及该项运动的基础知识，体能训练能够起到锻炼身体的作用，并能使球员有效地掌握高尔夫球运动技能。通过对实验班及对照班学生整体成绩进行整理，发现实验班推杆大洞、推杆小洞、5码切杆、15码切杆成绩均高于对照班，可见核心力量训练相对传统体能训练更加适合高尔夫球运动项目，更能有效地提高球员的运动技术，能使教练有效促进完成高尔夫球课程的教学目标与任务。

课题二　力量素质训练的方法

体能训练中的力量训练与传统力量训练是不同的，重点不在于增加肌肉组织和肌肉体积或者使肌肉的分布比例和力量最大化，而是更加注重舒适度，通过有氧练习高速完成力量训练，练习中通常需要大量重复或逐渐增加时间。

力量训练通常要求一组肌肉相互辅助完成一项双关节的运动。例如，深蹲练习被广泛认为是一种大腿练习，然而，它也用到臀部肌肉、腿部肌肉和核心肌群的练习。

力量训练是体能训练必不可少的一部分，可以使高尔夫球员获得更好的专项表现，以及更好的力量与有氧能力。

使用的器械包括自由重量器械、固定器械、功能灵活性器械等（见图6-2-2-1）。

壶铃

这个球形的器械有一个平底和一副提梁，有各种重量可供选择。

杠铃和哑铃

大致分为固定重量和可调节重量两种，是力量训练中的基础器械

泡沫按摩健身棒

这种器材通常由聚乙烯制成，可以帮助缓解肌肉酸痛和对抗肌肉萎缩

健身箱

用于强化训练

拉力器

这种有弹性的拉绳通常用于力量训练

圆锥

在强化训练中，这种器械可以当作参考点或障碍

实心球

这种器械是一种小的，圆形的橡胶球，用于各种全身训练

健身球（瑞士球）

一种大的橡胶球，用于各种类型的全身训练

图 6-2-2-1　力量训练使用的器械

一、下肢力量训练

重点：学会下肢训练动作。

难点：将下肢训练安排在高尔夫体能训练中。

基础动作：深蹲、硬拉、弓步。

负重基础动作：深蹲、弓步、硬拉。

（一）深蹲（见图 6-2-2-2 和图 6-2-2-3）

起始位置：

（1）站在深蹲架前，杠铃置于斜方肌与肩同高位置。

（2）走向深蹲架，将杠铃放在上背部和肩部位置，不要压迫脊柱，使脊柱保持中立位。

（3）握住杠铃，手应握在杠铃滚纹（杠铃杆上的粗糙部分）一指处或者两手间距离较肩稍宽的位置。

（4）从深蹲架上扛起杠铃，该动作应通过伸展髋关节和膝关节完成，继而后退一步，两脚开立同肩宽，脚趾尖稍微外展，同时始终保持杠铃与地面平行，头部保持中立位，面部朝前。

（5）保持双脚水平接触地面，重心位于脚踝，髋关节向后来启动动作。

（6）屈髋屈膝使身体下蹲，保持膝盖与脚趾的方向一致。

（7）当身体下蹲时，躯干要保持直立，脊柱保持中立位。

（8）持续使自己的身体向下蹲，直到大腿与地面平行时或大腿与小腿刚接触时（在做深蹲的情况下）结束动作。

（9）使用相同路线回到起始姿势。

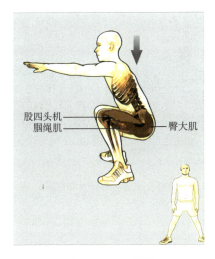

图 6-2-2-2 深蹲

图 6-2-2-3 杠铃弓箭步蹲

（二）弓步（见图 6-2-2-4 和图 6-2-2-5）

起始位置：

（1）站在深蹲架前，使杠铃几乎与肩同高。

（2）站在杠铃下，将杠铃放置在上背部及肩部。

（3）握住杠铃，手应握在杠铃滚纹（杠铃杆上的粗糙部分）一指处或者两手间距离比肩稍宽的位置。

（4）通过伸髋和伸膝将杠铃从深蹲架上扛起，然后后退，双腿以躯干为中线，一前一后站立，两腿在额状面上保持与髋部同宽。

（5）前脚脚掌着地，上身躯干保持直立状态，通过屈曲后腿膝盖，使身体重心下降。

（6）在重心下降时要保持上身直立，尽量避免臀部向后翘起。在重心下降的同时前腿的膝盖屈曲。

（7）重心下降时，应保持躯干直立，脊柱处于中立位。

（8）当前腿的大腿上平面与地面趋近于平行，并且后腿膝盖即将接触地面时停止下降。

（9）使用相同路线回到起始姿势。

（10）前后腿互换位置，重复该动作，直到完成计划次数。

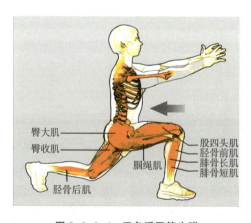

图 6-2-2-4　无负重弓箭步蹲

图 6-2-2-5　杠铃弓箭步蹲

（三）硬拉（见图 6-2-2-6 和图 6-2-2-7）

起始位置：

（1）起始时杠铃置于地面上。双脚站在杠铃杆下方，杠铃杆应在鞋带上方。脚趾微微外展。双脚张开，两脚间宽度应在髋关节与肩部的宽度之间。

（2）握住杠铃，手应握在杠铃滚纹（杠铃杆上的粗糙部分）一指处或比肩稍宽的位置。伸展髋关节和膝关节来将杠铃从地上提起，并后退。

（3）两脚自然张开与肩同宽，双膝微屈。

（4）双脚水平接触地面，重心集中于脚踝，屈髋并向后移动，使上身躯干与大腿的夹角变小，保持脊柱中立位。

（5）下放杠铃直至与髌腱平齐或略低于膝关节。

（6）通过伸髋，按照相同路线回到初始位置。在整个运动过程中，膝关节始终保持静止并维持微屈的角度。

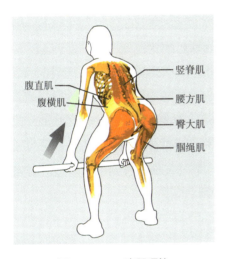

图 6-2-2-6　直腿硬拉

图 6-2-2-7　杠铃直腿硬拉

（四）变形模拟（见图 6-2-2-8 和图 6-2-2-9）

起始位置：

（1）在光滑的地面上放一个滑垫，将一只脚放在滑垫上。

（2）两脚自然开立，与肩同宽。

（3）上身下降，髋部向后坐。滑垫一侧腿向外滑动远离身体中线。另一条腿膝关节屈曲，直至大腿上部与地面平行。保持膝盖方向与脚趾方向一致。

（4）保持脊柱中立。

（5）通过无滑垫一侧下肢髋关节和膝关节的伸展来使身体回到直立姿势，滑垫一侧下肢利用与下降时相同的路线回到起始位置。

图 6-2-2-8　侧弓步

图 6-2-2-9　杠铃侧弓步

二、上肢力量训练

基础动作：俯身划船，俯卧撑，推肩。

负重基础动作：俯身划船，仰卧推胸，推肩。

（一）上举（见图 6-2-2-10 和图 6-2-2-11）

起始位置：

（1）杠铃杆放置在肩膀顶部，双脚分开，与髋部同宽。

（2）在比肩宽3~6厘米的地方握住杠铃杆，手掌朝向身体前方。

（3）保持躯干直立，杠铃杆向上推举，举过头顶，直到手臂越过肩膀完全伸直。稍微倾斜头部，避免碰到下巴或脸部。

（4）按照相同路线慢慢返回到起始位。

图 6-2-2-10　两臂上举

图 6-2-2-11　两臂前上举

（二）俯卧撑（见图 6-2-2-12 和图 6-2-2-13）

起始位置：

（1）躺在长凳上，保持左脚、右脚、臀部、上背和头部这五点与长凳接触。

（2）以正握的方式抓住杠铃，双手间距略宽于肩，拇指绕在手柄上。

（3）让辅助者帮忙从架子上取下杠铃杆。在胸前支撑起杠铃杆，与乳头对齐。

（4）保持五点接触姿势，控制杠铃杆平稳慢速地下放，直到它接触到胸部。不要让杠铃杆被胸部反弹。

（5）在推举杠铃杆的同时，上臂应位于身体两侧，与躯干约成45度，前臂应保持与地面垂直。

（6）按相同路线把杠铃放回到起始位置，肘部完全伸直。

图 6-2-2-12　杠铃颈上卧推一　　　　　图 6-2-2-13　杠铃颈上卧推二

（三）俯身单臂划船（见图 6-2-2-14 和图 6-2-2-15）

（1）将身体一侧的手和膝盖放在长凳上，躯干与地面基本平行。与正常站立姿势一样，保持脊柱中立位，避免腰部下弯。

（2）支撑腿伸直，但应避免关节锁死。

（3）用另一只手握住哑铃，将拇指绕在哑铃手柄上，手掌朝向长凳。

（4）在屈曲肘部的同时向上提起哑铃，直到碰到躯干。

（5）按照相同路线缓慢放下哑铃回到起始位置，完成一次练习。

图 6-2-2-14　哑铃俯身单臂划船一　　　　图 6-2-2-15　哑铃俯身单臂划船二

（四）俯身划船（见图6-2-2-16和图6-2-2-17）

起始位置：

（1）双脚分开，与肩同宽，膝盖微屈。

（2）手掌紧紧握住杠铃，手心朝向身体，拇指绕在杠铃杆上。

（3）按硬拉动作模式，将杠铃杆从地面上提起。

（4）髋关节屈曲，直到身体平行于地面并且手臂完全伸直。进行杠铃俯身划船练习时，要保持屈髋姿势。

（5）保持脊柱中立位，两侧肘关节屈曲的同时，将上臂后移，直到杠铃触碰到躯干。

（6）杠铃提起至顶部时收缩肩胛骨。

（7）按照相同路线放下杠铃，始终保持脊柱处于中立位。

图6-2-2-16　杠铃俯身划船一　　　　图6-2-2-17　杠铃俯身划船二

三、核心综合力量训练（见图6-2-2-18和图6-2-2-19）

基础动作：山羊挺身，平板支撑，卷腹。

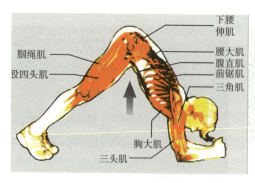 

图6-2-2-18　复合式俯卧撑一　　　　图6-2-2-19　复合式俯卧撑二

负重基础动作：山羊挺身，卷腹。

变形模拟动作：侧式平板支撑，V字平板支撑。

（一）山羊挺身（见图6-2-2-20）

起始位置：

（1）俯卧于长凳之上，身体与长凳垂直。

（2）在胸前举起双手，保证在抬起双腿时只有躯干能够接触到长凳。收缩背肌以支撑四肢。

（3）保持头部（不要向上看导致脖子抬高）、躯干与双脚距离地面的高度相同，保持脊柱中立位（不要过度伸展）。

图 6-2-2-20 山羊挺身

（4）身体保持类似平板支撑的动作，直到力竭。

（二）平板支撑（见图6-2-2-21）

起始位置：

（1）俯卧，双脚分开与髋关节同宽。

（2）屈肘约90度，位于肩部正下方，双手手掌贴于地面并支撑身体。

（3）保持头部和脊柱中立位，并与躯干呈一条直线，踝关节、膝关节、髋关节和肩关节在一条直线上。

图 6-2-2-21 平板支撑

（4）保持这个姿势直至力竭，或达到预定时间为止。

（三）卷腹（见图6-2-2-22）

起始位置：

（1）平躺于地面，面部朝上，双脚置于长凳上，膝关节与髋关节均屈曲90度。

（2）双手指尖轻触头部两侧，抬起头部离开地面。

图 6-2-2-22　卷腹

图 6-2-2-23　侧式平板支撑

（3）保持双脚在长凳之上，卷曲上身使之离开地面，头部及肩部向大腿方向移动，直到上背部完全离开地面为止。

（4）按照相同路线回到初始位置。

（四）侧式平板支撑（V字平板支撑）（见图 6-2-2-23）

起始位置：

（1）侧卧，双脚叠放在一起，触地一侧肘部屈曲 90 度，置于肩部正下方。

（2）在运动过程中保持头部及脊柱中立位，并与躯干呈一条直线，提臀并使其离开地面，直至下踝关节、膝关节以及肩关节在一条直线上。

（3）保持这个姿势直至力竭，或达到预定时间为止。

训练检测

1. 如何编排下肢力量训练动作？

2. 如何编排上肢力量训练动作？

3. 如何编排核心力量训练动作？

任务三　高尔夫球耐力素质训练

活动场地 / 环境

多媒体教室、室外。

任务要求

1. 了解高尔夫球耐力素质训练的概念和分类；
2. 了解高尔夫球耐力素质训练的方法。

能力训练

掌握高尔夫球耐力素质训练的概念和分类，能够有意识地提高对高尔夫球耐力素质训练的认知水平；初步形成高尔夫球耐力素质训练的体系。

课题一　耐力素质训练概述

耐力素质是指机体在一定时间内保持特定强度负荷或动作质量的能力。"一定时间"是指不同专项对运动时间的规定性。保持特定运动强度或动作质量是耐力水平的体现。耐力水平的提高表现为更长时间保持特定强度或动作质量，或在一定时间内承受更高强度的能力。运动员要在竞赛全过程保持特定的运动强度，或动作质量，就必须具备良好的耐力素质。一场高尔夫球比赛为四轮，再加上适应场地，其中最少有 5 天要快速徒步 10 公里，因此高尔夫球运动对耐力素质的要求高于其他运动。

一、耐力素质的作用

在竞技体育领域中，耐力素质在不同的竞技运动项目中有着不同的作用。对于高尔夫球这一运动项目来说，耐力素质是决定球员竞技能力高低的主导素质，对球员总体竞技水平起着决定性的影响；球员体力下降时挥杆技术和距离掌控就会出问题，注意力就会涣散，随之而来的就是挥杆次数的增加和成绩的下降。拥有良好的耐力素质是高水平竞技能力的基础。

二、耐力素质的分类

按人体的生理系统分类，耐力素质可分为心血管耐力和肌肉耐力。心血管耐力又分为有氧耐力和无氧耐力。肌肉耐力也称"力量耐力"。

有氧耐力是指机体在氧气供应比较充足的情况下，能坚持长时间工作的能力。有氧耐力训练的目的在于提高运动员机体吸收、输送和利用氧气的能力，促进机体的新陈代谢。

无氧耐力是指机体以无氧代谢为主要供能形式，坚持较长时间工作的能力。

根据肌肉工作的力学特征，可分为静力性耐力（如立姿步枪射击）和动力性耐力。

依耐力素质对专项的影响，耐力素质又可分为一般耐力和专项耐力。一般耐力是指对提高专项运动成绩起间接作用的基础性耐力；专项耐力是指与提高专项运动成绩有直接关系的耐力，具体地讲是指持续完成专项动作或接近比赛动作的耐力。

三、耐力素质的影响因素

耐力素质取决于运动员有氧代谢的能力、体内能源物质的储存、支撑运动器官承受长时间工作的能力，以及运动员的心理控制和对疲劳的耐受程度四个方面。

提高运动员的摄氧、输氧及用氧能力，保持运动员体内适宜的糖原的储存量，提高肌肉、关节、韧带等支撑运动器官对长时间负荷的承受能力，加强运动员心理调节控制的能力，改进运动员在疲劳状态下动员机体潜力、持续工作的自我激励能力，是发展运动员耐力素质的重要途径。

长时间的单一练习，如跑步、游泳、骑自行车等，既能发展机体有氧代谢的能力，又能发展进行该项运动主要工作肌群及关节、韧带的工作耐力；而长时间变换内容的练习，则可以减轻局部运动装置的工作负荷，着重培养运动员有氧代谢的能力。

在高尔夫球比赛中，球员完成一场比赛的时间是4~5个小时，没有充足的体能作保证，技术的发挥将受到严重的局限，容易导致球员体力下降、神经疲劳、注意力分散，这就要求球员具备良好的有氧耐力，因为在比赛中一旦体力不支或精神疲惫，就很可能会影响球员的专注力和击球的效果。有氧运动既要有强度，也要适度，一般来说，有氧运动的强度必须达到最大心率的75%以上，训练时间要控制在每次20分钟以上，主要的训练方法有持续跑、定时跑、定距跑、变速跑、间歇跑等。

四、发展耐力素质

（一）基本要素

（1）发展耐力素质要充分考虑年龄、性别及生理特点。男子在17岁以后，女子在16岁以后发展耐力素质较好；运动负荷对于男子和女子、体质强者和体质弱者都有明显的差别。

（2）应该在发展有氧耐力的基础上发展无氧耐力。

（3）发展耐力素质要加适量的运动负荷与间歇。

（4）中等动作速度对耐力素质的提高最为有效。

（5）要重视耐力锻炼中的呼吸与动作的配合。

（6）耐力锻炼必须持之以恒，要有顽强的意志品质。

（7）耐力锻炼后应加强营养补充和消除疲劳。

（二）生理学基础

1. 发展有氧耐力（最大摄氧量）的生理学基础

有氧耐力是指机体长时间进行有氧供能（靠糖原和脂肪有氧分解供能）的工作能力。这种有氧耐力可以通过人体的最大摄氧量反映出来。

2. 发展无氧耐力的生理学基础

无氧耐力是指机体在缺氧状态下，长时间对肌肉收缩供能的工作能力。

课题二　耐力素质训练的方法

一、长时间匀速跑

为提升有氧耐力，可以选择长时间中等强度的匀速跑。时间一般在40分钟以上，心率控制在150次/分左右，距离一般在5公里以上即可。

二、长距离慢跑

每周可以进行一次长距离慢跑（又称"LSD"）。这是以"低强度"和"长距离"为特点的有氧训练，属于持续训练法的一种。每次训练时间控制在80~120分钟，最多不超过150分钟。LSD训练属于很轻松的慢跑，在跑步的过程中可以聊天说话，基本不会感到呼吸困难。

三、越野跑

越野跑是一种在野外自然环境中奔跑的运动，通常会经过山地，道路起伏比较大，对心肺功能训练有不俗的效果，可以提升有氧耐力。原则上，运动时间需在一小时以上。

四、变速跑

变速跑是一种快跑和慢跑交替进行的训练方法，多用于发展有氧耐力，提升有氧代谢能力。变速跑的负荷强度应从低到高。训练时间一般在30分钟以上，慢速跑时心率控制在130~145次/分，快速跑时心率处于170~180次/分的区间内。变速跑可细分为定时变速跑、定距离变速跑、追逐变速跑等。

五、间歇跑

间歇跑是一种高低强度交错进行的跑步训练，可以有效提高速度耐力和心肺功能。间歇跑每组的距离可以是400米、600米、800米、1 000米、1 600米或者2 000米。一般可根据自己的能力选择每组400米到1 600米的距离。间歇跑通过反复的高强度刺激让身体能够忍耐在更高的心率下奔跑。它不但可以提升速度耐力，还能加强心肺功能。

六、12 分钟快速跑

诞生于20世纪60年代的一种体能测试方法，就是全力奔跑12分钟，看你能跑多远。12分钟跑在国内声名鹊起是因为20世纪90年代甲A足球联赛的球员要参加这个测试，3 000米为及格线。12分钟快速跑是一种简单快捷的训练方式，可以有效提升速度耐力。

七、法特莱克跑

法特莱克跑是源自瑞典的一种跑步训练方式，是一种随性的变速跑训练。训练时需要根据自我身体感觉和地形的变化自行变换速度，但应对全程或某一分段内的加速跑次数进行明确规定。当然，也可以在法特莱克跑的训练中穿插一些摆臂、呼吸、步频甚至越障训练，这样可以增强核心力量，改善速度耐力。

八、节奏跑

节奏跑是指在设定好的距离或时间范围内，维持恒定速度进行训练的一种方式。通常以实际测试中的配速或略低于测试的配速跑一段时间，让肌体提前体会和适应这种感觉。比如，如果3 000米跑希望跑进12分钟，那么在平时节奏跑时就应以4分或者4分10秒左右的配速为标准来进行训练。

训练检测

1. 耐力素质的作用是什么？
2. 如何安排耐力素质训练？

任务四　高尔夫球速度素质训练

活动场地 / 环境

多媒体教室、田径场、高尔夫球练习场。

任务要求

1. 了解高尔夫球速度素质训练的概念和分类；

2. 了解高尔夫球速度素质训练的方法。

能力训练

掌握高尔夫球速度素质训练的概念和分类，能够有意识地提高对高尔夫球速度素质训练的认知水平；初步形成高尔夫球速度素质训练的体系。

课题一　速度素质训练概述

速度素质是指人体快速运动的能力，而快速运动的能力是反映机体运动的加速度和最大速度的能力。速度素质包括反应速度、动作速度和位移速度。与高尔夫球运动比较密切的是动作速度和位移速度。

一、反应速度

反应速度是指人体对各种信号刺激（声、光、触等）快速应答的能力。由于运动员对不同类型信号的反应时是不同的，训练中往往根据不同项目的特点测定运动员对特定信号的反应时。

（一）反应速度的影响因素

反应速度主要取决于人的感受器（视觉、听觉）和其他分析器的特征以及中枢神经系统与神经肌肉之间的协调关系。反应速度素质受遗传效应影响较大。

（二）反应速度的评定

人们通常通过测定反应时，即运动员对信号刺激作出反应所需的时间来评定运动员的反应速度。应根据不同项目的特点测定运动员对特定信号的反应速度。

对反应时的评定可以通过实验室的测试进行，也可采用简易的方法。

二、动作速度

动作速度是指人体或人体某一部分快速完成动作的能力。动作速度是技术动作不可缺少的要素，表现为人体完成某一技术动作时的挥摆速度、击打速度、蹬伸速度、踢踹速度等，此外还包含在单位时间里连续完成单个动作时重复的次数（即动作频率）。

（一）动作速度的影响因素

运动员机体任何部位动作速度的快慢，主要取决于中枢神经系统的功能、引起该部位运动的肌肉力量大小，以及技术动作的合理性。

（二）动作速度的评定

因为动作速度寓于某一个技术动作之中，如高尔夫球的挥杆速度、转髋速度、手腕释放速度等，所以动作速度的测量是与技术参数测定联系在一起的，像出手速度、角速度、加速度等。此外，可以通过对连续反复多次完成同一动作计时求出平均动作速度。

三、移动速度

移动速度是指人体在特定方向上位移的速度，以单位时间内机体移动的距离为评定指标。从运动学上讲，移动速度是距离与通过该距离所用的时间之比。在体育运动中，移动速度常常以人体通过固定距离所用的时间来表示。

（一）移动速度的影响因素

移动速度的主要影响因素是步长和步频。移动速度主要取决于单位时间内完成的动作周期数（动作频率）和每一个动作周期在特定运动方向上的位移幅度。这两个因素状况的改善以及它们之间的合理组合是提高移动速度的关键。

（二）移动速度的评定

常常用短距离跑测定移动速度。

测试要求运动员全力加速。

（1）根据不同测试目的选定跑动距离：10米、30米、60米、100米、120米。

（2）在运动员不疲劳、神经兴奋性高的状态下测验。

（3）进行充分的准备活动。

（4）除了时间参数外，步数、步频和单腿蹬地时间也是重要的评价参数。

课题二　速度素质训练的方法

一、反应速度

反应速度是指人体对各种信号刺激的快速应答能力。最常见的训练方法是利用各种声、光等突发信号让练习者快速做出相应的反应动作，以提高其神经系统反射弧的接通机能水平。

二、动作速度

动作速度是指人体完成某一动作的快速能力。提高动作速度的训练方法有：

（1）减小练习难度，加助力法，如用轻质杆挥杆、下坡跑等。

（2）加大练习难度，发挥后效作用法，如负重跳或挥加重球杆后，紧接着做跳跃或挥标准球杆练习。

（3）时限法，按预定的音响节拍频率完成动作，以改变练习者的动作频率和速度。

三、位移速度

位移速度是指在做周期性动作中，单位时间内人体快速移动的能力。提高动作速度是提高位移速度的基础，并与四肢肌肉的爆发力密切相关。

通常采用下列训练方法：

（1）快速跑，如短距离用最快速度重复跑、短距离游泳等。

（2）加速动作频率的练习，如快频率小步跑、快速摆臂练习等。

（3）发展下肢的爆发力，如负重跳、单脚跳、跨步跳等。

示例1：快速跑台阶（楼梯）练习。

根据自身情况，选择有一定长度距离的台阶。两腿用最快频率的交叉小密步从台阶底部跑至规定距离的顶部。到顶端后迅速转身，再向下以频率最快的小密步一级一级地跑向台阶底部。到达底部后，再向上跑，重复此练习3组。间歇1~2分钟，重复以上动作3轮。

示例2：空中快速换腿练习。

前后分腿站立，左腿在前，双腿发力跳跃至空中，滞空时完成2次前后换腿，落地时为起始站立位，连续跳跃10次。休息1~2分钟，重复以上动作5轮。

训练检测

1. 速度素质的分类有哪些？
2. 如何安排速度素质训练？

任务五　高尔夫球灵敏与柔韧素质训练

活动场地 / 环境

多媒体教室、形体训练房。

任务要求

1. 了解高尔夫球灵敏与柔韧素质的概念和分类；
2. 了解高尔夫球灵敏与柔韧素质训练的方法。

能力训练

掌握高尔夫球灵敏与柔韧素质的概念和分类，能够有意识地提高对高尔夫球灵敏与柔韧素质训练的认知水平；初步形成高尔夫球灵敏与柔韧素质训练的体系。

课题一　灵敏与柔韧素质训练概述

一、灵敏素质

灵敏素质是指人体在各种突然变化的条件下，能够迅速、准确、协调、灵活地完成动作的能力，是人体各种运动技能和身体素质在运动中的综合表现。大脑皮层神经活动过程的灵活性及分析综合能力，是灵敏素质的重要生理基础，因此可通过训练改善和提高各感受器官的功能，以增强灵敏素质。此外，在体育锻炼的实践中，掌握的运动技能愈多，大脑皮层中暂时神经联系的接通就愈迅速、准确，动作也愈灵巧。灵敏素质是运动技能、神经反应和各种素质的综合表现。灵敏是人体各种运动能力在运动过程中的综合体现，良好的灵敏性有助于更快、更多、更准确、更协调地掌握技术和练习手段，使已有的身体素质充分、有效地运用到实践中去。在击球失误、落点不佳以及身体突然不适等情况发生时，为了及时调整自己的身体状态和运动思维来应对这些突发情况等，需要进行日常的灵敏素质训练。

神经系统兴奋与抑制过程转换的灵活性与运动中肌肉的基本张力有关，特别是中枢神经系统调节对于肌肉之间的协调性改善以及肌肉紧张和放松的调节能力的提高是至关重要的。这就是通常要求运动员做动作要放得开、别紧张的原因。研究证明，训练水平高的人，肌肉的随意放松能力很高，这与中枢神经系统支配骨骼肌的神经细胞的抑制深度有关。

二、柔韧素质

柔韧素质是指人体各个关节的活动幅度以及肌肉、肌腱和韧带等软组织的伸展能力。运动员的肩、腰、髋、腿等部位均需要具备特殊的柔韧性，才能在运动中表现出大幅度的活动范围。

柔韧性差，会影响掌握动作技能，还会限制力量及速度、协调能力的发挥，甚至会造成肌肉、韧带损伤。在运动教学训练中，既要解决运动员的软开度问题，又要重视运动员的韧性问题，取得柔中有刚和刚中有柔的效果。为此，需要深入研究柔韧素质的训练问题。

（一）柔韧素质训练的分类

柔韧素质训练可分为主动柔韧素质训练和被动柔韧素质训练两种。

主动柔韧素质是指运动员依靠相应关节周围肌群的积极工作，完成大幅度动作的能力。主动柔韧素质训练培养运动员的柔韧能力，也起到发展力量素质的作用。例如，训练正、侧、后踢腿时，要求运动员的腿能踢得高、幅度大、速度快而有力，达到既有柔性又有韧性的效果。反过来，力量素质的发展又能促进主动柔韧性水平的提高。

被动柔韧素质是指运动员被动用力（或借助外力）时，关节所能达到的最大活动幅度。被动柔韧素质训练是发展主动柔韧素质的基础。

（二）影响柔韧素质提高的因素

肌肉、韧带组织的弹性不仅取决于性别、年龄，而且取决于中枢神经系统的兴奋度。情绪高涨时，柔韧性会增大。因此，柔韧素质训练要从少儿抓起，练习时的情绪也不可忽视。

关节的骨结构是柔韧素质最不易改变的因素，基本上由遗传决定。如先天骨盆形态偏平，其髋关节开度就好。关节周围组织体积大小对关节活动幅度有限制作用，受先天和后天训练的影响。如有些肌肉体积增大后，就会影响其周围

关节的活动幅度。因此，对运动员来说，控制肌肉体积的增大是极其重要的。

（三）种类及特点

柔韧素质从其与专项的关系看，可分为一般柔韧性与专项柔韧性。一般柔韧性是指为适应一般技能发展所需要的柔韧素质，专项柔韧性是指专项运动需要的特殊柔韧性。专项柔韧性是具有较强选择性的，因此，同一身体部位具有的柔韧性因项目的需求不同而在幅度、方向等表现上也有差异。

柔韧素质从其外部运动状态的表现看可分为动力性柔韧性和静力性柔韧性。动力性柔韧性是指肌肉、肌腱、韧带根据动力性技术动作需要，拉伸到解剖学允许的最大限度，随即利用强有力的弹性回缩力来完成所要完成的动作的能力。所有爆发力前的拉伸均属于动力性柔韧性。静力性柔韧性是指肌肉、肌腱、韧带根据静力性技术动作的需要，拉伸到动作所需要的位置角度，控制其停留一定时间所表现出来的能力，高尔夫球员保持上体前压转髋的姿势等就是这种能力的体现。动力性柔韧性建立在静力性柔韧性的基础上，但必须要有力量素质的表现。

课题二　灵敏与柔韧素质训练的方法

一、灵敏素质训练

灵敏素质分为一般灵敏素质和专项灵敏素质，前者指适应一般活动的灵敏素质，后者指符合专项需求的特殊灵敏素质。

（一）主要练习方法

高尔夫球运动的灵敏协调是通过动作力度来表现的。它是衡量高尔夫球员竞技水平的重要标志，也是体现专业体能的重要标志。高尔夫球动作要求积极快速、刚劲有力、力度感强。无论上肢、下肢和躯干动作，都有明显的"加速"和"制动"，以充分表现力度。因此，灵敏协调动作力度是体现高尔夫球员体能水平的重要标志。

灵敏协调素质在高尔夫球训练中主要表现为身体的灵敏协调能力。在练习过程中多采用以下练习方式：配合中高音乐进行基本步法训练，手臂的基本动作或组合动作随音乐节奏进行练习，上肢和下肢相互配合训练，躯干及肩、髋关节进行协调性训练。

1. 步伐练习动作

组合一（见图6-5-2-1）：

1~4：左脚开始两次侧并步。

5~8：右脚开始两次侧并步。

图 6-5-2-1 组合一

组合二（见图6-5-2-2）：

1~6：2次三拍漫步。

7~8：2次踏步转体360度。

图 6-5-2-2 组合二

组合三（见图6-5-2-3）：

1~4：2次开合跳。

5~8：慢速开合跳。

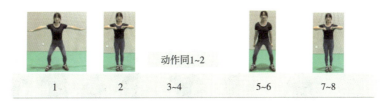

图 6-5-2-3 组合三

组合四（见图6-5-2-4）：

1~2：右脚开始后吸腿，交叉步侧跳。

3~4：上步提膝，左脚向右侧漫步转体270度。

5~8：动作相同，方向相反。

图6-5-2-4　组合四

组合五（见图6-5-2-5）：

1~2：脚跟前点地跳。

3~4：反方向提膝跳。

5：向一侧迈步。

6~8：漫步，并腿。

图6-5-2-5　组合五

组合六（见图6-5-2-6）：

1~2：V字步。

3~4：转体180度。

5~8：A字步。

图6-5-2-6　组合六

组合七（见图6-5-2-7）：

1~2：左脚前并步。

3~4：右脚漫步转体180度。

5~6：向右举腿跳。

7~8：半蹲，并腿。

图 6-5-2-7　组合七

组合八（见图6-5-2-8）：

1~4：左脚向斜前方上步后屈腿。

5~8：同1~4方向相反。

图 6-5-2-8　组合八

组合九（见图6-5-2-9）：

1~4：V字步转体90度。

5~8：向前走三步提膝。

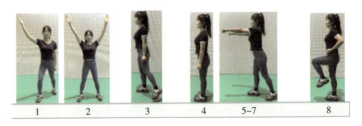

图 6-5-2-9　组合九

组合十（见图6-5-2-10）：

1~4：2次左脚开始向后弹踢腿。

5~6：左右弓步。

7~8：半蹲，并腿。

动作同1~2
方向相反

图 6-5-2-10　组合十

2. 上下肢相互配合训练动作

上下肢配合练习可采用半仰卧交替屈髋收腿、单臂上举仰卧起坐、坐姿两头起等练习形式。

身体形态及表现力练习需要有较好的身体力量基础。因此，这就要求身体的各个部位，特别是上下肢、腰腹以及踝、膝、手腕、手指都进行专门的全面的力量强化训练，旨在发展各运动环节的肌肉力量，达到综合力量提高的目的。

3. 身体形态及表现力练习——上肢姿态练习

上肢姿态练习包括：各种徒手体操中活动肩、肘、髋关节的动作练习，双手握肋木直臂压肩韧带，双手体后握肋木向前探肩，与同伴互扶侧身正侧压肩。

面向肋木站立，双手正握肋木做体前屈、挺胸、上体向下振动等练习。练习时，感觉肩部肌肉拉伸与收缩，随着动作幅度增大努力拉开肩角。

背对肋木站立，双手背握肋木向前探肩。练习时，感觉肩部肌肉拉伸与收缩，随着动作幅度增大努力拉开肩角。

4. 身体形态及表现力练习——下肢柔韧练习

单手扶杆做前踢、侧踢与后踢，也可以做行进间踢腿。运动时，感觉大腿与小腿肌肉拉伸与收缩，努力踢到最大高度；让同伴帮忙，将自己前举腿抬起逐渐扳至自己胸前，感觉大腿根部与髋关节肌肉拉伸与收缩，努力抬到最大角度。

5. 身体形态及表现力练习——躯干姿态练习

两腿并直站立做体前屈，双手伸直，用手指尖触碰自己的脚踝、脚面或者地面；并腿或分腿坐在地上，上体尽量前屈，双手伸直手指尖触碰自己的脚踝或脚面。练习时可让同伴帮忙按压背部。

6. 身体形态及表现力练习——表现力训练

表现力训练可通过节奏变化进行，教练应为球员提供多变的音乐节奏，让他们从快、慢、变中体验肌肉的收缩与放松，体会肌肉收缩与放松的协调性。训练时，教练应鼓励球员让身上尽可能多的肌群同时运动，增强其表现张力。

练习不同的套路动作或反复练习同一套路以加强肢体动作和面部表情训练。此外，还可以通过模拟比赛训练法进行训练，有意识地营造喧闹的气氛，或模拟正式比赛的裁判员评分、组织观众参观等环境氛围等进行专门高尔夫竞技水平的训练，来提高表现力。

（二）其他练习方法

1. 发展灵敏素质的方法

由于灵敏素质是人体综合能力的表现，发展灵敏素质必须从全面发展身体素质的综合能力入手，重点培养掌握动作的能力、反应能力、平衡能力等。主要练习方法有：

（1）固定转换体位的练习，如各种穿梭跑、8字跑和折返跑等，这些练习主要发展人体的基本灵敏能力。

（2）在跑、跳中做迅速改变方向的各种跑、躲闪、突然启动以及各种快速急停和迅速转身等练习。

（3）突然发出各种指令信号，练习者接收信号后，迅速做出应急反应，这种方法主要用于提高人体应用灵敏的能力。

（4）做器械、体操、武术中的一些复杂动作练习，以及速度、动作、力量、高度、方位等经常变化的不对称练习和各种球类活动。

（5）做复杂多变的综合练习，例如，做由"之字跑"、"躲闪跑"、"穿梭跑"和"立卧撑"四项组成的综合性练习。

（6）专门练习，如立卧撑跳转180度连续进行、上步纵跳、左右弧线助跑、单腿起跳、旋转360度连续进行等。

（7）变速和变向练习。在跑、跳过程中快速、协调、准确地完成各种动作，如变向、变速、急停、急起、转体等。

（8）其他方式的练习。按各种信号做应答反应的游戏和各种变相的追逐游戏，专门设计各种复杂多变的练习，如"躲闪跑""穿梭跑"等。

2. 注意事项

（1）灵敏性的全面提高有赖于多建立有严格要求的条件反射。也就是说，学会正确的、随意的动作，越多越好。因此，要重视学习和掌握各种运动技能。

（2）灵敏素质是由大脑皮层神经活动过程的可塑性和灵活性所决定的，前者表现为对动作的掌握能力，后者表现为对参加运动肌群的控制、指挥能力。灵敏素质与复杂的运动反射速度及准确性密切相关，这要求练习时有较强烈的欲望，有明确的目标追求，减少不动脑筋的盲目重复练习。

（3）锻炼灵敏素质应在体力较好时进行，练习负荷强度要大，每次负荷持续时间不宜过长，重复次数也不宜太多，间歇时间要充分，以不产生疲劳为限度。

（4）人在疲劳时灵敏性会变差。因此，不断提高自己的耐力水平，对保持灵敏性有积极的作用。

（5）灵敏素质是一种综合素质，与力量、速度、协调等素质有密切关系，尤其是反应速度、动作速度、爆发力和协调性等对灵敏素质影响最大。因此，发展灵敏素质应从这些基本因素着手，可结合所锻炼项目的运动特点，设计切合自己实际的锻炼内容。

（6）灵敏素质应从小抓起，少儿阶段是发展灵敏素质的关键时期。同时，在发展灵敏素质时，应加强心理素质培养，避免因紧张和恐惧心理而导致反应迟钝，动作的协调性下降，影响正常动作的发挥。

二、柔韧素质训练

（一）主动拉伸练习是依靠自身力量，提高关节伸展性的方法

主动的动力拉伸练习是依靠自身的力量，将肌肉、肌腱、韧带等软组织拉长，提高其伸展性的方法。如踢腿练习，可采用负重和不负重的拉伸练习。

主动拉伸还可采用静力拉伸练习法。在动作幅度最大的情况下，依靠自身肌肉力量保持静止姿势的练习。例如，在把上做控腿、探海、冲天炮等动

作时，要求在规定时间内，保持静止不动姿势。这是提高肌肉控制能力的有效办法。

（二）被动拉伸练习是依靠外力的作用，促使关节灵活性增大的方法

被动的动力拉伸练习是依靠教练或同伴的助力拉长韧带、肌肉的练习。例如，依靠同伴的助力，逐渐提高后踢腿或前踢腿的动作幅度。

被动的静力拉伸练习是由外力来保持固定姿势的练习。例如，依靠同伴的力量来保持高举腿的最大幅度。

（三）发展身体的柔韧性，主要通过一些锻炼项目进行提高

1. 压腿

压腿的几种方法中正压腿是基础，也是练习较吃力的方法，压腿时注意要动作规范，分步进行，由轻到重，由低到高，先拉后压，由近及远，意志坚强，持之以恒。

2. 踢腿

踢腿是训练柔韧性的最重要的一步，它可以巩固压腿的效果，也为实际训练打下坚实的基础。踢腿时注意起腿要轻，踢时要快，落腿应稳。良好的柔韧性不仅不会妨碍生长，还有利于生长。进行柔韧性的训练，不可能一点苦都不吃。采用科学方法并保持一颗平常心，一定可以做到。

3. 上肢练习手段：蝴蝶转身姿势（借助拉力器）

以打高尔夫球的姿势站立，将拉力器放在背后，接触肩胛骨。将肚脐吸向脊椎，调动腹肌。将气吸入，转动肩部和躯干，仿佛上杆到达了顶点。呼气，转向左边，重复10次。将注意力集中在腹部肌肉以及肩部的转动上。此动作的练习可以加强上肢肩部及手臂的柔韧性。在挥杆过程中，尤其是上杆的技术动作中，可以提高动作幅度，使肩、臂及背部充分伸展，加大挥杆的初速度，对力量尤其是速度力量的发挥有着重要影响。

4. 下肢练习手段：仰卧，以手拉脚

这是传统的肌肉拉伸方法。仰面躺在地板上，用右手拉住右脚掌，将双脚折向自己，在呼气的时候将右脚后跟举向天花板，左脚后跟向外伸展。尽量将脚趾张开，活动足弓。微弯右膝，吸气，完全伸直腿部。在呼气的时候，调动股四头肌，保持5秒钟。稍微放松，重复10次。然后，完全舒展肢体，保持这个姿势30秒钟。之后切换至身体另一侧，以同样的方法重复前面的动作。

此练习手段主要用于加强下肢大腿后群肌、膝盖及小腿三头肌的柔性。挥杆过程主要是以脊柱为轴心进行转动的过程，下肢的腿、髋、膝部在身体的转动过程中，随着身体重心的变化，起着很重要的支撑作用，而下肢的柔韧练习有助于帮助球员提高身体的协调性、下肢的稳定性，帮助其更大幅度地完成重心转移动作，对球员保持挥杆技术的稳定性起着重要作用。

5. 腰腹练习手段：转动躯干锻炼（借助拉力器）

将拉力器的一端固定，或者腕部挂一重物。身体直立，屈膝，将肚脐提向脊柱，转身。此时，臂膀随躯干转动。如此重复 10~20 次，然后切换至另一侧，以同样的方法练习前面的过程。腰腹柔韧性的锻炼能够使球员灵活且更大幅度地完成挥杆动作，更加协调、顺利地完成上挥杆、下挥杆，以及击球和结束动作，对整个挥杆过程中身体的控制及击球可控性的提高有着关键作用。

（四）泡沫滚轴放松法、瑜伽球拉伸法和徒手拉伸法

柔韧性练习与疲劳恢复相结合，并通过生物适应过程产生超量恢复，提高机体机能。

1. 泡沫滚轴放松法

泡沫滚轴可以缓解肌筋膜粘连，快速清除肌肉堆积的代谢产物，减轻疼痛感，放松肌筋膜和肌筋膜触发点，减小肌张力。同时，泡沫轴滚压可以促进筋膜放松，是按摩和牵拉相结合的放松方法，可以按摩深层筋膜触发点，减小筋膜软组织张力，放松肌肉。

2. 瑜伽球拉伸法

背部贴紧瑜伽球，手和脚分开与肩同宽，手臂向后伸展直到碰地。下背部靠近瑜伽球，降低臀部，腹部向上拉伸保持30秒，放松并重复以上动作。

3. 徒手拉伸法

身体保持直立，双手贴紧双侧。身体向左侧慢慢弯曲，左手同时向下滑动，到底部时保持片刻回到起始位置。重复以上动作 10 次左右再换另一侧动作。

提高身体柔韧性，不仅能扩大关节韧带的活动范围，有利于提高身体的灵活性和协调性，还能使僵硬的肌肉得到松弛，防止肌肉痉挛，减轻肌肉疲劳。同时，柔韧素质也是高尔夫球技术协调用力的一个必备素质。

（五）瑜伽练习法

瑜伽流派众多，本课程选择瑜伽体系进行训练，在柔和的音乐中每个体式保持 2~4 分钟，在舒适的体位中有效拉伸关节、筋膜、韧带，不仅能有效提升身体的柔韧性，还能促进心理的平和，提升专注能力，对于高尔夫球技术稳定发挥具有一定的积极作用。

1. 训练内容与方式

训练内容主要是针对肩关节、脊柱、侧腰、髋部、臀部、双腿等肌肉、关节部位的拉伸。训练方式选用以被动拉伸为主的瑜伽方式。

2. 注意事项与要求

整体动作要求，全身肌肉放松，在放松中保持动作，意识专注于拉伸部位，在呼吸中体式逐渐深入。

针对不同部位柔韧性的体式练习：

肩关节体式：融心式、侧躺展臂式、下犬式。

脊柱后弯：人面狮身式、海豹式。

侧腰拉伸：侧蜻蜓式。

侧腰扭转：仰卧脊柱扭转式。

髋部：蝴蝶式、鞋带式、仰卧束角式、蹲式、蛙式。

臀部：龙式、睡天鹅式。

腿后侧肌群：龙式、侧弓步式、下犬式、悬挂式。

大腿前侧股四头肌：马鞍式。

放松体式：婴儿式、快乐婴儿式、悬挂式、僵蚕式。

3. 体式组合练习

根据循序渐进的原则，编排三套体式，每套体式 70 分钟左右。

（1）体式组合一：冥想调息—蝴蝶式—蜻蜓式—人面狮身式—婴儿式—海豹式—婴儿式—半鞋带式—快乐婴儿式—仰卧扭转式—僵蚕式—结束冥想。

（2）体式组合二：开始冥想—蛙式—婴儿式—人面狮身式—婴儿式—鞋带式—睡天鹅式—毛毛虫式—龙式—下犬式—婴儿式—僵蚕式—结束冥想。

（3）体式组合三：冥想调息—侧躺展臂式—融心式—人面狮身式—海豹式—婴儿式—龙式—侧弓步式—侧蜻蜓式—马鞍式—悬挂式—蹲式—快乐婴儿式—仰卧束角式—躺卧扭转式—僵蚕式—结束冥想。

4. 体式方法与功效

详见表6-5-2-1。

表 6-5-2-1　体式方法与功效

序号	动作名称	方　法	功　效
1	冥想调息	选择舒适的坐姿，可以简单盘坐，也可以坐在凳子上，或者采用跪姿，让后背脖颈自然挺直，让全身都放松下来，尽量深长缓慢地呼吸，不要停顿。放下一切心事，将思绪集中，观察吸气时气息进入鼻孔，观察呼气时气息从鼻孔呼出，以此来帮助自己集中注意力。当你学会集中注意力以后，再进入下一步：什么都不想，心无杂念。这时，你不再受各种思想控制，开始寻找真正的自己，慢慢地，会发现自己变得越来越开阔、平和、大气！	增加身体的氧气，使血液得到净化，强化肺部组织的力量，全方位地缓解压力，使浮躁不安的情绪趋于平静，达到气血流畅、阴阳平衡、身心愉悦的效果。可以说，冥想调息法是一种有效的心理调节方式，也是一种使身体达到平衡状态的方法
2	蝴蝶式	1.坐在地上，让两个脚心相对，保持上体直立 2.让双手十指交叉放在脚趾的前方，尽可能地让脚跟往会阴的地方内收。 3.练习者需将身体尽可能向上立起，然后将双手手掌放置双侧膝盖的上方，保持匀速呼吸，同时压动双侧膝盖，保持动作30到60秒。 4.吸气，将双侧膝盖内收，双手抱住小腿前侧放松一下背部，准备第二次练习	对骨盆有益，能促进血液流进背部和腹部
3	蜻蜓式	1.简易坐，双腿向两侧打开到你可以忍受的程度。 2.吸气时脊柱延展，吐气时双手体前撑地，上半身慢慢向前向下，背部自然拱起。双脚自然放松，不需要刻意地勾脚。如果可以，屈手肘带动身体继续向前向下，最后双手上下交叠，额头放在手背上，全身放松，保持不动。 3.吸气，双手慢慢往回收，脊柱一节一节慢慢向上抬起上半身，最后再抬头。双手抓住膝盖内侧，将双腿缓缓地收回来。双膝并拢，双手环绕双腿停留一会儿，释放紧张和压力	可以很好地释放压力，改善下肢的血液循环，同时温和地打开髋关节、会阴和大腿后侧以及膝关节内侧的韧带

续表

序号	动作名称	方　法	功　效
4	人面狮身式	1. 俯卧，下巴点地，双腿伸直并拢，双手自然放在身体两侧，掌心贴地。 2. 屈肘，两小臂向前平行伸直，掌心向下贴放在头部两侧的地上。 3. 吸气，慢慢把头和胸腔抬离地面，两前臂平放在地面上以支撑身体，看向斜上方。 4. 呼气，身体慢慢还原至初始姿势	锻炼手臂关节、心脏和颈部肌肉
5	婴儿式	1. 跪立在垫面上，双脚并拢（亦可打开与垫面同宽），大脚趾贴靠；双腿并拢、臀部坐向脚后跟。 2. 吸气，延展脊柱。 3. 呼气，身体前倾，腹部贴靠大腿，前额点地，脖子放松。双手自然放在身体的旁侧，靠近脚后跟，亦可向前伸展手臂，掌心贴地	放松全身，缓解身体疲劳，减轻精神压力
6	海豹式	1. 从俯卧开始，双手向两侧打开，手指尖朝外。 2. 吸气，上体抬起，抬头眼看前方，拉长脊柱。 3. 呼气，臀部放松，舒展双腿。停留1~2分钟	有效地挤压和刺激骶髂腰肌，调整脊柱
7	半鞋带式	1. 坐姿，身体前倾或者后倾的伙伴可以将臀部下方垫毯子。 2. 屈膝关节，脚掌心踩地，将弯曲的右腿放在左腿外侧。 3. 吸气，脊柱延伸；呼气，身体前屈，双手放在体侧或放在体前，下方的腿向前伸展并放松。 4. 背部放松，静态停留3~5分钟，收回腿位，换另一侧练习	极好的开髋体式，可以有效减轻下背部的压力，缓解腰背疼痛
8	快乐婴儿式	仰卧在垫子上，屈双膝，双手握住外脚板，保持脊柱延展，放松保持	按摩脊柱，缓解双腿肌肉疲劳，打开髋关节

续表

序号	动作名称	方　法	功　效
9	仰卧扭转式	1. 仰卧在垫子上，两臂侧平举。 2. 吸气，左腿上抬。 3. 呼气，屈左膝，左脚踩在右膝盖上，抬右臂，右手放到左膝盖上。 4. 吸气，延展脊柱。呼气，右手将左膝压向右侧垫面。 5. 保持2~3分钟，吸气还原，反方向练习	改善消化系统和循环系统的功能；伸展脊椎和肩部，强化下背部力量；舒展胸部和髋部
10	蛙式	1. 从四角板凳式开始。 2. 双腿向两侧滑动，远离躯干，大小腿90度，脚背和小腿90度。右膝和小腿慢慢滑到右边，同时，手肘放松，放低髋部，胸腔向垫子靠近。 3. 用双手（或瑜伽砖）枕住头部。 4. 髋部可在舒适范围内降至最低，保持姿势，至少做3次深呼吸	打开髋关节
11	鞋带式	1. 坐在瑜伽垫上，弯曲左膝并抬起，越过右大腿来到右臀外侧，脚背贴地，再弯曲右膝来到左臀外侧，脚背贴地，双膝交叠于身体正前方。呼气，尾骨内卷，腰背挺直，坐骨坐实于地垫。 2. 吸气，双手由前向上举过头顶，腹部内收，胸腔上提并向外打开，脊柱向上无限延展。 3. 呼气，以髋为折点，身体向前向下，双手落于前方地面，眼睛看向地面，始终保持肩膀放松，坐骨不离开地面，感受臀部外侧的拉伸，保持顺畅的呼吸1~3分钟。 4. 吸气，抬头，身体向上收回。呼气，双腿伸直，再进行反侧练习	灵活髋关节、踝关节，使其附属韧带更强壮

续表

序号	动作名称	方 法	功 效
12	睡天鹅式	1. 下犬式准备。 2. 吸气，右腿上抬，呼气，迈右腿向前一大步，放在身前髋部的下方，右小腿尽量横放90度，上半身保持挺直，手臂支撑在身体前方的位置上。 3. 左脚脚背贴地，感受脊柱的拉伸，在这个姿势保持几组呼吸。 4. 吸气，延展脊柱。呼气，手臂进一步放在身前，屈肘，大小臂垂直90度，手肘落地，上半身向前倾。 5. 髋部中正，手臂向前伸直，前额点地，在这个姿势保持几组呼吸，换边重复	灵活髋部
13	毛毛虫式	1. 直角坐姿。 2. 吸气，延伸脊柱。呼气，上体自髋部开始前屈，腹部内收，眼睛看向肚脐方向。双手放双腿两侧。双腿放松。保持3分钟。 3. 吸气，脊柱一节节还原成直立。 4. 呼气，全身放松	有效预防背部肌肉群僵硬，柔韧整条脊柱，灵活背部
14	下犬式	1. 四角板凳式开始，双手十指大大分开。 2. 勾脚尖，吸气，双手推臀向后向上。 3. 呼气，双腿与坐骨同宽，双脚后跟压实地面。保持腰背部延展，膝盖无法伸直的可以微屈膝	增强手臂和腿部韧带的柔韧性和肌肉力量，强化背部力量
15	龙式	1. 下犬式开始。 2. 吸气，向后抬高右腿。 3. 呼气，右腿向前跨，置于两手之间，屈左膝，左膝脚背着地。保持顺畅呼吸，在此维持3分钟	深入打开关节窝，打开髋部，有效地滋养脚踝和下部
16	侧弓步式	1. 接上龙式，左腿在前，大小腿垂直地板。左脚脚跟抬起，上体向右转动。 2. 左手肘撑地，右手放于右腿前撑地。 3. 右脚尖向上，感受右腿内侧肌肉的拉伸	侧弓步是一种有效的下肢运动，可以增强股四头肌、臀肌和腘绳肌，同时还可以锻炼大腿内侧和外侧。通过左右运动而不是传统的前后弓步运动，可以锻炼大腿肌肉，同时锻炼平衡和稳定性

续表

序号	动作名称	方 法	功 效
17	侧蜻蜓式	1. 接上侧弓步式，右腿在前，左腿侧伸展。 2. 臀部后移动，坐在垫子上。 3. 屈右膝，右脚靠向会阴，保持左腿伸展。 4. 吸气，右手边臂上抬。呼气，屈右肘，右手落于头后。 5. 左手肘在左腿上支撑，手托住头部，保持顺畅呼吸	温和地打开髋关节、会阴穴和大腿后侧的韧带，同时打开膝关节内侧韧带；拉伸侧腰韧带，预防背部肌肉群僵硬
18	侧躺展臂式	1. 俯卧在垫子上。 2. 左手臂侧伸，掌心向下。 3. 右手撑地，屈右膝，右脚踩在左膝的后侧，上体向右侧翻转。右手可以腹前撑地，也可以放到腰背部，保持顺畅呼吸。 4. 动作还原，反向练习	打开肩关节
19	融心式	1. 四角板凳式跪立在垫子上，双腿分开与骨盆同宽，大腿垂直地面。 2. 双手分开与肩膀同宽，手臂垂直地面。骨盆端平，脊柱延展。 3. 吸气，延展脊柱。 4. 呼气时尽可能保持大小腿垂直。胸腔下沉，双手臂向远处伸直，额头触地。头颈背部放松。尽量在融心式保持3~5分钟	心包经很好伸展，使上背部柔软
20	马鞍式	1. 跪立，双膝打开。 2. 上体向后仰卧过程中，推髋卷尾骨，坐骨向前送，打开腹股沟。 3. 背部靠在地面上或者抱枕上，双臂可以伸过头顶	强烈地打开骶腰肌，伸展臀部区肌和骨四头肌，对脊柱和膝盖、踝关节有好处
21	悬挂式	1. 双脚分开站立于垫子短边前端1/3处吸气，双臂上举。呼气，手臂随身体向前向下，放松肩颈、背部和双臂。 2. 呼吸自然，均匀地呼吸。 3. 肩颈和双臂放松	可以使人集中注意力，提高思维能力，使大脑更加灵活，反应灵敏

续表

序号	动作名称	方　法	功　效
22	蹲式	站在瑜伽垫上，双腿分开，双手放在大腿内侧，屈膝，双手在体前握拳下沉，大腿与膝关节平行，身体尽量放松，保持两三分钟，身体恢复原状即可	当下蹲时，身体的重量向下压挤腿部肌肉中的血管，加快下肢的静脉血液流向心脏

训练检测

1. 如何安排灵敏素质训练？
2. 如何安排柔韧素质训练？

任务六　高尔夫球节奏素质训练

活动场地 / 环境

多媒体教室、形体训练房。

任务要求

1. 了解高尔夫球节奏素质训练的概念和分类；
2. 了解高尔夫球节奏素质训练的方法。

能力训练

掌握高尔夫球节奏素质训练的概念和分类，能够有意识地提高对高尔夫球节奏素质训练的认知水平；初步形成高尔夫球节奏素质训练的体系。

节奏是自然、社会和人的活动中一种与韵律结伴而行的有规律的突变。用反复、对应等形式把各种变化因素加以组织，构成前后连贯的有序整体（即节奏），是保证体育运动流畅性的重要手段。

一、高尔夫球节奏素质训练

挥杆节奏是高尔夫球运动中非常重要的部分。从开始入门，就要寻找属于自己的挥杆节奏。只有通过很多的练习才能形成良好的挥杆节奏。图6-6-1是左右比较连续的挥杆练习。

不管是动作简单的推杆，还是切杆、半挥杆、全挥杆等，都要有正确的挥杆节奏。推杆中保持一定的挥杆速度是非常重要的，在此过程中不能有停顿或突然加速的动，否则会打乱挥杆的节奏。

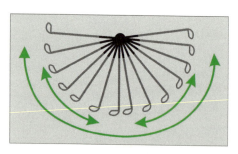

图6-6-1　左右比较连续的挥杆练习

　　所有的打球者都要有适合于自己的挥杆速度和节奏。小孩要有小孩的挥杆速度，女性要有女性的挥杆节奏。总的来说，要找寻适合于自己的以挥杆轴线为中心的一贯的挥杆速度和节奏，通过练习使之习惯化。

　　练习挥杆速度与节奏的方法有 3 节拍练习法、2 节拍练习法及呼吸练习法等。

　　3 节拍练习法是从上杆到上杆顶点，口中默念"1，2"，下杆时默念"3"的练习方法，即上杆比较缓慢而下杆比较快的节奏练习方法。大卫·李德贝特又称之为"1 和 2 的练习法"，即在"1"时上杆到顶点，"和"时开始转换，"2"时下杆并完成击球和收杆动作。练习时也可以跟着节拍像唱歌一样喊出来。

　　2 节拍练习法是尊尼·米勒提出来的，在"1"时上杆到顶点，"2"时下杆。这种节奏比较容易掌握击球时机，对性格急躁的人比较有效。

　　不急不慢的击球前例行准备动作也是相当有必要的。

　　在以上两种练习方法的基础上，结合呼吸调节效果更好。在"1"时呼气，"2"时停止，"3"时再吸气；或者"1，2"时停止呼吸，"3"时再呼气等。总之，要根据自己的感觉进行调节。

　　挥杆速度是指挥杆动作开始到结束所需的时间快慢。这种挥杆速度与球杆的长短及挥杆的种类都无关，无论是全挥杆还是短击球，都要保持相同的挥杆速度。

（一）击球时机

　　击球时机是指杆面与球接触的瞬间，它对击球距离及方向都会产生影响。在挥杆动作中有停顿的现象或手臂和身体的动作不够协调，都有可能丧失击球时机。除在上杆顶点及收杆外，在上杆和送杆的过程中，前臂与身体要保持一个整体，动作不能分离，如果有分离的动作，就有可能失去击球时机。

（二）破坏挥杆节奏的三个原因

1. 失去平衡

　　如果失去平衡，就意味着挥杆动作的失败。如果挥杆轴线发生移动，就会出现高尔夫挥杆错误中最致命的身体摆动现象。

　　失去平衡的原因是视线随着挥杆动作发生了移动。为了防止视线移动，从上杆到送杆，眼睛都要盯着一个地方（使用木杆盯住球后面的一个点，使用铁杆盯着球的后部）。

另外，初学者经常犯的错误是提前抬头。挥杆时在头脑中想象自己提前抬头的挥杆动作，实际挥杆中就不会提前抬头。这种方法比较有效。

2. 手臂提前打开

急于看击球的结果而使手臂提前打开也会破坏挥杆的节奏。双手提前打开，惯性是一个方面的原因，而双手离球杆太近也是一个原因。为了防止发生这种现象，眼睛要盯住球的后方，注意下半身的动作，感觉挥杆动作是在腹部（重心所在处）和左腰（要支撑转移过来的体重）处完成的。身体的节奏是关键。

3. 对击球距离的贪欲

谁都想打出一记漂亮的击球，如果这种欲望转变成发力，就会破坏节奏，挥杆也就失败了。

从站位开始到上杆、下杆，如果有力量性动作，身体就显得僵硬，也不可能正常挥杆，造成左曲、右曲、打地或"剃头"的失误。不管怎样，都要以一贯的速度和节奏做出柔和的挥杆动作。

（三）挥杆节奏的丧失

挥杆动作中，比较容易丧失节奏的是上杆顶点到下杆的转换阶段，将上杆和下杆动作分割开来理解是主要原因。上杆、下杆动作应该是连贯的挥杆动作，从上杆顶点到下杆，应该是平滑的转换过程。刚到上杆顶点就想击球，自然会发生下杆过快的情况，或是还在想是否上杆到位，就会出现停顿的情况，当然也打乱了正常的节奏。

为了保持正常的挥杆节奏，击球准备时就应该放松身体肌肉，消除紧张感。握杆松紧适度，否则会引起手臂和肩部的肌肉紧张。只有身体放松，才能有柔顺的挥杆节奏。

（四）修复节奏诱导练习

要想让双臂和身体同步移动，可用两支球杆做半挥杆练习，增加的重量将有助于引导身体和双臂恰如其分地协调动作，令人惊讶的是，身体核心和双臂之间能找到如此完美的动态平衡。

二、节奏改善

节奏是具有同一强度和同样时间内运动的规则性重复。美学家朱光潜先生认为，节奏是一切艺术的灵魂。对高尔夫球节奏，各人有不同的理解。高尔夫球节奏更多是指打球速度和挥杆的节奏，是一种感觉或一种状态，是一种不慌不忙、从容自如、淡定自如、一气呵成的感觉，是保持流畅性的感觉。挥杆的节奏决定了能否把杆头以正确的角度和速度送到击球点，精确地控制时间使击球的手腕打直，并以最快速度通过击球区。控制好挥杆节奏，才能把握动作的一致，减少击球的失误率。

　　挥杆节奏因人而异。在挥杆过程中各部分的时间比例应保持一致，包括上杆，上杆顶点停留，开始下杆到击球，最后收杆。不急不缓地上杆，上杆顶点短暂地停留，平顺地转换至下杆平面，下杆时平稳地加速，然后在挥杆弧底使出力道，以这样的节奏挥杆击球，杆头的速度和力道在击球一刹那达到最高点。高尔夫球运动通过对动静、张弛、收放的对比与转化，形成强烈的节奏感，并将动作的节奏感转化为人心里的节奏，引起共鸣，使人体验到韵律美。

　　准备姿势是动作开始前的身体姿态。应保持屈膝缓冲动作，使身体获得较好的稳定性，抓住动作的核心点，引导球员体会跳台阶、跳起摸高、立定跳远的运动感受，使其形成动作记忆，为接下来的挥杆奠定基础。上肢参与的推、拉动作贯穿整个挥杆过程，通过玩杆来建立球杆与人的"感情"，诸如手指左右捻动球杆、手腕上下挑杆、手腕左右摆动球杆、杆头左右拨球等，这些简单的练习不仅能活动关节，而且能够达到器械与身体的融合。在日常教学与训练中，可以引导球员想象"打水漂、打陀螺"的生活体验，保持身体的稳定性，使击球瞬间杆头速度达到最大。躯干的扭转离不开转动轴和重心变化，并且在整个挥杆动作当中起到关键性作用。躯干扭转动作的意义在于提高动作的效果，主要体现在促进肢体摆动和增加动作的幅度与力量等方面。重心变化主要体现在上杆完成与下杆击球过程中。重心变化一定意义上对力量传递和挥杆节奏有重要影响。教学与训练中要求学生以躯干中心（脊柱）为轴，头部保持稳定，转肩达 90 度，配合髋部转动，重心移动平滑且上下起伏较小。

　　高尔夫球挥杆技术动作授课中，针对不同时刻动作的技术要求，特别是动作临界点的技术表现，要着重强调几点：首先，在教学过程中要着重强调挥杆节奏，即特定的时间需要特定的动作，快了或者慢了都会打乱节奏。一般来说，上杆顶点与下杆启动的临界点需要有较短的停顿。其次，从初始状态到上杆顶点阶段与上杆顶点到击球完成阶段的用时比约为 2 : 1。通过练习上下挥杆节拍，不断提高对高尔夫球挥杆节奏的把握。运动学强调人体各环节的相互配合，其中上杆至顶点后下杆的启动是学习高尔夫球的重难点。球员在练习过程中，偶尔说出感觉击球很舒服，这种舒服的感觉就是人体各环节相互配合的最优化诠释。要不断地建立这种感觉，直至形成动作记忆。再次，分析上杆顶点至击球瞬间动作阶段技术形成特征。此动作在开始阶段，右膝保持弯曲且处于拉紧状态，右脚、右膝、右髋在一条直线上，右外侧腹外斜肌离心收缩，右脚呈"抓地"状，使身体获得较强的扭转力。此阶段为蓄力过程，可以通过观察上杆顶点位置手指松弛状态下球杆是否自然落到右肩检验挥杆轨迹的合理与否。此方法在日常教学与训练中较为实用。伴随着左侧腹外斜肌的离心收缩，髋关节的启动发力，球杆获得速度的叠加，进入击球阶段。击球瞬间双手握杆位置与球的位置比较特殊。为保证击球瞬间手的位置先于球的位置，一般教学与训练中，要求球员加快肩部转动，切不可下杆时手的动作太快，这样容易造成用手打球的习惯，故在引导教学中，通过引导改变相关联动作进行修正。

优秀的高尔夫球员都有相对稳定的挥杆节奏。高尔夫球全挥杆动作技术分析中，上杆阶段的动作相对缓慢、平稳，尽可能将身体扭转至最大幅度，这个过程用于积蓄力量；下杆阶段要迅速，以完成击球为目标，要尽可能在短时间内将上杆阶段积蓄的力量释放出来，通过球杆转移到高尔夫球上。良好的挥杆节奏可以避免因其他挥杆技术问题导致的无效挥杆。挥杆技术问题可能是闭合的杆面、打开的胯部或是内扣的左手腕等，这些问题都会受到挥杆节奏的影响。比如，手腕的翻转问题导致的右曲球或者左曲球是下杆过程没有足够时间进行腕部位置调整导致的，可以通过调整上杆、下杆的时间来适应身体其他部位的运动。要让高尔夫球飞得既直且远，除需要良好的身体素质外，还需要把挥杆过程中身体积蓄的力量完美释放出来。挥杆是力量和速度的有机结合，挥杆的力量越大，杆头速度越快，击球时动量越大，传递给球的能量就越大，球就飞得更远。高尔夫挥杆技术并不是要全部释放身体力量，挥杆击球也要讲究策略和方法。挥杆过程中正确的上杆发力顺序是：手—臂—肩—髋—膝—踝—脚趾头。上杆开始时，手、臂、肩几乎同时发生动作，髋关节保持不动，手臂达到髋部高度时肩部转动，带动髋部向后旋转。挥杆至顶点时，肩部与髋部处于锁紧状态。下杆发力顺序与上杆发力顺序相反。

击球速度，即杆头撞击高尔夫球时的瞬时速度。击球速度与杆头击球瞬间的速度大小有关。击球瞬间杆头速度越大，击球速度越大，球道距离就越大。提高击球速度的关键就是增加杆头击球瞬间的速度。杆头速度与球员身体素质、球杆长短、挥杆动作有效性等相关。从挥杆动作维度分析，想要增加杆头速度，必须增大下杆时的挥杆速度，并且必须形成良好的挥杆节奏。

脊柱倾角与左右脚站姿都直接影响后续挥杆动作的有效性。挥杆时，身体上半部分太过直立或者弯曲角度太大都会影响挥杆效果。只有倾角合适才能保持优美且有效的挥杆，才能正确击出球，达到想要的落地效果。左右脚站姿，一般指两个脚掌保持平行且距离与肩部等宽。

保持正确的站姿对良好挥杆动作起到十分重要的作用。在准备上杆动作中，后脚（右手挥杆）直，前脚稍微打开。准备动作时双脚站的方向会影响挥杆过程中腰部转动的程度。

三、节奏素质训练建议

任何节奏素质训练都应强调挥杆的结构和挥杆平面，保持正确的发力顺序。

挥杆时，坚定自己设定的节奏，在意自己对挥杆快慢的处理会不会有太突然或拖沓的地方。要根据设定的节奏来支配杆头的处理速度。

动用节拍器，对于过慢或过快的节奏来说，可以借助耳听身动，提升身体的感受器与效应器的配合能力。把节奏器设置为中等速度（80次/分），节拍调为2拍，采用"1，2"节奏发声，让球员在节奏器提示下进行无球试推和推球练习。其中，无球试推分为两种练习方式：一种跟随节奏器来回摆动，体会节奏感觉；另一种从准备姿势开始，每试推1次以后等待1拍，从下一拍"1"开始时跟随节奏试推，充分体会整个过程的节奏感。在进行推球训练时，建议间接性地开启节奏器，让球员在节奏器提示下进行推球训练。

训练检测

1. 如何进行节奏素质训练？
2. 如何改善节奏？

任务七　高尔夫球赛前准备活动

活动场地 / 环境

多媒体教室、健身房、高尔夫球练习场。

任务要求

1. 了解高尔夫球赛前准备活动的概念和分类；
2. 了解高尔夫球赛前准备活动的练习方法。

能力训练

掌握高尔夫球赛前准备活动的概念和分类，能够有意识地提高对高尔夫球赛前准备活动练习的认知水平；初步形成高尔夫球赛前准备活动练习的体系。

课题一　准备活动概述

准备活动是运动前进行的活动。同时，运动后的放松整理运动也是必需的。虽然这会付出更多的时间，但是相对于因准备不当引发肌肉拉伤去看医生，这样做是划算的。一般在运动前应慢跑三五分钟，让血液加速循环，再伸展一下全身的肌肉和关节，使它们为后面要进行的运动做好准备。

一、概念

准备活动是指在比赛、训练和体育课的基本部分之前，为克服内脏器官生理惰性，缩短进入工作状态时程和预防运动创伤而有目的进行的身体练习。其为即将来临的剧烈运动或比赛做好准备。

二、生理作用

（一）调整赛前状态

准备活动可以提高中枢神经系统的兴奋性，调节不良的赛前状态，使大脑反应速度加快，参加活动的运动中枢间相互协调，为正式练习或比赛时生理功能迅速达到适宜程度做好准备。

（二）克服内脏器官生理惰性

通过准备活动可以提高心血管系统和呼吸系统的机能水平，使肺通气量及心排血量增加，心肌和骨骼肌的毛细血管网扩张，使工作肌能获得更多的氧，从而克服内脏器官生理惰性，缩短进入工作状态的时程。

（三）提高机体的代谢水平，使体温升高

体温升高可降低肌肉黏滞性，提高肌肉收缩和舒张速度，增加肌肉力量；在体温较高的情况下，血红蛋白和肌红蛋白可释放更多的氧，增加肌肉的氧供应；体温升高可增加体内酶的活性，提高物质代谢水平，保证在运动中有较充足的能量供应；体温升高还可以提高中枢神经系统和肌肉组织的兴奋性，使肌肉的伸展性、柔韧性和弹性增加，从而预防运动损伤。

三、生理机制

通过预先进行的肌肉活动，可以在神经中枢的相应部位留下兴奋性提高的痕迹，这一痕迹产生的生理效应能使正式比赛时中枢神经系统的兴奋性处于最适宜水平，改善调节功能，克服内脏器官的机能惰性，加快新陈代谢，有利于机体发挥最佳机能水平。但痕迹效应不能保持很久时间，准备活动后间隔45分钟，其痕迹效应将全部消失。

准备活动的时间、强度、内容、与正式运动或比赛的时间间隔等，都是影响准备活动生理效应的因素。一般认为，准备活动的强度以心率达100~120次/分、时间为10~30分钟为宜。此外，还应根据项目特点、个人习惯、训练水平和季节气候等因素适当加以调整，通常以微微出汗及自我感觉已活动开为宜。准备活动结束到正式练习开始的时间间隔一般不超过15分钟。在一般性教学课中准备活动以2~3分钟为宜。

四、如何做准备活动

一般来说，准备活动时主要应考虑准备活动的内容、时间和量，以及时

间间隔。

（一）内容

准备活动可分为一般准备活动和专项准备活动。一般准备活动主要是进行一些全身性身体练习，包括跑步、踢腿、弯腰等，作用是提高整体的代谢水平和大脑皮层的兴奋状态，减少运动损伤的发生；专门性准备活动是指与所从事的体育锻炼内容相适应的运动练习，如打篮球前先投篮、运球，跑步前先慢跑等。除非进行一些专门性运动和比赛，一般人只需进行一般性准备活动，即可开展正式的体育活动。

（二）时间和量

准备活动的时间和量随体育锻炼的内容和量而定，由于以健身为目的的体育锻炼量较小，所以准备活动的量也相对较小，时间不宜过长，否则，还未进行体育锻炼身体就疲劳了。半小时的体育锻炼，其准备活动的时间一般为 10 分钟左右。气温较低时，准备活动的时间也适当长一些，量可大一些；气温较高时，时间可短一些，量可小一些。

（三）要有时间间隔

与运动员正式参加比赛不同，一般人进行准备活动后就可马上进行体育锻炼，运动员做完准备活动后适当地休息是为了使身体机能有所恢复，以便在比赛中创造优异成绩。而一般人参加体育活动是为了增强体质，不是创造成绩，所以准备活动后接着进行体育锻炼即可。

课题二　准备活动的练习方法

一、赛前的准备活动

（一）静态伸展一

训练方式：静态伸展。

训练部位：颈部前侧肌群（胸锁乳突肌等）。

动作要点：

（1）一手掌根推额头使头部后仰。

（2）感觉颈部前侧肌肉有拉伸，维持此动作20秒以上。

（3）还原头部至中立位，动作结束。

（二）静态伸展二

训练方式：静态伸展。

训练部位：颈部后侧肌群（斜方肌上部、竖脊肌颈部段等）。

动作要点：

（1）一手拖住头部后侧，使头部向下前倾。

（2）感觉颈部后侧肌群有拉伸，维持此动作20秒以上。

（3）还原头部至中立位，动作结束。

（三）静态伸展三

训练方式：静态伸展。

训练部位：颈部前侧（胸锁乳突肌等）。

动作要点：

（1）一手托住脸部，轻推头部，使头部向对侧回旋。

（2）感觉颈部前侧肌肉有拉伸，维持此动作20秒以上。

（3）还原头部至中立位，动作结束。换方向重复动作。

（四）静态伸展四

训练方式：静态伸展。

训练部位：斜方肌上部。

动作要点：

（1）一手托住头顶，轻轻将头部拉向手臂同侧，同时对侧肩膀下沉。

（2）感觉对侧斜方肌上部有拉伸感，维持此动作20秒以上。

（3）还原头部至中立位，动作结束。换方向重复动作。

（五）静态伸展五

训练方式：静态伸展。

训练部位：腕伸肌群。

动作要点：

（1）一手抓住另一侧手掌，使被握住的手掌做腕屈动作。

（2）感觉被握手臂后侧肌肉有拉伸感，维持此动作20秒以上。

（3）换手重复进行操作。

（六）静态伸展六

训练方式：静态伸展。

训练部位：腕屈肌群。

动作要点:

（1）双手交叉，抬起手臂过头，掌心向上。

（2）感觉两侧前臂前侧有拉伸感，维持动作20秒以上。

（3）动作结束还原至起始位置。

（七）静态伸展七

训练方式：动态伸展。

训练部位：肩部肌群。

动作要点:

（1）手握球杆把手下方，从后往前轻轻摆动球杆，使球杆在身体前侧做钟摆运动。

（2）逐渐增大幅度，直到摆到最大幅度停止动作，注意不要摆动过度。

（3）慢慢地手持球杆做肩部绕环动作，分别向前、向后各做15次。换手重复相同动作。

注意：此动作将使训练者肩部能够较好地适应挥杆动作，防止受伤。

（八）静态伸展八

训练方式：动态伸展。

训练部位：躯干旋转肌群及肩部肌群。

动作要点:

（1）双脚打开与肩同宽，双臂交叉向外握住球杆两端。

（2）从身体正面开始缓缓向后转身，然后还原至起始位置，一次比一次增大动作幅度，注意转到最大幅度时不要震颤。

（3）换另一边重复动作。

注意：此动作能够使腹部及背部肌肉得到充分伸展，避免在快速躯干旋转中受伤。

（九）静态伸展九

训练方式：动态伸展。

训练部位：躯干旋转肌群、下背部、大腿后侧肌群。

动作要点:

（1）双脚打开与肩同宽，双手分别握住球杆两端，缓缓向前屈髋，以右手接触左脚。

（2）慢慢还原至起始位置，以左手接触右脚。

（3）每边完成动作15次，做动作过程中缓缓增大动作幅度。

注意： *动作过程中保持后背伸直，不要有过大弯曲。*

（十）静态伸展十

训练方式：动态伸展。

训练部位：背阔肌、竖脊肌、腹内外斜肌等。

动作要点：

（1）双脚分开与肩同宽，双手握住球杆两端高举球杆过头。

（2）躯干侧屈至感到肌肉有拉伸感觉，慢慢还原至起始位置，逐渐增大动作幅度，重复15次，换另一边重复相同动作。

二、瑜伽体式热身准备活动

以瑜伽体式进行高尔夫球热身，在呼吸和动作配合下，能够有效灵活关节，充分拉伸肌肉组织，保持舒适愉快的心理状态。传统瑜伽体系中有专门的瑜伽热身，如哈他拜日十二式、阿斯汤伽拜日A和阿斯汤伽拜日B，但是这些体式需要在垫子上进行，不适合高尔夫球的运动环境。这里根据高尔夫球的健身需求，编排两套瑜伽热身动作。其中：组合一为基础热身动作，从上到下，动作顺畅连贯，锻炼部位全面；组合二在保持下肢拉伸的基础上，肩关节活动幅度加大，同时强化上体扭转的动作，适合高尔夫球专项技术训练。

（一）瑜伽热身组合一

详见表6-7-2-1。

表 6-7-2-1　瑜伽热身组合一

节次	动作名称	动作方法	动作要求与注意事项
第一节	头颈操	动作准备：站立姿势，两腿与坐骨同宽，两臂自然下垂。 动作方法： 吸气，延伸脊柱；呼气，低头；吸气，头回正；呼气，低头。重复3次。 吸气，延伸脊柱；呼气，头后仰；吸气，头回正；呼气，头后仰。重复3次。 吸气，延伸脊柱；呼气，头倒向左肩；吸气，头回正；呼气，头倒向左肩。重复3次。 吸气，延伸脊柱；呼气，头倒向右肩；吸气，头回正；呼气，头倒向右肩。重复3次	重复动作时，动作幅度逐渐加大

续表

节次	动作名称	动作方法	动作要求与注意事项
第二节	摩天式	动作准备：直立，两腿与肩同宽；双手十指相交，翻转掌心向外。 动作方法： 吸气，双臂向上高举过头顶；呼气，双脚向下扎根，根基牢固。保持5个呼吸。 吸气，延伸脊柱。 呼气，动作还原成直立	微收小腹，髋骨上提，不超伸
第三节	肩部练习	动作准备：直立，两腿与肩同宽。 动作方法： 吸气，双臂经两侧上举；呼气，双臂屈肘，十指搭肩。 吸气，双臂向上，肩膀放松；呼气，双手肘下沉。 吸气，两手肘横向打开；呼气，两手肘提前相触。 两手肘由后向前绕环，由前向后绕环，配合呼吸	呼吸和动作配合，动作幅度尽可能大
第四节	侧腰拉伸	动作准备：直立，两腿与肩同宽。 动作方法： 吸气，右臂上举，大臂骨外旋，肩膀下沉，下巴微收，转头向斜上看，左侧腰部也主动伸展；呼气，上体向左侧弯曲，左臂贴靠裤线处。动作保持5个呼吸。 吸气，收腹，左脚发力，动作还原；呼气，右臂还原到体侧。反方向练习	颈椎不好的练习者，可以低头看地
第五节	下蹲式	动作准备：山式直立，两腿向两侧分开大于一肩宽，脚尖向外，第二个脚趾和膝盖同一方向；双手十指相交，两臂自然下垂。 动作方法： 呼气，稍屈膝，身体重心下降，保持上体正直，尾骨稍内卷。 吸气，直立；呼气，下蹲幅度增大；吸气，直立；呼气，下蹲到身体的极限。 吸气起，还原成山式站立	上体立直，尾骨内收
第六节	前屈式	动作准备：山式直立。 动作方法： 吸气延展脊柱。 吐气，身体慢慢向前弯，双手于脚两侧贴地（如果手贴不到地，可以将双手贴于腿前侧），放松颈部，垂头，尽量让额头贴腿前侧。 吸气，脚踩实地面，收腹部，上提髋骨、坐骨，延展脊柱；呼气，上体前屈，腹部靠向大腿更多。保持5个呼吸	用呼吸使动作深入，肩膀远离耳朵，不被动耸肩

续表

节次	动作名称	动作方法	动作要求与注意事项
第七节	骑马式	接前屈式 动作方法： 吸气，抬头，延伸脊柱。 呼气，屈双膝，右腿后撤一大步，右膝盖触地或伸直；吸气，抬头，上体抬起，上身直立或向后仰，双手放于腿上，呈骑马式。保持5个呼吸。 左腿后撤，手推地呈下犬式。保持5个呼吸。 右腿向前迈一大步，呈右腿在前的骑马式	柔韧不好的练习者，可以上体不抬起，手触地，低头保持。 下犬式，收腹部
第八节	侧弓步	接上体式 动作方法： 上体向左转身，左脚回勾，左手在大腿前侧撑地，右手屈肘托住脸部，感受左腿内侧肌肉的伸展，保持2~3分钟，换另一侧	拉伸腿内侧肌肉和韧带

（二）瑜伽热身组合二

详见表6-7-2-2。

表 6-7-2-2 瑜伽热身组合二

节次	动作名称	动作方法	动作要求与注意事项
第一节	摩天式	动作准备： 直立，两腿与肩同宽；双手十指相交，翻转掌心向外。 动作方法： 吸气，双臂向上高举过头顶；呼气，双脚向下扎根，根基牢固。保持5个呼吸。 吸气，延伸脊柱。 呼气，动作还原成直立	微收小腹，髋骨上提，不超伸
第二节	侧腰转动式	动作准备：直立，两腿分开与肩同宽。 动作方法： 吸气，两臂侧平举；呼气，保持骨盆中立位，上体从胸椎开始向左转，右手搭左肩，左手背贴于腰后。吸气时延展脊柱，呼气时扭转幅度加深。保持3~5个呼吸。 吸气，脊柱回正。 呼气，反方向	转上体但不转髋

续表

节次	动作名称	动作方法	动作要求与注意事项
第三节	双角C式	动作准备：直立，两腿大于一腿长。 动作方法： 吸气，两臂侧平举；呼气，双手背后十指相交。保持3~5个呼吸。 吸气，挺胸抬头；呼气，上体前屈，双手垂向头顶前的方向。保持3~5个呼吸	双角外侧平行，髌骨上提
第四节	双角转体	接上体式，双腿不动，双手分开下落置于体前。 动作方法： 吸气，延展脊柱；呼气，双手带动上体走向左腿外侧。保持3个呼吸； 吸气，双手回到体前；呼气，双手带动上体走向右腿外侧。保持3个呼吸。 呼气，双手回到体前，屈膝，双手叉腰 吸气，脊柱回正	拉伸腿内侧肌群，放松滋养脊柱
第五节	下蹲式	动作准备：山式直立，两腿向两侧分开大于一肩宽，脚尖向外，第二个脚趾和膝盖同一方向；双手十指相交，两臂自然下垂。 动作方法： 呼气，稍屈膝，身体重心下降，保持上体正直，尾骨稍内卷。 吸气，直立；呼气，下蹲幅度增大；吸气，直立；呼气，下蹲到身体的极限。 吸气起，还原成山式站立	上体立直，尾骨内收
第六节	前屈式	动作准备：山式直立。 动作方法： 吸气延展脊柱。 吐气，身体慢慢向前弯，双手于脚两侧贴地（如果手贴不到地，可以将双手贴于腿前侧），放松颈部，垂头，尽量让额头贴腿前侧。 吸气，脚踩实地面，收腹部，上提髌骨、坐骨，延展脊柱；呼气，上体前屈，腹部靠向大腿更多。保持5个呼吸	用呼吸使动作深入，肩膀远离耳朵，不被动耸肩

续表

节次	动作名称	动作方法	动作要求与注意事项
第七节	骑马式	动作准备：接前屈式。 动作方法： 吸气，抬头，延伸脊柱。 呼气，屈双膝，右腿后撤一大步，右膝盖触地或伸直；吸气，抬头，上体抬起，上身直立或向后仰，双手放于腿上，呈骑马式。保持5个呼吸。 左腿后撤，手推地呈下犬式。保持5个呼吸。 右腿向前迈一大步，呈右腿在前的骑马式	柔韧不好的练习者，可以上体不抬起，手触地，低头保持。 下犬式，收腹部
第八节	侧弓步	接上体式 动作方法： 上体向左转身，左脚回勾，左手在大腿前侧撑地，右手屈肘托住脸部，感受左腿内侧肌肉的伸展，保持2~3分钟，换另一侧	拉伸腿内侧肌肉和韧带

训练检测

1. 准备活动的生理机制是什么？
2. 如何安排赛前的准备活动？

任务八　高尔夫球疲劳与恢复训练

活动场地 / 环境

多媒体教室、运动医学实训室。

任务要求

1. 了解高尔夫球疲劳与恢复训练的概念；
2. 了解高尔夫球疲劳与恢复训练的方法。

能力训练

掌握高尔夫球疲劳与恢复训练的概念和分类，能够有意识地提高对高尔夫球疲劳与恢复训练的认知水平；初步形成高尔夫球疲劳与恢复训练的体系。

课题一　运动性疲劳

一、运动性疲劳的概念及其分类

运动性疲劳（sports fatigue）指由于运动过度而引发身体工作能力下降的现象，是人体运动到一定阶段出现的一种正常的生理现象。施以合理的恢复手段能及时消除运动性疲劳，并促使机能恢复和提高。运动员训练水平本质的提高就是一个"疲劳—恢复—再疲劳—再恢复"的变化过程。过度疲劳则会对机体产生不良影响，引起各种机能障碍或运动损伤，甚至损害运动员的身体健康。因此，正确认识运动性疲劳及其产生的机制对于合理地安排运动训练、促进机能恢复以及提高训练效果等具有重要的理论和实践意义。

运动性疲劳的概念自 1880 年首次提出。此后，许多学者从多种角度、采用不同手段对运动性疲劳进行了大量的研究，并先后给运动性疲劳下不同的定义。直到 1982 年美国波士顿第五届国际运动生物化学会议上才将运动性疲劳正式定义为：机体不能将它的机能保持在某一特定的水平或不能维持某一特定的运动强度。该定义首次将疲劳时各组织、器官的机能水平和运动能力结合起来分析疲劳发生和发展的规律，提出了评定运动性疲劳要将生理生化指标和运动能力相结合的方法，有助于选择客观的指标和方法评价运动性疲劳（在某一特定水平运动时，单一或同时使用心率、血乳酸、最大摄氧量和输出功率或运动成绩等指标判断运动性疲劳），因而得到了广泛的认可。运动性疲劳是运动本身引起的机体工作能力暂时降低，经过适当时间休息和调整可以恢复的生理现象，是一个极其复杂的、综合的生理反应过程，对人体而言是一种保护性机制。如果机体经常处于疲劳状态而不能得到恢复，将会产生过度疲劳。力竭是疲劳的一种特殊形式，是疲劳发展的最后阶段，它是指肌肉或器官完全不能维持运动的一种疲劳现象。

二、运动性疲劳的分类

运动性疲劳的分类方法十分复杂，根据其产生的部位、运动方式以及产生机制等可分为以下几种。

（一）骨骼肌疲劳、心血管疲劳及呼吸系统疲劳

骨骼肌疲劳是指运动引起的骨骼肌机能下降而产生的疲劳，如力量训练引起的肌肉酸痛、肌肉僵硬以及肌力下降等。

心血管疲劳是指运动引起的心血管系统及其调节机能下降而产生的疲劳，如运动后心排血量减少，心率恢复速度减慢，心电图S-T段下降、T波倒置，等等。

呼吸系统疲劳是指运动引起的呼吸系统机能下降而产生的疲劳，如剧烈运动时呼吸表浅、胸闷、通气量减少等。

（二）快速疲劳和耐力疲劳

快速疲劳是指短时间、剧烈运动引起的身体机能下降现象，如短跑、投掷、跳跃等项目运动所产生的疲劳；耐力疲劳是指小强度、长时间运动引起的身体机能下降，如马拉松、越野等项目运动引起的疲劳。一般认为疲劳发生得越快，消除的速度也越快。

（三）整体疲劳和局部疲劳

整体疲劳是指由全身运动引起全身各器官机能下降而产生的疲劳，如参加足球、篮球、马拉松等项目产生的疲劳；局部疲劳是指以身体某一局部进行运动导致局部器官机能下降而引起的疲劳，如负重下蹲引起的下肢肌疲劳，

特定专门动作练习引起的相应肌肉疲劳，等等。通常情况下，局部疲劳可发展为整体疲劳，整体疲劳往往包含着以某一器官为主的局部疲劳。

（四）轻度疲劳、中度疲劳和重度疲劳

轻度疲劳稍事休息即可恢复，属正常现象；中度疲劳有疲乏、肌肉酸疼、心悸的感觉；重度疲劳除有上述症状外，还有头痛、胸痛、恶心、呕吐等征象，持续时间较长。

另外，疲劳还可分为心理性疲劳和躯体性疲劳。心理性疲劳是由于心理活动造成的一种疲劳状态，其主观症状有注意力不集中，记忆力障碍，理解、推理困难，脑力活动迟钝，等等。躯体性疲劳是由身体活动引起的一种运动能力下降的现象，主要表现为动作迟缓，不灵敏，动作的协调能力下降，失眠、烦躁不安，等等。

在运动竞赛和训练中产生的运动性疲劳，既有躯体性疲劳的成分，又有心理性疲劳的成分，因此，运动性疲劳是身心疲劳。在运动训练和比赛中，应根据运动项目的特点正确认识疲劳产生的原因，并以此为依据采取科学、合理的手段促进疲劳的恢复。

三、运动性疲劳的产生机理

由于运动项目的代谢差异，以及运动性疲劳的复杂性，其产生的机理又有所不同。运动性疲劳的产生机理主要如下。

（一）衰竭学说

衰竭学说又称"能源耗竭学说"，认为疲劳产生的原因是能源物质耗竭造成的。在长时间运动过程中，运动性疲劳常常伴有糖原及高能磷酸化合物含量下降，补充能源物质后，运动能力又有一定程度提高，表明运动性疲劳与体内能源物质的储量有关。在进行短时间、大强度运动过程中，当ATP（三磷酸腺苷）和CP（磷酸肌酸）的储备率小于使用率时，机体将不能维持原有的运动能力。运动至疲劳时，肌肉中ATP含量下降并不明显，但用以合成ATP的CP含量却有明显下降。此时，肌肉中CP含量仅相当于运动前的20%。在极限强度无氧运动至力竭时，CP浓度接近零。有学者指出，疲劳与神经组织中高能磷酸化合物的分解和合成的平衡失调有关，兴奋性提高将导致ATP分解过程加强，若ATP的分解速度大于合成速度，神经细胞的兴奋性就会慢慢降低，机体的机能也会下降。另有研究表明，在进行大强度自行车运动时，疲

劳反应程度与肌肉中CP下降幅度呈密切正相关。因此，ATP浓度下降不是短时间、大强度运动过程中产生运动性疲劳的直接因素，而CP过度消耗才是导致产生运动性疲劳的主要原因。运动时CP含量的下降程度与运动强度有关，运动强度愈大，CP下降的幅度愈明显。

（二）堵塞学说

堵塞学说又称"代谢产物堆积学说"，认为疲劳的产生是由于运动过程中某些代谢产物在肌肉组织中大量堆积造成的。19世纪的研究发现，肌肉收缩时产生的某些代谢产物在肌组织中的堆积，可使肌肉工作能力下降，这些物质主要是二氧化碳和乳酸等；肌肉疲劳的同时，出现高乳酸浓度；将离体肌肉放进碱性的任氏液中，发现其收缩能力提高，收缩时间延长。研究证实，在持续5~10秒的运动中，ATP、CP明显消耗，3~5分钟后，乳酸有较多的堆积，并主要发生在快肌纤维中，运动能力可因血乳酸和肌乳酸浓度的升高而被抑制。可见，乳酸浓度升高是导致机体产生运动性疲劳的原因之一。

（三）内环境稳定性失调学说

该学说认为，疲劳是由血液中pH值下降，细胞内外离子平衡破坏以及血浆渗透压改变等因素造成的。哈佛大学疲劳研究所研究发现，高温环境下工作的工人，因泌汗过多而产生不能劳动的严重疲劳时，如果仅给予饮水则不能缓解疲劳，若饮用浓度为0.04%~0.14%的氯化钠水溶液则可缓解或消除疲劳。另有研究发现，当机体失水量达体重的5%时，肌肉工作能力将下降20%~30%。此外，体内离子平衡遭到破坏，也会引起机体运动能力下降而产生运动性疲劳。运动时，由于K^+大量外流，导致细胞膜内外极化状态发生改变，从而引起组织细胞兴奋性下降，机能活动减弱；体内Ca^{2+}主要存在于细胞外，细胞内含量较少。肌肉兴奋时，胞浆内Ca^{2+}升高是激发骨骼肌收缩的重要条件，但是，如果因某种因素而导致胞浆内Ca^{2+}过高或持续性增高，将会引起细胞代谢紊乱、结构破坏，从而使其机能下降而出现疲劳。

（四）保护性抑制学说

该学说认为，无论是脑力疲劳还是体力疲劳都是大脑皮质保护性抑制发展的结果。运动时大量神经冲动传至大脑皮质相应的神经细胞，使之长期兴奋，导致消耗增多，为了避免过度消耗，当消耗到一定程度时便产生了保护性抑制。莫索等研究发现，当手指拉重物至疲劳时，若用电刺激屈指肌，手指又能拉起重物，表明上述疲劳现象是由神经中枢抑制造成的，而并非肌肉本身所为。研究发现，狗拉载重小车行走 30~60 分钟而产生疲劳时，一些条件反射量显著减少，不巩固的条件反射完全消失。小鼠因长时间运动而出现严重疲劳时，大脑皮质运动区 ATP 含量明显下降，γ-氨基丁酸水平明显增高，而 γ-氨基丁酸水平增高意味着抑制过程加强。此外，在运动过程中产生的大量 5-羟色胺，也会促使大脑皮质抑制过程加强，从而导致疲劳的产生和发展。血糖浓度下降、缺氧、pH 值下降、盐分丧失和渗透压升高等也可促使皮质神经细胞工作能力下降，大脑皮质产生保护性抑制，促进疲劳的发生和发展。

（五）突变理论

运动性疲劳是机体内部许多生理、生化变化在肌肉活动中的综合反映。突变理论认为，运动性疲劳是由运动过程中力量下降、能量消耗和兴奋性丧失三维间关系改变造成的，是机体避免能量储备进一步下降至危险临界点而存在的一个运动能力急剧下降的过程。突变理论弥补了以往其他理论用单一指标解释疲劳现象的不足，从能量代谢和生物电的角度揭示了肌肉力量突然下降（运动性疲劳）的原因。

（六）自由基损伤学说

自由基是指外层电子轨道带有不配对电子的基团，主要包括氧自由基、羟自由基、过氧化氢及单线态氧等。由于自由基化学性质活泼，可与机体内糖类、核酸、蛋白质、脂质等物质发生反应，因此自由基能破坏细胞的结构，并造成细胞功能下降。自由基可以和细胞膜上的不饱和脂肪酸产生脂质过氧化反应，生成对细胞具有毒性的过氧化物；脂质过氧化物又可自发分解形成更多的自由基，攻击其他双键自由基。同时，自由基还可直接攻击细胞膜，迫使细胞结构发生破坏进而使细胞丧失细胞功能。

四、运动性疲劳的判断方法

正确地认识和判断运动性疲劳，是实施科学训练、促进疲劳消除以及提高运动成绩的理论基础，具有重要的实践意义。由于不同形式的运动具有不同的疲劳特征，因此，判断其疲劳的方法也有所差异。目前，判断运动性疲劳的方法主要有以下几种。

（一）测定肌力

1. 骨骼肌力量测试

肌肉力量下降是肌肉疲劳的显著特征，也是判断运动性疲劳的重要指标。

一般情况下如果运动后肌肉力量明显下降，且不能及时恢复，可视为肌肉疲劳。在评定运动性疲劳时，应根据参与运动的主要肌群确定测试内容。例如：以上肢活动为主的运动，可测试其握力或屈臂力；以腰背肌活动为主的运动，可选择测试背力；等等。

握力和背肌力的测试方法有：其一，每天早晚各测一次，求出数值差，如果次日晨已经恢复，表明为正常肌肉疲劳；其二，在运动前连续测定若干次肌肉力量，计算平均值，待运动结束后，再进行同样方式的力量测定，如果肌肉力量平均值低于运动前水平或几次力量测试值连续下降即可视为肌肉疲劳，如果一次练习后连续几天肌肉力量不能恢复，则表明疲劳程度较深。臂力的测试方法：受试者两臂与肩同宽，两手正握单杠悬垂于单杠上，然后做屈肘引体向上，每次间隔时间为两三秒，记录其完成的次数。运动前后各测试一组，若运动后完成的次数少于运动前，可视为疲劳现象。

2. 呼吸肌耐力测试

通过连续测定5次肺活量来评定呼吸肌耐力。测试过程中，要求相邻两次测试间歇30秒，疲劳时，肺活量依次下降。

（二）测定神经系统和感觉机能

1. 两点辨别阈测定

皮肤感觉能分辨出的最小距离叫"皮肤两点辨别阈"。在运动训练中，当身心达到疲劳状态时，可能会引起身体一些机能特别是神经系统机能状态发生紊乱，从而也导致人体感觉机能失调。因此，根据疲劳会引起各种皮肤感觉敏感性下降的特点，可把皮肤两点辨别阈作为监测运动员疲劳和恢复的简单无创性指标。

以训练课前或正常训练时的测定作为正常值。在训练结束后或大负荷训练后恢复期测定，与正常值进行比较，比值小于1.5为无疲劳出现，大于1.5而小于2.0为轻度疲劳，大于2.0为重度疲劳。针对不同项目和运动员进行横向比较更为客观、有效。

2. 闪光融合频率测定

闪光融合频率（flicker fusion frequency，FFF）是指刚刚能够引起闪光融合感觉刺激的最小频率，也称为"闪光融合临界频率"或"闪烁临界频率"。它表现了视觉系统分辨时间能力的极限，通过对人的闪光融合临界频率的测定还可以了解人体的疲劳程度。

3. 反应时测定

反应时是指由刺激作用于感受器开始到效应格开始活动为正所需要的时间，局限于单反应时和选择反应时。出现运动性疲劳时，大脑皮质分析机能下降，反应时明显延长，尤其是选择反应时延长更为明显。

4. 膝跳反射阈测定

机体出现疲劳时，膝跳反射的敏感性降低，引起膝跳反射所需的叩击力量增加。引起膝跳反射的最小叩击力量（一般以锤子下落角度表示）较运动前增加 5~10 度为轻度疲劳，增加 15~30 度为中度疲劳，增加 30 度以上为重度疲劳。

（三）用生物电测定

1. 肌电图

肌电图反映了肌肉兴奋时电活动变化的特征。运动过程中，肌电图变化可评定神经系统及骨骼肌的机能状态。肌肉疲劳时，肌电图可表现出积分肌电幅值和均方根振幅增大，平均功率和中位频率以及电机械延迟延长等。肌电图的这些变化随运动程度的加深而更加明显。

2. 心电图

心肌疲劳可引起心电图（ECG）出现异常变化，常表现为S-T段下移、T波下R倒置，出现肌电干扰等现象。

3. 脑电图

研究发现，大脑皮质的疲劳状态与 α 波、θ 波有密切关系。此时，由于神经细胞抑制过程加强，脑电图慢波成分增加。如机体处于剧烈运动后的疲劳状态时，脑电图慢波明显增多，α 波节律紊乱，即时慢时快、波幅降低等。

（四）主观感觉测定

主观体力感觉等级（rating of perceived exertion，RPE）是判断疲劳的重要指标。运动时来自肌肉、呼吸和心血管方面的刺激，都会传到大脑皮质而引起感觉系统应激。脑细胞通过对传入信息的综合分析而对其工作能力做出相应调整，如果感觉疲劳，往往会产生一种需要停止工作的预兆，因此，疲劳的主观感觉往往是真正疲劳的信号。

课题二　恢复过程的生理机制

恢复（recovery）过程是指人体在运动过程中和运动结束后，各种生理机能和运动时消耗的能源物质逐渐恢复到运动前水平的变化过程。运动过程中消耗的物质，只有在恢复期得到完全恢复，人体机能才能得以提高；反之，将会出现过度训练或过度疲劳现象，导致运动能力下降，甚至出现运动性损伤。需要注意的是，运动过程与恢复过程的合理安排及良好组合是机体对运动负荷产生最佳适应性变化的前提条件，在运动训练中，恢复过程与运动过程具有同等重要的作用，充分的机能恢复是取得良好运动效果的保障。

一、恢复过程的一般规律

恢复过程分为三个阶段，即运动时恢复阶段、运动后恢复阶段和超量恢复阶段。

（一）运动时恢复阶段

运动时能源物质消耗占优势，虽然恢复也在消耗的同时发生，但是消耗大于恢复，因此，能源物质逐渐减少，各器官、系统的功能逐渐下降。

（二）运动后恢复阶段

运动结束后消耗过程减弱，恢复过程占优势，能源物质及各器官、系统功能逐渐恢复到运动前的水平。

（三）超量恢复阶段

运动时消耗的能源物质及各器官、系统的机能恢复超过了原有的水平，该现象称为"超量恢复"或"超量代偿"。超量恢复保持一段时间后又回到原有的水平。超量恢复的程度与出现的时间与运动量（或消耗程度）有密切关系。在一定的范围内，运动量越大，物质消耗越多，超量恢复越明显，但出现的时间延迟；反之，超量恢复不明显，但出现的时间较早。如果运动量过大，超过了生理范围，恢复过程将会进一步延长。

不同能源物质出现超量恢复的快慢也不同，如剧烈运动后CP在20~30秒内可恢复一半，待3~5分钟时能出现超量恢复。短时间、大强度运动后，肌糖原约在运动后15小时出现超量恢复，而蛋白质出现超量恢复相对较晚。马拉松运动后，脂肪出现恢复的时间发生在第三天。游泳运动员在进行大运动量训练后的第1~3天身体机能明显下降，第3~5天恢复到原来水平，到第5~8

天才出现超量恢复。此外，超量恢复与膳食和运动模式有密切的关系。

超量恢复是客观存在的规律。在此期间，机体具有较高的机能水平和承受负荷的能力，是运动员体能储备的最佳时期，这有助于运动员取得良好的运动成绩。不同类型运动具有不同的代谢特征，不同能源物质具有不同的超量恢复特点。因此，超量恢复原理是选择训练休息间歇、确定负荷强度、负荷量以及实施合理营养补充的重要依据，在运动实践中具有重要的理论和实践意义。

二、机体能源储备的恢复

（一）磷酸原的恢复

磷酸原是体内恢复速度最快的能源物质，恢复一半的时间为20~30秒，基本恢复的时间为2~5分钟。剧烈运动后，当磷酸原恢复至一半以上时，机体即可维持原有的运动强度，因此两次剧烈运动的时间间隔不能短于30秒；组间休息时间间歇应控制在4~5分钟为宜，以保证磷酸原完全恢复。磷酸原的恢复主要靠有氧氧化系统提供能量（糖酵解系统也可能参与供能），运动过程中磷酸原消耗越多，恢复过程需要的氧气也越多。

（二）肌糖原贮备的恢复

肌糖原是人体内糖类物质存在的形式之一，也是机体进行有氧氧化供能和糖酵解供能的能源物质。研究发现，足够的肌糖原储备量可减少运动肌对血糖的利用量，延迟血糖水平下降，延缓运动性疲劳的出现，提高机体的运动能力，因此运动后肌糖原储量的恢复状况对维持和提高机体的运动能力具有非常重要的意义。肌糖原恢复速度主要取决于运动模式（运动强度和运动持续时间）和膳食。当机体进行2小时耐力性运动至力竭后，如补充高糖膳食，肌糖原完全恢复大约需要48小时。就恢复速度而言，运动结束后前10个小时恢复速度最快，这可能与体内糖异生作用较强、肌肉中糖原合成酶活性较高等因素有关。因此，在耐力性运动后应特别注意恢复初期10个小时高糖膳食的补充，尤其注意2小时内增加食物中的糖量，而在随后的48小时至5天内，也应注意补充高糖膳食。在进行短时间、大强度间歇性运动后，肌糖原恢复速度受膳食影响相对较小。研究表明，机体进行大强度间歇性运动至力竭后，无论食用普通膳食还是高糖膳食，肌糖原在24小时内都能完全恢复，而且在运动后5小时内恢复最快。大强度间歇性运动与长时间耐力性运动后肌糖原恢复的差异，可能与间歇性运动后血糖浓度升高、血乳酸水平相对较高等因素有关。较高水平的血乳酸可通过糖异生作用转变成葡萄糖后被肌肉利用，而血糖则可直接用于合成肌糖原。因此，大强度间歇性运动后，膳食对肌糖原储量的恢复影响较小。

（三）氧合肌红蛋白的恢复

肌红蛋白是存在于肌肉中的一种结合蛋白，具有和氧气结合的配位点，能够接受从血红蛋白运来的氧气并贮存于肌细胞内，为肌肉组织提供氧气。运动过程中，氧合肌红蛋白大量解离释放氧气并被肌组织所利用。氧合肌红蛋白恢复速度很快，运动后仅需要几秒钟即可完全恢复。氧合肌红蛋白的恢复对运动性疲劳的消除很重要。

（四）乳酸再利用

乳酸是糖酵解供能系统代谢的终末产物，因其蕴藏有大量的能量，因而又是有氧氧化供能系统的重要氧化基质，每分子乳酸彻底氧化能生成 18 个分子的 ATP。乳酸作为重要的氧化基质，为肌肉的活动提供了一定的能量。与此同时，乳酸又可通过糖异生途径转变成葡萄糖而被人体有效地再利用。骨骼肌不仅是乳酸生成的主要场所，也是乳酸再利用的主要场所。

肌肉收缩时产生的乳酸经由乳酸穿梭系统进行转运，约有半数以上在工作肌不同类型的肌纤维中通过重新分配而被继续氧化分解。

课题三 运动性疲劳与运动损伤

一、运动损伤的概念

人体在运动过程中所发生的损伤，称为"运动损伤"。运动损伤不同于一般的工作或日常生活中的损伤，它多与体育运动项目以及技战术动作特点密切相关。因此，有些运动损伤便以其运动项目命名，如"高尔夫球膝""足球踝"等。运动损伤也常与训练水平、运动环境、身体状态和运动性疲劳相关。所以，明确运动损伤发生的原因、规律等问题，不仅可以有效预防运动损伤，也为改善运动条件、提高运动成绩提供了科学的依据和实践指导。

二、运动性疲劳与运动损伤的关系

安排运动负荷时，没有充分考虑到运动参与者的生理状态和特点，运动负荷超过了运动参与者的生理负担而产生疲劳，或者局部负荷过大，引起微细损伤的积累，是专项训练中造成运动损伤的主要原因。

另外，运动参与者处于疲劳状态时，肌肉力量、耐力以及动作的准确性和身体的协调性显著下降，警觉性和注意力减弱，反应时间延长，此时参与剧烈运动或练习比较复杂的技术动作，极易发生运动损伤。

运动系统的疲劳性损伤，多数由长期局部负荷过大导致局部疲劳所致，为了减少此类损伤的发生，教练应严格遵循运动训练原则，根据运动参与者的生理状态和特点，个别对待，循序渐进，合理安排运动负荷。

课题四　促进运动性疲劳恢复的措施

竞技运动的发展给运动训练提出了更高的要求，不仅需要有科学的训练手段，还要有合理的恢复措施，才能使人体在"疲劳—恢复—再疲劳—再恢复"的良性过程中得到发展，才能实现更高、更强、更快的目标。因此，恢复是现代运动训练中亟待解决的问题之一。世界各国体育工作者做了大量的研究，提出了许多促进机能恢复的措施，概括起来如下。

一、整理活动

整理活动是指运动后进行的各种较为轻松的身体练习，目的是消除疲劳、促进体力恢复。运动结束后，通过整理活动使参与运动的肌肉做一些伸展或牵拉运动，可减少肌肉的延迟性酸痛和硬度，加速肌肉机能的恢复。研究发现，剧烈运动后进行3~5分钟的整理活动能促进血液循环、加速乳酸的消除和利用。例如，在力竭性运动后，如果机体处于完全休息状态，乳酸的半时反应为25分钟；但进行整理活动时，乳酸的半时反应可缩短为11分钟。由此可见，运动结束后进行一定量的整理活动对于消除乳酸、促进机能恢复具有重要作用。

运动结束后，如果不做整理活动而骤然静止，将会影响血液循环和呼吸运动，使氧气的补充及静脉回流受阻，心排血量减少，血压下降，脑组织暂时性缺血，从而引起一系列不良反应，甚至出现"重力性休克"症状。另外，剧烈运动时，骨骼肌持续紧张收缩，使大量代谢产物堆积，肌肉硬度增加，导致骨骼肌机能下降，出现疲劳。运动结束后，通过整理活动，可减少肌肉的延迟性酸痛，有助于消除疲劳。因此，整理活动是运动训练过程中的重要组成部分，必须予以高度重视。

二、积极性休息

积极性休息是指运动过程中为了消除疲劳而采取的各种变换动作或变换运动强度的练习。积极性休息更适合少量肌肉群参与工作所引起的局部疲劳，或运动强度较大而引起的快速疲劳。例如：长时间慢跑所导致的下肢疲劳，可通过一些小负荷的上肢运动得到消除；引体向上产生的上肢疲劳，可通过慢跑活动得以消除。与被动性休息相比较，积极性休息能使积累乳酸消除速度提高一倍。

三、充足睡眠

睡眠是大脑皮质抑制过程的表现。睡眠时机体与外界环境之间的主动联系大大减少，全身肌肉处于放松状态，因而能量消耗较少。此时，代谢活动以合成代谢为主。所以，良好的睡眠是消除疲劳的重要措施之一。在平时训练期间，每天睡眠时间不少于8~9小时，并安排1~2小时的午睡。

在大运动量训练（如冬训期）或比赛期间，睡眠时间也应适当延长。为了加深睡眠和延长自然睡眠的时间，在睡前应尽量避免任何外界刺激，使心理趋于平静状态。

四、营养学手段

运动时消耗的物质需要饮食中的营养物质来补充。因此，合理安排营养（膳食）是消除疲劳、促进恢复以及提高运动能力的重要手段。

在长时间运动过程中，体内糖原大量消耗，因此训练后的膳食应适当增加碳水化合物的含量。长时间运动（连续3天长跑）后，运动员食用高糖膳食，肌糖原可在48小时完全恢复。若食用高脂肪和高蛋白膳食，运动结束后第5天还不能完全恢复。

在以力量为主的运动项目中，由于运动的目的是增加肌肉力量，所以运动后应多补充蛋白质（如举重运动员每日膳食中蛋白质的含量应为 150 克），同时还应补充一定量的无机盐和维生素。在以速度为主的运动中，应适当补充糖、蛋白质、维生素B和维生素C等营养物质。在热境下的运动中，由于机体的水分和电解质的丢失较多，故可采取少量多次的方法补充适量的液体（如低浓度的氯化钠溶液）。此外，还应考虑运动员的年龄特点以及合理的营养搭配。如青少年运动员在膳食中应尽可能多食用肉类、鱼类、蛋类、奶类和豆类等食物以补充机体发育过程中所需的蛋白质。运动后应多食用碱性食物，如奶类、动物血液、蔬菜水果、豆制品等。

五、中医药手段

中医药调理手段可改善人体的代谢能力，延缓疲劳的出现以及加速疲劳的消除，促进机能的恢复。中医理论认为，运动性疲劳的恢复应从健脾益气、补肾壮阳或补益气血方面入手，针对不同的疲劳症候，做到辨证施治，对症下药。常用的方法有：

第一，汤剂内服法（口服），包括服用复方中药和服用单味中药两种方法。如阿胶能够促进骨髓造血，增加血液中红细胞和血红蛋白含量，提高血液运输氧能力。

第二，汤剂熏洗法（外用），如利用川芎、当归、苍术等制成的中药汤剂具有扩张外周血管，促进血液循环，提高机体运输氧能力，维持机体内环境稳定，加快疲劳消除等作用。

六、盐水浴

运动后可以泡在浓度为 1~3 克/升的盐水中，然后水按摩 15~30 分钟，每周 2~3 次。从血乳酸浓度的变化以及肌张力的恢复都可发现，这种方法有利于促进疲劳消除。

七、心理疏导手段

过度训练可引起与躯体性疲劳相联系的心理疲劳，使运动员表现出主观感觉乏力、厌倦、动机水平下降、抑郁等不良心理症状。过度训练易导致积累性疲劳，直接影响运动员的身体健康、正常训练和比赛。

神经系统功能降低、神经细胞抑制过程加强是引起不良心理反应的主要因素，与训练负荷安排不当、恢复措施不足等因素有密切关系。因此，采用合理的心理调节是促进疲劳消除、提高训练效果的重要手段。常用的心理恢复手段有心理暗示法、意念放松法、肌肉放松法、呼吸调整法、音乐放松法、心理调整训练法，以及赏识、激励和人文关怀等。除上述几种方法外，促进运动性疲劳消除的方法还有按摩、热水浴、理疗、针灸、热敷、吸氧等。

训练检测

　　1. 运动性疲劳的产生机理是什么？

　　2. 如何判定运动性疲劳？

　　3. 运动性疲劳恢复过程的生理机制是什么？

　　4. 如何促进运动性疲劳恢复？

项目七
高尔夫球技术教学

项目描述

  高尔夫球最核心的部分就是高尔夫球技术教学，这部分训练将为打好高尔夫球奠定基础。本部分将从高尔夫球的基本站位与挥杆结构、高尔夫球的击球技术、高尔夫球的推杆与短切技术、TTRO课程等几个方面进行阐述，旨在科学、系统地阐述高尔夫球技术教学内容，为高尔夫球教练的教学工作提供科学依据。

学习目标

  了解高尔夫球基本站位与挥杆结构知识，掌握高尔夫球技术教学的基本点以及TTRO课程理论，提高运用高尔夫球技术等知识分析问题和解决问题的能力。

能力目标

  能够熟练运用高尔夫球技术教学基本原理进行教学，提高自己的从业能力。

任务一 高尔夫球的基本站位与挥杆结构以及球的弹道与飞行原理

活动场地 / 环境

高尔夫球练习场。

任务要求

1. 了解高尔夫球的基本站位与挥杆结构及其对击球的影响；

2. 了解球的弹道与飞行原理。

能力训练

掌握高尔夫球基本站位与挥杆结构，能够有意识地提高对高尔夫球技术教学的认知水平；初步形成运用高尔夫球基本站位与挥杆结构进行教学与训练的能力。

课题一 基本站位与挥杆结构

一、铁杆技术、基本站位、球位及挥杆路线介绍

（一）基本站位

两脚左右开立，上体前压，两腿微屈，双手放松，调整握杆（见图 7-1-1-1~图 7-1-1-3 ）。

图 7-1-1-1　窄站位

图 7-1-1-2　宽站位

图 7-1-1-3　侧面站位

如何检验站位是否合适？有一种简单的方法：站位，右手松开握柄，右臂自然下垂。如果你站得离球太远，你的右臂和右手将处于身体和握柄之间。如果你和球的距离合适，上体前倾幅度合适，右臂将与左臂齐平。在这种情况下，你就能制造出正确的站位和挥杆平面，增加击球距离。下次比赛中，你将发现自己的开球距离有所增加。

（二）球的位置

球位现在有两种，一种是杰克·威廉姆·尼克劳斯球位（见图7-1-1-4），另一种是本·霍根球位（见图7-1-1-5）。我们主要采用本·霍根球位，即球位随着球杆的缩短由左侧向右侧移动。

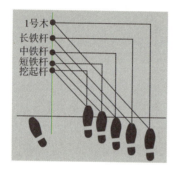 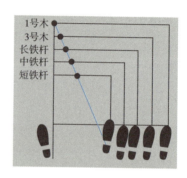

图7-1-1-4 尼克劳斯球位　　　图7-1-1-5 本·霍根球位

（三）杆面的位置

杆面方向与击球方向是垂直的，前提条件是底面与地面平行（见图7-1-1-6）。

关闭　　　　　　　　方正　　　　　　　　开放

图7-1-1-6 杆面与球的位置

（四）挥杆路线

三种挥杆路线为：由外至内（out to in），由内至外（in to out），由内至内

（in to in）。挥杆路线就是杆头击球运动的线路（见图7-1-1-7）。

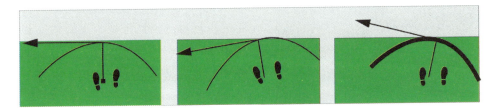

图 7-1-1-7 三种挥杆路线

（五）诱导性练习

徒手移动髋关节练习：双手放在髋关节两侧，左髋向后，右髋向左，把重心完全放在左脚上。

重点：基本站位。

难点：如何建立正确的基本站位。

（六）辅助性练习

如平板支撑。

二、四维度讲解挥杆的基本结构

（一）八环节高尔夫球挥杆基本原理（正面）

1. 瞄球（见图7-1-1-8）

瞄球要有正确的姿势，才可使你的高尔夫球技术有所进步，而好的击球准备动作要求有一个稳定的下半身。

图 7-1-1-8 瞄球

2. 上杆（见图7-1-1-9）

上杆是整个挥杆动作的首部曲，是指旋转肩膀大肌肉，将球杆向后（右）举起，一起转动的还有球杆与持着球杆的手臂，而以旋转肩膀大肌肉为优先。这个动作与击球距离远近有直接的关系，而且是重要枢纽。

图 7-1-1-9 上杆

图 7-1-1-10　曲腕

图 7-1-1-11　上杆顶点

图 7-1-1-12　下杆

图 7-1-1-13　击球

3. 曲腕（见图 7-1-1-10）

研究发现，曲腕动作其实是种本能的生理反应。比方说，离果岭有相当距离，我们的身体自然会反应，把挥杆的弧形做到最大再曲腕。一般人天生就具备该种能力。

4. 上杆顶点（见图 7-1-1-11）

一般球员常常误以为，上杆顶点越高，自然就会击出远距离。其实上杆顶点因每个人的柔软度而异，重点是只要类似上紧发条，练好柔韧性，上杆顶点自然就越高。

5. 下杆（见图 7-1-1-12）

下杆动作就是球杆举高后，把球杆放下去这个动作。会感觉左臂带领球杆握把垂直下插地面，此时左膝略有抵挡作用，借由右膝靠向左膝这个冲击动作，将球杆杆头重量整个冲击释放到球上。上杆动作完成时间为 1~2 秒，而下杆动作完成时间只有约 0.5 秒，上杆与下杆动作需要练到一气呵成，才能借由同时转动所有的关节，在击球时产生最大的冲击力量，达到挥杆目的。下杆时全力旋转右半身，将全部力量集中到杆头而释放到球上。

6. 击球（见图 7-1-1-13）

我们的身体本来就拥有一种想回拉的反射动作，而击球动作的重点则是释放杆头的时间与角度。如果把球杆由上往下挥击时，借助球杆杆头的重量，加上杆身的弹性，一定能往下打出令人满意的击球力道。

7. 送杆（见图7-1-1-14）

击球后球杆延伸的方向与球员
的平衡动作，这两部分称为送杆。
这个动作与球的飞行方向和球旋转
的高度极有关联。送杆动作其实得
追溯到击球动作，如果击球动作做
得很好，自然可以轻松地将球杆头
送远。

8. 收杆（见图7-1-1-15）

挥杆技巧的最后一个动作叫作
"收杆"，分类有反"C"形或是直
立形两种。有许多球员以为千万不
要学什么反"C"形，很容易受伤
的。这个观念其实是错的，其实这要
因每个人的柔软度而异，只要注意上
杆与下杆动作，击球后自动可以做
到。将两臂伸直，手腕至手肘段向上
折起至左耳边高度，将右肩旋转至左
脚尖正上方处，即可完成收杆动作。

（二）高尔夫十幅基本动作
分解图（正侧面）

1. 击球准备（见图7-1-1-16）

绿框内的区域给挥杆留出空间，
所以身体不可以是直的。击球准备
时身体的三个弯曲（红线）使身体
挥杆符合运动学原理（各个关节保
持灵活和稳定的关系）。

2. 起杆位置（见图7-1-1-17）

这个角度看不到球杆，说明杆
身与目标线平行。

图 7-1-1-14　送杆

图 7-1-1-15　收杆

图 7-1-1-16　击球准备

图 7-1-1-17　起杆位置

图 7-1-1-18　上杆位置

图 7-1-1-19　顶点位置

图 7-1-1-20　下杆位置

图 7-1-1-21　释放位置

3. 上杆位置（见图 7-1-1-18）注意绿线，看杆面与前侧手臂（左臂）的关系：杆面朝天是关闭，杆面朝地是开放。臀部没有离开红线，这是衡量脊柱稳定性的一个标准，此时一些球员的臀部会离开红线，也就是说身体更接近球了，而头部则向上起伏，肩膀的平面也发生改变。

4. 顶点位置（见图 7-1-1-19）这个角度清楚地看到身体的转动与脊柱和肩膀的关系和平面。

5. 下杆位置（见图 7-1-1-20）此时髋部已经开始转动了，能明显地看到上下半身之间的扭力。

6. 释放位置（见图 7-1-1-21）注意左臂与身体的距离还有右臂弯曲，此时如果右手过于主动的话，就会出现由外向内的挥杆轨迹。

7. 击球位置（见图 7-1-1-22）调整手臂与球杆的角度可以让杆头产生更大的速度，身体前挥杆空间仍然存在。一些球员此时左肩会抬高，身体绿框区域的空间也会消失。

8. 送杆位置（见图 7-1-1-23）可以清楚地看到双臂仍然在身体的正面。

9. 前挥位置（见图 7-1-1-24）

手臂仍然在身体正面，好的送杆来自好的转体动作。

10. 收杆位置（见图 7-1-1-25）

收杆后，身体达成自然平衡。

（三）图解高尔夫球挥杆各阶段动作要领——后侧面

1. 准备阶段（见图 7-1-1-26）

确定身体的站姿，包括球的位置、握杆指向、脊椎角度、重心的分布；确定目标线与两脚、膝盖、髋、肩膀、肘平行；确定头部的位置（重中之重！确保整个挥杆过程的基本点）。

要求：手臂自然下垂，两臂与杆成"Y"字形。

2. 起杆阶段（见图 7-1-1-27）

（1）头部保持不变；

（2）双臂与球杆依然保持"Y"字形不变；

（3）球杆与地面水平，切线与目标线平行；

（4）由肩膀转动带动胳膊以及杆的摆动；

图 7-1-1-22 击球位置

图 7-1-1-23 送杆位置

图 7-1-1-24 前挥位置

图 7-1-1-25 收杆位置

图 7-1-1-26 准备阶段

图 7-1-1-27　起杆阶段

图 7-1-1-28　上杆阶段

图 7-1-1-29　顶点阶段

图 7-1-1-30　下杆阶段

（5）此过程重心微微向右转移，髋尽量减少移动。

3. 上杆阶段（见图 7-1-1-28）

（1）头部始终保持不动；

（2）肩膀沿线指向球；

（3）左臂保持笔直，球杆与左臂成 90 度，右前臂与右上臂夹角成 90 度；

（4）重心转移在右脚上；

（5）注意此过程左腿微微弯曲，但不能有内扣现象。

4. 顶点阶段（见图 7-1-1-29）

（1）球杆与地面再次平行，位于肩膀上方；

（2）左臂依然保持伸直；

（3）右臂与身体成 90 度。

5. 下杆阶段（见图 7-1-1-30）

（1）重心向左脚转移，胯部开始转动，带动肩膀转动；

（2）身体恢复到上杆阶段姿势。

6. 释放阶段（见图 7-1-1-31）

（1）重心转移到左脚（停止），左腿伸直后重心停止转移，胯部继续旋转；

（2）手腕开始翻转；

（3）右腿向左倾斜，此过程右腿和右脚为倾斜过程，而不是右脚抬起过程；

（4）此过程中杆面第三次与地面和目标线平行，并与起杆阶段位置重叠。

7. 击球阶段（见图7-1-1-32）

（1）球杆、球面、手回归到准备阶段位置；

（2）关键在于手恢复至初始位置，即左腿内侧。

8. 送杆阶段（见图7-1-1-33）

（1）顾名思义，杆面向前送出；

（2）两臂保持伸直，与杆面再次成"Y"形；

（3）此过程结束后杆面第四次与地面以及目标线平行，并与第一及第二次平行位置对称。

9. 前挥阶段（见图7-1-1-34）

略。

10. 收杆阶段（见图7-1-1-35）

略。

图 7-1-1-31　释放阶段

图 7-1-1-32　击球阶段

图 7-1-1-33　送杆阶段

图 7-1-1-34　前挥阶段

图 7-1-1-35　收杆阶段

图 7-1-1-36　上杆俯视图

图 7-1-1-37　下杆俯视图

图 7-1-1-38　收杆俯视图

（四）俯视图（见图 7-1-1-36~图 7-1-1-38）

精心锤炼出的完美开球会让球员受用终身。跟其他球相比，又直又远的开球更让球员感到骄傲，甚至在赛后还会回味很久。好的开球还能让接下来的比赛变轻松——更短的攻果岭距离、更高的标准杆上果岭率等。不过，有些 1 号木挥杆细节无法从常规的拍摄角度看清楚，所以我们这次设置了一个更高的观察视角。接下来利用俯视图进行讲解。

1. 杆身指向目标线

在上杆顶点处，将杆身指向目标线。如果能够充分伸展左臂，就可以将挥杆宽度最大化，从而产生更多的力量。但不要锁死左臂，柔和的感觉非常重要。至于右臂，不需要让它紧贴体侧，离开一点也没关系，只要保证右肘关节指向地面即可。

2. 将身体转至球后

为了完成充分、大胆的上杆，需要努力扭转上半身，直到双肩与右脚背平齐。将上半身转至球后，而不是留在球的正上方。这样就可以在击球时以稍稍向上的角度触球，并且释放上杆累积的全部力量。

3. 从容下杆，增加速度

击球时，双肩会自然稍稍打开，就像图中所示。但如果打开太多（很多高差点球员经常出现这种情况），则意味着下杆时仅仅利用身体的转动来拖动球杆向下运动，而没有释放手腕。将头留在球后，通过触球区时感觉挥动的双臂超过了身体。

4. 从内侧下杆击球

为了打出强力小左曲球，通过触球区时保持右臂收拢在体侧。如果球员经常出现右曲球，那证明他的右臂落在左臂外侧，造成了严重的由外而内的挥杆线路。右曲球的另外一个解决方法是：让杆头尽可能快地触球。这可以加快球杆的释放，及时回正杆面。

5. 将收杆做完整

实现强力挥杆的另一个标志是收杆时将杆身轻放在脖子后部。这个动作有点过火，但那种流畅的感觉的确能够加快挥杆速度。另外，收杆时检查一下握杆动作，如果依然稳稳地握住球杆，证明对快速挥杆已经实现了很好的控制。

6. 身体稍微向后弯曲

收杆时，身体稍微向后弯曲。髋关节应该比脚或胸口更靠近目标。这证明球员将上半身留在了球后，沿着目标线完成了挥杆。最后注意一点：收杆时，后脚保持竖直，用脚尖点地。这表明球员挥杆充分而流畅，身体保持了很好的平衡。

三、如何正常挥杆

挥杆动作的全部结构包括：后摆杆—上挥杆—挥杆顶点—下挥杆—冲击—顺势动作—结束动作（见图7-1-1-39）。

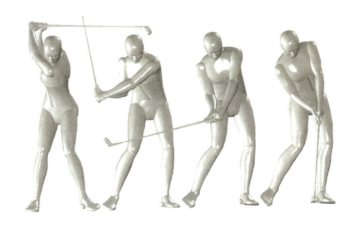

图 7-1-1-39　下杆击球

（一）后摆杆

后摆杆是指将杆头从击球准备时的状态开始向球的后上方摆动的动作，

从开始启动到进入屈腕动作为止。后摆杆是上挥杆的起始部分。使左臂与球杆成为一个整体，不要屈腕屈肘，保持两臂与肩构成的三角形，左肩和左手与球杆形成一体，以左肩依次带动臂、手、球杆，将球杆杆头慢慢向球的飞行方向正后方引摆直至手位到7—8点钟位（最低不小于7点钟位，最大不超过8点钟位）。在此过程中一定要保持两臂与肩构成的三角形，手腕没有任何动作。

（二）上挥杆

从挥杆动作的整体来看，后摆杆和上挥杆之间并没有区间界限，也没有任何停顿，后摆杆是上挥杆的起始，上挥杆是后摆杆的延续，甚至可以说后摆杆就是上挥杆的一部分。

（三）挥杆顶点

因为挥杆动作很快，上挥杆和下挥杆两个动作之间没有明显的时间划分，它们的转换只是在一瞬间完成的，我们就把两者转换的瞬间视为挥杆顶点。在上挥杆要完成时，左手的手腕保持正直，左手背与左前臂平直。左手拇指的指腹顶住球杆握柄，食指、中指、无名指、小指紧握球杆，左手手背朝向上前方，手背背面与前臂面在统一平面上，手腕无向掌侧或背侧的屈曲。左肘内侧稍朝上，右肘微向内扭，左右两腋均轻轻夹住。左肩内转90度，位于下颌处，指向球的右侧。腰部向右扭转，右膝保持稍向内扣，左膝向右膝靠近，左踵贴住地面，体重由右腿、右足内侧支撑，双手位于头的右后方，完成挥杆顶点。

（四）下挥杆

下挥杆可以简言之：因为上挥杆而向右回旋的身体的"发条"向左还原的动作。上挥杆的启动顺序为肩、臂、杆头一体至腰、髋、膝，而下挥杆则恰好相反，即从髋开始启动，带动腰、肩、臂、杆进入下挥杆运动。

课题二　球的弹道与飞行原理

一、球的九种飞行路线与成因

（一）球的九种飞行路线（见图7-1-2-1）

九种飞行路线包括直球、左曲球、右曲球、左直球、拉式左曲球、左直右曲球、右直球、右直左曲球、推式右曲球。

（二）高尔夫球飞行弹道理论

杆头运动轨迹决定球初始飞行方向，杆面朝向控制球的飞行曲线。通过多普勒雷达监测器观测，我们发现之前的那套飞行理论是无效的。实际上在甜蜜点击球的情况下，球的起始飞行方向取决于击球时的杆面朝向，而飞行曲线取决于杆头运动轨迹。例如：对于 1 号木，击球杆面朝向控制了 85% 的球路起始方向；对于铁杆，击球杆面朝向控制了 75% 的球路起始

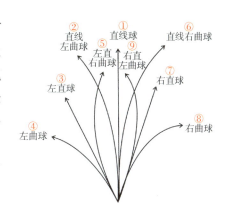

图 7-1-2-1　球的九种飞行路线

方向。随着杆面角的增加，这个比例会下降。这说明：假设所有的击球均为甜蜜点击球，在非甜蜜点击球的情况下，会产生"齿轮效应"（gear effect，击球瞬间杆面对球产生的旋转作用，就像齿轮一样带动旋转，会改变球的弹道及旋转）。

（1）球路产生弯曲是因为杆头轨迹的方向与杆面朝向的方向不同。

（2）如在击球时杆头轨迹的方向与杆面朝向的方向相同，则打出去的球可以是直的，也可能是左曲球或右曲球，取决于击球时的朝向。球路不会弯曲，除非球在飞行中受到外力，如风。

（3）球的起始方向绝大多取决于杆面朝向。

（4）击球准备时的杆面朝向并不决定击球时的杆面朝向，但却有一定的影响。

（5）球路的弯曲由杆头轨迹造成。

（6）草皮并不能对球的起始方向、杆头轨迹、球的曲线及着地角起到指示作用，实际上，草皮在这方面没有任何意义。

（三）杆头轨迹（见图 7-1-2-2）

杆头轨迹（club path），包括挥杆由内向外、与目标线重合及由外向内。负数表示由内向外，正数表示由外向内。

杆面朝向（face angle），负数表示击球时杆面朝向目标线左侧，正数表示击球时杆面朝向目标线右侧。

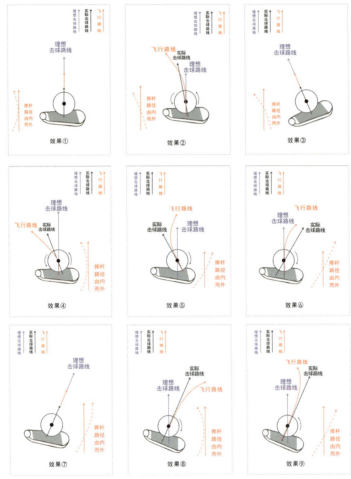

图 7-1-2-2　杆头轨迹

杆面–轨迹比率（face-to-face ratio），指以上两者的差别率。球杆越长，该比率越大，说明球率越弯曲。负数表示杆面朝向目标左侧，正数表示杆面朝向目标右侧。

起始方向（launch direction），负数表示起始方向在目标线的左侧，正数表示起始方向在目标线的右侧。

旋转轴（spin axis），表示球路的弯曲和倾斜的自转轴。负数为球路向左曲，正数为球路向右曲。

问自己两个问题：相对于目标线，球的起始方向如何？球在飞行最高点时如何变化？

球的起始方向确定后，再观察球飞行的弹道曲线，问自己以下问题：

（1）球路是否向右？如果是这样的话，杆头轨迹位于球的起始方向左侧。

（2）球路是否向左？如果是这样的话，杆头轨迹位于球的起始方向右侧。

只要能回答以上问题，就能知道球的起始方向和飞行弹道的弯曲方向。以上定律不会一成不变，由于实际击球中存在着"齿轮效应"。

二、球的五个飞行原理

（一）杆头速度

杆头速度是指杆头在击球时的速度。杆头速度的快慢直接关系到击球的距离。杆头速度越快，则球在离开杆面后的飞行速度越快。同时，当杆头速度提高时，球的倒旋率增大。好的击球会产生强烈的倒旋，使球飞得更高，而击球产生的侧旋会让球随着球速的增加，在空中侧向位移增大。

图7-1-2-3为送杆示意图。

图 7-1-2-3　送杆

（二）杆头轨迹

杆头轨迹决定球开始飞行的线路。

1. 中性轨迹

为了击出一个直球，杆头沿弧线运动。杆头接近球时，它处于球飞行线路的内侧，杆身的延长线对准目标线，击球时杆头的甜蜜点直接位于球上，击球后杆头又回到目标线内侧，但幅度很小。

2. 由内到外的挥杆轨迹（见图7-1-2-4）

杆头从目标线内侧挥向目标线外侧。球杆接近球时，指向目标线内侧。击球瞬间，甜蜜点处于目标线的内侧。击球后，甜蜜点处于目标线的外侧，杆头继续向外移动。

3. 由外到内的挥杆轨迹（见图7-1-2-5）

杆头从目标线的外侧挥向目标线的内侧，球杆指向目标线外侧。击球前，杆面的甜蜜点位于目标线的外侧。击球后，杆面的甜蜜点位于目标线的内侧，杆头继续向内移动。

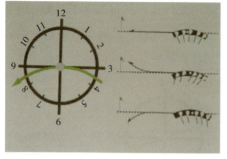
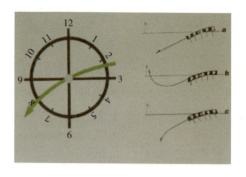

图 7-1-2-4　由内到外的挥杆路径　　　　图 7-1-2-5　由外到内的挥杆路径

（三）杆面角度（见图 7-1-2-6）

杆面角度是杆面击球时的朝向，决定了球在飞行过程中所产生曲线飞行的类型。如果杆面相对于杆头轨迹是方正的，球的飞行路线将不会出现偏移；如果杆面相对于挥杆轨迹开放，即相对目标线，远离身体一侧，则球会产生向外侧的旋转，从而形成右曲弹道；如果杆面相对于杆头轨迹关闭，即相对目标线靠近身体一侧，则球会产生向左侧的旋转，从而产生左曲弹道。

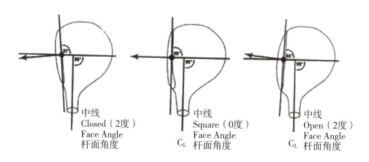

图 7-1-2-6　杆面角度

（四）击球角度（见图 7-1-2-7）

击球角度是指杆头在击球前向球的运动方向。击球角度对球飞行的主要影响是球的弹道和距离。这是因为击球角度影响球的倒旋率。

（五）击球中心度（见图 7-1-2-8）

击球中心度即甜蜜点，也即球与杆面的接触位置，对球的距离有着巨大的影响。如果没有用甜蜜点击球，从杆头传向球的力量就会减弱，其结果是

球的飞行距离缩短。击球时的触球点可能是杆头的跟部或趾部或杆面的中心点的上部或下部，这样一来，可能使杆面转动，失去准确度。

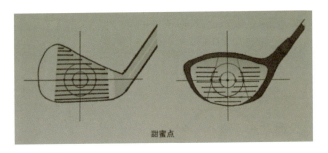

图 7-1-2-7　击球示意图　　　　图 7-1-2-8　杆面击球中心

三、球的飞行原理说明

开始时，球将沿杆头轨迹的方向飞出。杆面会使球产生旋转，如果产生侧旋，受空气影响，球会偏离最初的飞行路线。然而，这并不永远都是正确的。在杆面处于很大程度的打开或关闭状态时，杆面的位置将对球开始飞行的路线产生更大的影响。杆面角度更大时，杆面角度对球初始方向的影响将胜过杆头路径。

训练检测

1. 如何获得正确的基本站位？
2. 挥杆结构是什么样的？
3. 如何控制球的飞行路线？

任务二　高尔夫球的击球技术

活动场地 / 环境

高尔夫球练习场。

任务要求

1. 了解高尔夫球击球杆法对击球的影响；

2. 了解高尔夫球击球距离和方向对击球的影响。

能力训练

掌握高尔夫球击球杆法以及击球距离和方向的概念，能够有意识地提高对高尔夫球击球技术教学的认知水平；初步形成运用高尔夫球击球技术进行教学与训练的能力。

课题一　高尔夫球杆法的概念

一、杆法

杆法是高尔夫球运动中为了更好地击球而调整击打球的点和调整球杆挥杆的方法。

常见基本杆法有切滚、切停、定球和回拉。

（一）切滚

击打球的下部，杆头运行轨迹向前下，AK点短（A点：球杆杆面第一次与球发生接触时的点位。K点：球杆杆面与球发生分离时的点位），杆头不啃草，杆头对球的摩擦较小，产生的倒旋少，滚动距离长。

（二）切停

击打球的中下部，杆头运行轨迹向前下，AK点较短，杆头啃草，杆头对球的摩擦较大，产生的倒旋多，滚动距离短，有"刹车"现象。

（三）定球

击打球的中下部，杆头运行轨迹向前下，AK点较长，杆头啃草较长，杆头对球的摩擦大，产生的倒旋多，弹道较高，球落下弹起后就停。

（四）回拉

击打球的中下部，杆头运行轨迹向前下，AK点长，杆头啃草长，杆头对球的摩擦大，产生的倒旋最大，弹道较高，球落下弹起后被倒旋拉回来。

各种基本杆法加上AK点的控制可以有效地控制球的停点。

二、打法

高尔夫球的击球方法分为：挤压式打法，又称"V"形打法；平击打法，又称"U"形打法；扫击打法。

触球角度，指的是当挥杆击球时，杆头形成的轨迹与地面形成的角度。如果杆头以一个相对比较陡直的角度去击球，那么会制造出更多的倒旋，球会飞得更高，但距离会更近。另外，对于不同的人，每一号球杆都有自己最合适的触球角度，从而产生最大距离的弹道轨迹。触球角度与之相差越多，能够作用在球上的能量就越少，球也就不会打远，所以触球角度可以用来解释我们常说的球打薄或者打厚的问题。

挤压式打法、平击打法和扫击打法都与挥杆平面紧密相关，要想完成相适应的击球，必须有与之相匹配的挥杆平面，否则就不能稳定地完成相应的击球，也就更谈不上打出不同的杆法。

（一）挤压式打法

与之相适应的挥杆平面比较陡峭，主要使用短铁杆和角度杆。挤压式打法的击球起飞弹道更低，倒旋更多，球在空中的飞行更稳定，距离更远，因此击球效果更扎实。要想练习挤压式击球，不能一味地将球向下猛砸，而是要把挤压击球之前和之后的动作做好，这样在击球时会自然而然地挤压小球。

有的球员的铁杆击出的球总是像炮弹一样飞出，看起来非常有力量，而有的球员的铁杆击球却显得软弱无力，在空中晃晃悠悠、徘徊不前。这两者的区别就在于：前者是挤压式的击球，后者则是"捞球""挑球"。挤压式击球，是打好铁杆的秘诀。而"捞球""挑球"是业余球员最易犯的错误。

相关动作和对比见图7-2-1-1和图7-2-1-2。

图 7-2-1-1　收杆图

图 7-2-1-2　对比图

1. 怎样运用挤压打法

所谓挤压打法，就是触球时保持杆身前倾。通俗一些的说法是，在触球瞬间让双手在前，杆头在后，保持杆身微微前倾。

图 7-2-1-3　辅助练习

在击球准备（站位瞄球）时没有使杆身前倾，双手或位于杆头后方，或与杆头垂直，这样自然就无法在触球时保持杆身前倾了。如果击球准备时就让杆身微微前倾，会更有利于触球瞬间杆身前倾。

辅助练习如图7-2-1-3所示。

2. 下杆顺序

正确的下杆顺序为：髋部—肩膀—双臂—球杆（见图7-2-1-4）。

从上杆顶点开始，通过髋部的启动，带动肩的旋转，进而带动手臂，最后带动球杆。

只要严格按照这样的顺序下杆，就可以在触球瞬间形成双手在前、杆头在后，以及杆身前倾的击球动作。

图 7-2-1-4　正确的下杆顺序

3. 形成最后的击球动作（见图7-2-1-5）

肩轴与击球方向平行或略开放，髋部转过 25 度左右，左肩、左髋、左膝、左脚和双手在一个墙体即长方形框内。双手的位置在球的前方。

图 7-2-1-5　最后的击球动作

（二）平击打法

与平击打法相匹配的是比较平的挥杆平面，主要使用中铁杆，它们在击球过程中接近水平向前击球，多将球道草从跟部铲断，最多为-1 度。

形成击球动作：肩轴与击球方向平行，髋部转过 25 度左右，左肩、左髋、左膝、左脚和双手在一个墙体即长方形框内。双手的位置在球的前上方。

（三）扫击打法

与扫击打法相匹配的是更加平缓的挥杆平面，主要使用长铁杆和球道木及木杆，它们在击球的过程中以更长的水平线向前击球，从球道草上扫过，不打断草。

形成击球动作：肩轴与击球方向平行，髋部转过 25 度左右，左肩、左髋、左膝、左脚和双手在一个墙体即长方形框内。双手的位置在球的上前方或后方。

（四）解决方案

（1）进行短铁、中铁、长铁和木杆三种打法挥杆的对比练习。

（2）利用太极高尔夫球练习法，找到挥杆路径和挥杆平面。

（3）采用二分之一和四分之三挥杆练习法。

三、诱导练习

转肩，坐位转肩练习。

课题二　击球距离的控制

一、击球速度与距离的控制

（一）击球距离控制基本上分为两种情况

第一种，每支球杆能否打出球员的标准距离，或是能够超出球员的标准距离。

第二种，用一支球杆能够控制不同的距离，比较典型的就是推杆。

不管是哪一种，恒定的击球速度是控制距离的基础，也就是各支球杆能够打出稳定距离的基础，比如8铁140码、7铁150码等。

（二）两维度与三维度分析击球距离的控制

两纬度分析击球距离的控制是在一个水平面内的分析，比如过果岭推杆，我们既要看距洞杯前后推球的距离（在X轴上的），也要看与洞杯在左右的偏差（在Y轴上的）。

三维度分析击球距离的控制是在一个立体的三维面内进行的，主要针对除推杆以外的球杆，除了上面所说的远度距离（X轴）和偏差距离（Y轴）之外，还有一个高度维度的分析（在Z轴方向上的），这个主要是看球的起飞角度和落地角度，与球落地的滚动距离有关。

（三）出球速度与击球距离

在人为可以控制的前提下，有三个因素会对击球距离产生作用，分别是杆头速度、甜蜜点击球和触球角度。甜蜜点击球和触球角度问题前面已经解决。今天主要解决杆头速度问题。

对于杆头速度来说，又有五个方面对其产生影响，分别是力量、柔韧性、协调性、挥杆技巧和身体力矩。所以，要想杆头速度在击球的瞬间达到最大化，是需要这五个条件共同作用的。所谓身体力矩，说的是在挥杆中有更长的杠杆力臂，对于个人而言，这个因素是恒定的。这也是要求在击球的瞬间保持胳膊伸直的原因。这是先天性的因素，无法改变，但其他的四点都是可以通过后天的努力和训练来提高的。

轻松的挥杆能够完全释放杆头的能量。

（四）解决方案

要实现恒定的击球速度，需要做到以下方面：

1. 用身体打

从很多方面来看，体能当然是基本，不过挥杆模式最重要。

髋关节发力，用髋关节转动下杆，并让右膝盖靠到左膝盖去，使髋关节转动来带动击球。

2. 增加身体扭动

试着增加身体扭转的程度，而不是更用力挥杆。在技巧上多用一点双肩的转动，从而像上发条一样扭紧腰部。多利用大肌肉的扭转，距离就会自然增加。

3. 用离心力打球

理解如何用离心力来打球效果会更佳。挥杆旋转时，力量是由下往上的，尽量别用手去用力，应该用转髋带动腹肌的力量来带动整体的挥杆，并产生离心力。稳定的中轴不仅能创造出更快的杆头速度，挥杆的稳定性也会更好。

4. 用流畅增加速度

挥杆速度可以创造距离，但是用力不会使杆头速度变快。加速的前提是流畅的动作节奏，包括身体的转动与杆头的释放都要保持流畅。在技巧与动作上有进步，杆头速度自然变快，距离也会更远。

（五）辅助性练习

波比跳、转髋跑等。

二、上杆点钟与距离的控制

100码以内的距离控制，是我们打出好成绩的重要保障。

（一）点钟法距离控制

我们惯用表盘法表示上杆动作幅度，用恒定的力量挥杆来控制距离。通过练习获得肌肉记忆以把握距离。

距离练习很重要，尤其是那些打起来并不太舒服的距离。练习时要不断改变距离，哪怕是两杆之间增加3码的距离也可以。每次增加距离都要计算距离和点钟位置，从而留下良好的肌肉感觉。

短距离控制，要固定手腕弯曲程度，不做释放更有利于距离控制，因为不必考虑下杆过程中手腕释放产生的速度。

幅度较小的收杆位置会带来流畅的节奏，进而提升击球质量和控制性。

额外的建议：长草击球手腕尽量弯曲。这是一个特例。如果球埋在长草中或者极有可能击球点位置杆面与高尔夫球间会有长草，此时必须立腕，便于球员以一个较陡的路径下杆击球以触碰球的后部。记住一个原则：长草中的情形越糟糕，上杆时手腕弯曲的角度越大。

（二）切滚球距离控制技巧

切滚球的一个黄金法则是：让球尽可能少地飞行和尽可能多地滚动。

切滚球时，高尔夫球的飞行距离和滚动距离的比例对于距离控制非常重要。从角度杆到 3 号铁，可以选择任何一支杆切球。使用P杆时，球的飞行距离和滚动距离大致相等。使用 8 号铁杆时，球的飞行距离占 1/3，而滚动距离占 2/3。使用 6 号铁杆时，球的飞行距离占 1/4，而滚动距离占 3/4。这是因为，这组数据跟6号铁杆、8号铁杆和切杆（10号铁杆）密切相关。

这组数据是针对平整的果岭而言的。因此，在实战中，如果面对的是上坡的情况或是慢速的果岭，需要选择长一号的杆子；如果面对的是下坡的情况或是快速的果岭，需要选择短一号的杆子。

（三）解决方案

角度杆超越练习：从 1 码开始，每打一个球都要超过前面一个球的停点，直至到50码的位置。如果没有超过前面的球，视为失败，重新开始。

不同球杆切球落点练习：在3码、5码、8码、10码、13码、15码和20码做标记点，用不同的球杆切点练习。

重点：50码内距离球的控制。

难点：运用表盘钟点理论控制距离。

（四）诱导练习

筛箩筛沙子练习。

三、扎实击球

打铁杆时，触球是否扎实是影响击球质量的一个重要因素。扎实的触球不仅能对击球距离产生影响，更能影响击球方向。那么，什么才是扎实的触球呢？最简单的表达就是，在击球时应该让杆头先击中球，然后向下挤压接触地面。

先触地再触球或者只击中球不接触地面都不能算作扎实的触球，我们将这样的情况称为"打厚"或者"打薄"。

（一）保持中轴的稳定（见图 7-2-2-1）

由于铁杆需求的是精准，不似木杆那样追求距离，所以中轴的横移程度越小越好。中轴越稳定，击球精准度就越高。

图 7-2-2-1　保持中轴的稳定

什么是中轴？即身体脊柱以及它所连接的头部。通常以头部来判定中轴是否稳定。

当以稳定的中轴进行挥杆的时候，相信一定会增加扎实触球的成功率。

（二）控制上杆幅度

很多球员都有上杆过大的问题，虽然这样能够产生足够的击球力量，但相应地也损失了对挥杆的控制。

当对挥杆缺乏控制的时候，自然就不能保证让杆头扎实触球了。而小一些的上杆幅度却恰恰可以避免这一点。所以，适当地降低一些挥杆幅度（四分之三最为合适）可以使触球更扎实。

（三）保持身体角度

身体角度就是上半身前倾的角度，如果能够在挥杆过程中保持好身体角度，就可以避免打厚、打薄，实现扎实触球。身体多多少少都会有一些上下起伏，这就是无法让触球扎实的一大原因。球员在练球时，应该时刻提醒自己保持身体角度不变。

另外，在上杆过程中保持右膝弯曲也是让身体角度不变的一个关键点。

以上就是让触球扎实的最重要的三个技术点，做到这三点，一定可以改善击球不扎实的状况。

（四）解决方案

通过镜子、影子提醒自己，或者让身边的教练、朋友帮助自己改善自己中轴稳定的稳定性。

运用肩关节定位来控制上杆的幅度。

修改基本站位姿势，保持正确的身体前倾角度。

重点：扎实的击球。

难点：如何控制好击球三要素。

（五）辅助性练习

俯卧撑和背肌力量练习。

课题三 击球方向的控制

影响方向的因素并不像距离那样的复杂，只有两点，一个是挥杆轨迹，另外一个就是杆面位置

杆面位置指的是在击球的一瞬间杆面所处的状态，也分三个方面，一是打开，二是垂直，三是闭合。

因为球飞行的方向是由挥杆轨迹和杆面位置两者共同作用的，而两者各自又都有三种情况，所以做一个简单的数学上的排列组合，就可以知道一般来说球会出现9种不同的飞行路线。

一、基本要素

了解这两个基本要素，对于打球的时候出现的左曲、右曲等各种线路就没有秘密可言了。

把这9种线路简单划分，如果在击球瞬间杆面和目标线是垂直的，那么根据挥杆轨迹三种不同情况也只能出现三种可能，那就是左直球、右直球和中正球。

以此类推，如果在击球瞬间杆面是打开或者闭合的，那么就会出现各种曲线球。

一般来说，杆面打开会出现右曲球，而闭合则会出现左曲球。

如果再加上挥杆轨迹的影响，则会出现各种不同程度的左曲球和右曲球。

二、飞行路线的掌握

如果做更深层次的讨论，挥杆轨迹和杆面位置（见图 7-2-3-1）两者，对于球飞行路线的作用哪个更大些呢？

杆面位置的影响力相对来说要更大一些（隐性力与显性力）。

球是按照下挥杆的线路飞出去的，这只是对了一半，因为还有一个关键因素，就是当时杆面角度正好和下杆线路吻合。

如果杆面角度和挥杆轨迹并不吻合，当杆头速度很快的时候，球开始飞出去的路线可能会接近下杆路线，但在随后肯定会出现偏差。

图 7-2-3-1 挥杆轨迹和杆面位置

三、杆的控制面方向

由于高尔夫球有很好的弹性，击球过程中球面会发生一定的变形。击球时，如果杆头速度方向与杆面朝向不一致，杆面击球没有通过球心，就会产生一个旋转力，还会因为变形球面的切向撞击对球面产生切向摩擦力，摩擦力的方向为沿杆头速度在杆面投影的方向。在这两个力的作用下，球不仅冲向前方，还绕球中心旋转，从而形成弧旋球。所以，挥杆击球时应使杆头的速度方向对准目标，并且，此时杆面方向也应对准目标方向，这样球才会直线奔向目标。

另一方面，如果挥杆准备时有意预留一定的杆面偏差，就可以打出所需的左曲球或右曲球。

杆面的回正能力在于髋关节与肩关节的协调。如果肩关节旋转太快，超过髋关节，就会形成大左曲；如果髋关节旋转太快而肩关节跟不上，就会形成大的右曲球。因此，要保证杆面的方正击球，就要协调二者的旋转关系。

四、左侧支撑

左侧良好的支撑是杆面回正的关键，也是形成最后击球动作的重要基础。身体左侧成一条直线，脊柱角度略有倾斜，从而身体右侧呈现出明显角度。从正面来看，此站姿角度像英文字母"K"反过来书写一般，称之为反"K"形站姿（见图7-2-3-2、图7-2-3-3）。

为什么反"K"形站姿更容易做到稳定呢？因为这种站姿的角度非常接近最后击球动作。在准备击球到击球瞬间不用过多调整身体角度，弥补动作更少，让动作更加简单稳定。

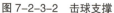

图 7-2-3-2　击球支撑

图 7-2-3-3　"K"形站姿

五、解决方案

（1）利用太极高尔夫球练习法，逐步找到挥杆的节奏。

（2）对照镜子练习法调整挥杆动作。

（3）调整基本站位。

重点：杆面方正击球。

难点：肩关节和髋关节的协调。

训练检测

1.高尔夫球有哪些杆法？

2.如何控制距离？

3.如何控制击球方向？

任务三　高尔夫球的推杆与切击球技术

活动场地 / 环境

高尔夫球场。

任务要求

1. 了解高尔夫球推杆技术对击球的影响；
2. 了解高尔夫球切击球技术对击球的影响。

能力训练

掌握高尔夫球推杆技术与果岭看线技巧，有意识地提高对高尔夫球推杆技术教学的认知水平，掌握高尔夫球切击球技术；初步形成运用高尔夫球推杆技术与果岭看线技巧以及切击球技术进行教学与训练的能力。

课题一　推杆技术

一、推杆技术的基本原理以及动作要领

高尔夫球运动是一种需要耐心细致、力量准确、精神集中、技巧平衡和对球洞区（果岭）周围感觉敏锐的击球运动。高尔夫球比赛中，推杆的杆数占一半。在一般情况下，每一个洞都有推杆击球入洞。因此，推杆技术的好坏直接影响球员打球的成绩。

（一）高尔夫球准备活动（见图 7-3-1-1）

膝盖微屈，保持身体直立，手臂放松，由肩膀发力带动手臂甩动。

转肩练习，坐在床上，后背挺直做转肩练习，每一次转动肩膀到下颏位置，由慢至快。

转肩应该是让左肩向右脚尖的上方转动，不论转动多少，一定要转到右脚尖的方向。记住：是旋转而不是别的什么方式。

图 7-3-1-1　准备活动

（二）握杆（见图 7-3-1-2）

推杆的握杆没有特别规范的要求，主要注意的是手腕要处于放松状态，掌心与握把接触，左手背与杆面平行。不能"掉"手腕，也不能"翘"手腕。通过推杆的手形可以控制推杆时杆面的角度。握杆正确，力度适当，推出的球才准确。

推荐两种握杆方法：

第一，反握杆。右手在上，掌心与握把接触，拇指贴在正面平处，中指、无名指、小拇指弯曲握杆，左手在下，大鱼际压在右拇指上，其余四指弯曲握杆，右手四指从外面压在左手四指上，两手背与杆面平行，握把的尾端指向手臂内侧。

图 7-3-1-2　握杆方法

第二，正握杆。左手在上，掌心与握把接触，拇指贴在正面平处，中指、无名指、小拇指弯曲握杆，右手在下，大鱼际压在左拇指上，其余四指弯曲握杆，左手四指从外面压在右手四指上，两手背与杆面平行，握把的尾端指向手臂内侧。

这两种握杆没有好坏之分，正握杆力量感好些，反握杆方向性好些。

（三）站位

（1）两脚各向外分开半步（见图 7-3-1-3）。初学者可以开立大些，保证髋关节稳定。

图 7-3-1-3　推杆站位

（2）上体前压，收腹提髋，重心在全脚掌（见图 7-3-1-4）。

图 7-3-1-4　上体前压

（3）手放松在体前（见图 7-3-1-5）。

（4）双腿微屈，双膝放松，大腿后肌肉拉紧（见图 7-3-1-6）。

图 7-3-1-5　双手位置　　　　　　　图 7-3-1-6　双腿位置

（5）调整握杆。

（四）动力来源

保持好手臂与肩膀形成的三角形，靠肩转动的力量，此即动力来源。

（五）推杆路径

直线、钟摆运动轨迹。

（六）击球方式

做匀加速运动。

（七）主眼的确定（见图 7-3-1-7 和图 7-3-1-8）

图 7-3-1-7　双手位置

图 7-3-1-8　侧面

站好之后，远方取一个点。两个手虎口相对搭成一个小三角，然后放到左眼或者右眼前，闭上另一只眼，如果那个物体还在这方块内的话，睁开的那只眼睛就是主眼，如果这个东西出了方块，闭上的那只眼睛就是主眼。

重点：主眼的确定、推杆握杆、站姿。

难点：匀加速推杆。

二、协调推杆基本动作的掌握及握杆动作练习

（一）做好基本站位

图 7-3-1-9　基本站位

做好基本站位（见图 7-3-1-9）之后，保持手臂与肩部形成三角形，由肩启动带动球杆，而非手臂启动用力。

（二）扎实击球

要扎实击球，就需要将杆头作用在球上的力是沿着球的中心线位置（见图 7-3-1-10 和图 7-3-1-11）通过的。

图 7-3-1-10　球的中心线一　　　　图 7-3-1-11　球的中心线二

（三）匀加速击球

挥杆保持匀加速状态。

（四）保持身体稳定

要让身体稳定，不产生左右晃动，保持下盘的稳定，髋部不要旋转，只靠肩部的转动击球。

重点：肩转动，髋不动。

难点：杆头运行直线。

三、距离控制

（一）3 码距离控制

1. 推球距离的把握和掌控

第一轮次，由 1 码开始将球推进洞或者推过洞的距离在推击距离 1 倍码数之内，然后依次推 2 码距离、3 码距离（见图 7-3-1-12）。

第二轮次，由 1 码开始将球推进洞或者推过洞的距离在推击距离二分之一码数之内，然后依次推 2 码距离、3 码距离（见图 7-3-1-13）。

图 7-3-1-12　距离控制第一轮次　　　　图 7-3-1-13　距离控制第二轮次

第三轮次，由1码开始将球推进洞或者推过洞的距离在推击距离三分之一码数之内，然后依次推2码距离、3码距离（见图7-3-1-14）。

2. 上杆的幅度控制距离

上杆至半个杆头（大约5厘米左右）的距离推球1码远，上杆至1个杆头的距离推球2码远，上杆至1个半杆头的距离推球3码远（见图7-3-1-15）。

重点：过洞距离的控制。

难点：用肩发力。

图7-3-1-14　距离控制第三轮次　　　　图7-3-1-15　上杆的幅度控制距离

（二）5码距离控制

1. 上杆的幅度控制距离

通过控制上杆的幅度来控制推击球的距离，而不是通过改变力量的大小。

推球2码距离练习：上杆1个杆头的距离（见图7-3-1-16）。

图7-3-1-16　推球2码

推球3码距离练习：上杆1.5个杆头的距离（见图7-3-1-17）。

推球4码距离练习：上杆2个杆头的距离（见图7-3-1-18）。

推球5码距离练习：上杆2.5个杆头的距离（见图7-3-1-19）。

图 7-3-1-17　推球 3 码

图 7-3-1-18　推球 4 码　　　　　图 7-3-1-19　推球 5 码

2. 用恒定的力量做匀加速运动

保持身体的稳定，杆头运行轨迹在一条直线上，尽量减少上杆幅度。

重点：上杆幅度对距离的控制。

难点：用恒定的力做匀加速运动。

（三）用两种力量推球

1. 用自然转肩的钟摆力量控制 5 码之内的距离

转肩上杆，保持好手臂与肩膀形成的三角形，而后靠手臂自身的重力将球杆释放。整个过程要保持好三角形（见图 7-3-1-20）。

图 7-3-1-20　三角形保持

2. 用 2 倍于第一种的恒定力量来推击球

用 3 码的上杆幅度，控制 6 码的距离；用 4 码的上杆幅度，控制 8 码的距离；用5码的上杆幅度，控制10码的距离。

重点：上杆幅度的控制。

难点：双肩的2倍力控制。

（四）3倍力量对距离的控制。

用自然转肩3倍的力量来推击球。

用3码的上杆幅度，推9码的距离；用4码的上杆幅度，推12码的距离。

重点：上杆幅度的控制。

难点：双肩的3倍力控制。

（五）带隐性力的球的控制

不旋转，杆面与地面成垂直角度，击球通过球心，不带隐性力（见图7-3-1-21）。

上旋转，杆面向上，与地面的垂直角度大于90度，击球不通过球心，有飞行距离，带有上旋隐性力，滚动距离远（见图7-3-1-22）。

下旋转，杆面向下，与地面的垂直角度小于90度，击球不通过球心，有飞行距离，抓地力强，带有下旋隐性力，末期停球感强，滚动距离近（见图7-3-1-23）。

图7-3-1-21　不旋转　　　　图7-3-1-22　上旋转　　　　图7-3-1-23　下旋转

课题二　果岭推击线的判断和果岭上距离的计算

一、果岭推击线的判断

阅读果岭的要点就是在推击前正确预测球滚动的起始方向。事实上，推杆任务就是推击时让球沿着既定的起始方向滚动，自然到达转折点，其余的滚动则由果岭的坡度决定。

有一种快速有效的确定球转折点的方法：首先，站到球的后面观察果岭，然后走到洞的另一边再次阅读果岭。观察完毕后，再次回到球后的过程中，停在果岭较低的一侧（也就是球转折点的相反方向），站在球与洞口之间一半的位置，最后一次阅读果岭，因为从这个点更有利于观察并预测准确的转折点位置。球的滚动轨迹选择失误有可能大大影响推杆的效果。

在每次推击前按照这样的程序来准备，当然也要注意统筹时间，以免压场。

草的颜色深为逆草，草的颜色浅而亮为顺草。

重点：推击线的判断。

难点：果岭的阅读。

二、果岭上距离的计算

推上坡球位，根据坡位角度和果岭速度增加距离。

推下坡球位，根据坡位角度和果岭速度减少距离。

另外可以根据草纹方向（逆草，顺草）控制距离。

重点：距离的计算。

难点：坡度、草纹对距离的影响。

课题三　切击球技术的基本原理和动作要领以及切球练习

一、击球技术的基本原理和动作要领

（一）握杆

1. 自然握杆法

自然握杆法（见图 7-3-3-1）又称"棒球式握法"，即像握棒球杆一样左右两手分开用十指握住球杆，右手的小指与左手的食指相贴。

2. 重叠握杆法

采用重叠握杆法（见图 7-3-3-2）时，将双手放在握把上，将右手小指放在左手食指和中指之间（右手球员）。左手的食指应该跟右手的生命线重合；杆倚靠在体前，用右手支

图 7-3-3-1　自然握杆法

图 7-3-3-2 重叠握杆法

住，将左手掌贴于球杆握柄处，手背正对目标，使球杆握柄从食指等四指第二关节起握杆，空出掌心。握柄尾部余出五毫米左右，以小指、无名指和中指将球杆握在小鱼际和小拇指指根间。食指自然收拢握住球杆，拇指沿球杆握柄纵长向前伸出压按在握柄正中稍偏右侧。拇指与其余四指成垂直状。将右手手掌张开，掌心正朝向目标方向，紧贴在球杆握柄的右侧方，使握杆的纵长从食指第二关节开始通过中指与无名指的指根，小指勾搭在左手的食指上或食指与中指间隙上，手指收拢，握住球杆，中指和无名指用力握紧，食指呈钩状弯曲，大鱼际包在左手拇指上。拇指与食指指根形成"V"形，其尖端指向颈部右侧。

图 7-3-3-3 互锁握杆法

3. 互锁握杆法

互锁握杆法（见图 7-3-3-3）中，右手的小指不是叠搭在左手食指与中指之间的缝隙上方，而是插入左手食指与中指之间，钩锁住食指。

（二）站位

双脚采用开放站位（见图 7-3-3-4）。

（三）上杆

转动肩关节，向球的后方转动上杆（见图 7-3-3-5），以肩带动手臂，手臂手腕放松，上杆幅度较小，最大不超过水平位置（9 点钟方向），每个点钟位控制不同的距离直至 30 码。

图 7-3-3-4 开放站位

图 7-3-3-5 肩动上杆

（四）动力来源

肩膀的转动，而非手臂发力。

（五）击球

主动转肩，带动手臂和球杆击球，杆面保持方正，膝盖稍向目标线弯曲。

（六）挥杆路径

由内至外的挥杆路径。

（七）送杆

保持姿势，向前送杆（见图7-3-3-6），不要翻转手腕。髋关节保持不动，送杆幅度与上杆幅度基本一致。

图7-3-3-6　送杆

二、5码内切球练习

开放式站姿，腰部也跟着开放，肩膀与目标线平行，重心在左脚。

球位摆放：杆面打开，握把末端对向身体的左外侧，球位在右脚内侧（见图7-3-3-7）。

重点：切击球动作。

难点：三角形的保持、转肩。

图7-3-3-7　5码内切球练习

三、5码、8码、10码切球练习

上杆至6点半钟位置切8码距离。

切5码距离，上杆至6点半钟位置（见图7-3-3-8）。

切8码距离，上杆至7点钟位置（见图7-3-3-9）。

切10码距离，上杆至8点钟位置（见图7-3-3-10）。

图7-3-3-8　5码切球练习

图7-3-3-9　8码切球练习

图7-3-3-10　10码切球练习

重点：恒定的击球速度。

难点：转肩与髋部动作协调。

四、点钟位控制与 50 码距离切球

站位：双脚采用开放式站姿，腰部也跟着开放，肩膀与目标线平行，重心在左脚。

图 7-3-3-11　点钟位控制

球位摆放：杆面打开，握把末端对向身体的左外侧，球位偏左（见图 7-3-3-11）。

切击球是在果岭周边使用的精准短击球技法之一，距离掌握是提高切击球技术的关键。切击球距离的控制主要来源于上杆幅度和握杆的长短。

上杆幅度越大，切击球的距离越远，在上杆过程中，上杆幅度最大不能超过水平位置（9 点钟），通过上杆幅度控制距离需要明确多大幅度多少距离，同样将球杆上杆幅度按照钟表方式进行划分，分别将球杆上到 7 点钟、8 点钟、9 点钟方向（见图 7-3-3-12~图 7-3-3-14），控制其击球距离。

图 7-3-3-12　7 点钟方向

图 7-3-3-13　8 点钟方向

图 7-3-3-14　9 点钟方向

重点：50 码内点钟位的控制。

难点：上杆的点钟位与距离的对应。

训练检测

1. 如何控制击球距离和方向？

2. 如何练好推杆？

3. 如何掌控好切杆？

任务四　TTRO 课程

活动场地 / 环境

高尔夫球练习场。

任务要求

1. 了解什么是高尔夫球TTRO课程；
2. 能够运用TTRO课程组织教学。

能力训练

掌握高尔夫球最大上杆幅度与击球动作；初步形成运用TTRO课程组织教学的能力。

课题一　TTRO 课程概述

一、什么是 TTRO 理论

TTRO理论是由杜一鸣先生于2012年提出的，他将挥杆技术动作的关键点用四个字母总结出来，有利于我们在高尔夫球教学中运用和球员记忆理解。

TTRO分别代表：上杆转肩（turn shoulder），下杆转髋（turn hip），释放冲击（release wrist impact），向外挥杆（inside out）。

二、TTRO 课程

根据杜一鸣先生的TTRO理论，我们开发出了TTRO课程。

（一）课程目标

培养球员高尔夫球挥杆结构。

培养球员高尔夫球挥杆的正确发力顺序。

传授球员掌握两轴转动的能量叠加概念。

传授球员掌握击球的正确路线。

（二）课程内容

上杆部分，球员学会用肩带动上杆，学会一体式上杆，学会简化的上杆。

下杆部分，球员学会用髋关节启动下杆，通晓髋关节的发力顺序与动力来源，通晓重心的转移方式。

释放与能量叠加部分，球员学会如何释放手腕，何时释放手腕，为什么是能量叠加而不是能量传导。

击球动作部分，球员学会下杆的挥杆路线，学会形成击球动作，学会如何控制球的线路。

（三）教学方法

除常规的教学方法外，我们独创了太极高尔夫球练习法。

太极高尔夫球练习法，就是借鉴太极拳的练习形式。在高尔夫球的挥杆过程中，我们按照手的点钟位，把球杆所在位置的正确形态构建出来。球员按照挥杆顺序练习，在每一个点钟位都要把动作做正确。开始练习是摆动作，熟练一些后就稍微加快一些速度。教学实践证明，这种练习方法效率很高。

（四）教具开发

为提高上杆动作的准确性，我们申请了实用新型专利"起杆训练校正器"，以提高训练效果。

课题二　最大上杆幅度与击球动作

一、最大上杆幅度

上杆到上杆顶点是上杆转肩下杆转髋时有效蓄力与释放的关键，这时双手的位置非常关键。

引入两限位理念之后，如果为了把球杆上到传统的顶点，即杆身与地面水平位，就会破坏身体的其他部位，为此我们引入了最大上杆幅度的概念。

在有左手腕关节限位和右肩关节限位同时参与的情况下，保持脸部始终对着球位，左臂保持伸直状态，转肩上杆，达到顶点（即不改变身体其他部位，手位不能再向上移动），即为最大上杆幅度，不论手位是在10点钟位还是11点钟位，如图7-4-2-1所示。

最大上杆幅度概念的引入，是要球员明白，每个人的身体形态不一样，身体素质不一样，上杆幅度也就不一样。

图 7-4-2-1　最大上杆幅度

球打得是否扎实，距离是否远，与上杆幅度的关系不大，最主要的是对球杆的可控性有很大影响，如果把双手的位置上到头后面，即使是国际大牌明星，也很难掌控住球杆。

最大上杆幅度的概念，有利于正确动力定型的形成，更有利于加强球员在各个不同的点钟位对杆头的感知。

二、击球动作

通过前面的力学分析，我们明白了两轴转动与能量如何叠加。为更好地形成能量叠加和掌控击球方向，我们借鉴铅球的最后用力动作概念，引入最后击球动作的概念，即在形成击球动作时，身体的左侧，包括左肩、左髋、左膝、左脚和左手在同一个长方体内，左臂和球杆成一直线，髋关节向左侧转过25度左右，重心位于左脚跟，杆面和击球线垂直。

最后击球动作的引入，对高尔夫球的挥杆教学起到了事半功倍的效果，球员的每一次击球，都要形成最后击球动作，这将有效地提高球员用身体打球的意识，有助于动力定型的形成，特别是对转髋下杆要求非常高。

训练检测

1. 什么是TTRO课程？
2. 什么是最大上杆幅度？
3. 什么是最后击球动作？

任务五　高尔夫球技术修正

活动场地 / 环境

高尔夫球练习场

任务要求

1. 了解高尔夫球技术修正与改进对击球的影响；
2. 了解高尔夫球挥杆技术修正方法。

能力训练

掌握高尔夫球技术修正方法，能够有意识地提高对高尔夫球技术教学的认知水平；初步形成运用高尔夫球技术修正方法进行教学与训练的能力。

课题一　墙面练习法

　　找一面墙，要改善上杆状况，就要找到感觉，把臀部靠住墙，先不拿球杆，专心摸索挥杆的路径。许多球员挥杆，手会碰到墙，这时就必须关注手的位置。手向内挥，不要挥到墙或玻璃上。它帮助许多优秀球员改善了挥杆向内的毛病。如图7-5-1-1~图7-5-1-5所示。

图 7-5-1-1　基本站位

图 7-5-1-2　上杆

图 7-5-1-3　下杆

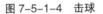

图 7-5-1-4　击球　　　　　　　　图 7-5-1-5　收杆

课题二　改进平衡练习法

没有平衡就不会有好的击球。预备时的姿势要保持到击球时的瞬间。

把两个球放在双脚后跟下面，保持平衡，感受重心向前倾。设定好后，大腿会感到压力。挥杆时也要保持，有很多球员挥杆后身体直立，似乎要用手去助力。站位好以后，起杆，送杆，重心要靠前，收杆时重心转移到身体的左侧。在两脚下放上球，能帮球员建立平衡的意识。击球时要保持平衡这一点很重要，也就是说，预备时的姿势要一直保持到最后，要保持脊柱的角度。如图 7-5-2-1~图 7-5-2-5 所示。

图 7-5-2-1　准备　　　　　图 7-5-2-2　踩住球　　　　　图 7-5-2-3　基本站位

图 7-5-2-4　上杆　　　　　　　　图 7-5-2-5　击球送杆

击球后要向前倒是对的，感觉倒向脚跟是错的。

课题三　杆身水平检验法

摆出预备姿势然后启杆，当杆身与地面水平时停住 2 秒时，向后看检查杆头是否与双手齐平。如图 7-5-3-1 所示。

图 7-5-3-1　杆身位置

课题四　落杆法

检测上杆是否正确，上杆顶点，放松手，看杆落在什么地方。如图 7-5-4-1 和图 7-5-4-2 所示。

图 7-5-4-1　上杆　　　　　　　图 7-5-4-2　杆身位置

课题五　夹手套练习法——二分之一挥杆

把手套放在左腋下，达到上杆顶点，手套随全身一起转，然后左臂上挥，手套掉落。如图 7-5-5-1~图 7-5-5-4 所示。

图 7-5-5-1　夹手套　　图 7-5-5-2　击球　　图 7-5-5-3　送杆　　图 7-5-5-4　收杆

课题六　回头看练习法

在上杆的过程中，每到一个关键的点位，要回头看肩关节、手臂、手腕、球杆、杆面的位置，击球完成后也是一样，这样能够帮助球员尽快找到挥杆平面，并在形成挥杆平面过程中不易产生多余的其他动作。这个练习法可以是同步的，也可以是分解的。如图 7-5-6-1~图 7-5-6-4 所示。

图 7-5-6-1　　　　图 7-5-6-2　　　　图 7-5-6-3　　　　图 7-5-6-4
基本站位　　　　　上杆　　　　　　杆身位置　　　　　上杆顶点

课题七　中轴角度修正法

在做预备动作时，调整好脊椎角度。腰背后面要挺直。姿势正确，挥杆时肩膀的转动才会稳定。击球过程保持该角度。把球杆放在后背，帮助挺直后背部，颈部放松，不要上抬，头部稍微向下。大腿前部会有压力感。如图 7-5-7-1 所示。

图 7-5-7-1　辅助练习

课题八　臀部贴物练习法

在身体后方紧贴臀部的位置放置一把椅子或者球包。如果身体角度发生较大的变化，那么臀部就一定会远离或者更加靠近椅子或球包，以此来起到警示作用。如图 7-5-8-1~图 7-5-8-4所示。

图 7-5-8-1　站位　　图 7-5-8-2　下杆　　图 7-5-8-3　送杆　　图 7-5-8-4　收杆

课题九　稳定的头部练习法

做好准备姿势，将头顶在一面墙或者一棵树上，保持头不动，开始做挥杆练习。如图 7-5-9-1所示。

图 7-5-9-1 头部练习

课题十 椅子练习法

上杆时，在右脚处放置一把椅子，上杆时避免右胯撞到椅子，如果是正确的使髋部向后旋转，那右髋应该是擦着椅子的，而不是撞击。下杆时，在左脚处放置一把椅子，下杆时避免右胯撞到椅子，如果是正确的使髋部向后旋转，那左髋应该是擦着椅子的，而不是撞击。如图 7-5-10-1 所示。

图 7-5-10-1 椅子练习

课题十一 一二三击球法

上杆至顶点后，听到口令"一"，下杆至 8 点钟时，保持左臂直臂和左手腕翘腕动作，然后回到上杆顶点。听到口令"二"重复口令"一"的动作，听到口令"三"做完整的击球动作。如图 7-5-11-1~图 7-5-11-6 所示。

图 7-5-11-1　基本站位

图 7-5-11-2　上杆

图 7-5-11-3　下杆

图 7-5-11-4　释放手腕

图 7-5-11-5　下杆

图 7-5-11-6　击球

课题十二　延时下杆练习法

　　一定要由髋部启动下杆，拿一条橡皮筋绑在柱子上，左手拉住橡皮筋，模拟启动下杆动作，髋部先回转，感觉左手会被橡皮筋拉住，这就是延时的感觉。如图 7-5-12-1 和图 7-5-12-2 所示。

图 7-5-12-1　延时下杆

图 7-5-12-2　辅助练习

课题十三 一二击球法

自启动上杆动作开始，心中默念"一、二"至顶点位置，停顿 2 秒钟，达到行断意不断，思考如何转体下杆。然后转动双髋，带动双臂、双肩完成挥杆。如图 7-5-13-1 和图 7-5-13-2 所示。

图 7-5-13-1　上杆顶点　　　　　图 7-5-13-2　击球送杆

课题十四 左手限位练习法

在正常握杆的同时，将左手拇指向前伸出，这样在击球的过程中，左臂手腕和球杆为最长状态，不会因为释放冲击而增加长度，从而打厚。如图 7-5-14-1 所示。

图 7-5-14-1　左手限位

课题十五　太极练习法

不同的点钟位置设定不同的检查要求。达不到要求要进行反复练习，之后向下进行练习。如图7-5-15-1~图7-5-15-7所示。

图 7-5-15-1　　　　　图 7-5-15-2　　　　　图 7-5-15-3　　　　　图 7-5-15-4
启动上杆　　　　　　上杆阶段　　　　　　上杆到顶点　　　　　　下杆

图 7-5-15-5　释放冲击　　　图 7-5-15-6　击球　　　图 7-5-15-7　送杆

课题十六　击球送杆练习法

高尔夫球最大速度是在击球点的前方，而非在击球点上。用1号木杆带松散的杆头套挥杆，杆头套应落在球的前方。如图7-5-16-1~图7-5-16-3所示。

图 7-5-16-1　启动上杆　　　　　图 7-5-16-2　下杆　　　　　图 7-5-16-3　收杆

课题十七　设定检查击球法

上杆到不同点钟位置，然后上下挥几次（颤动几下），再完成转身。手臂与肩三角形一起运动，手越过右腿，到 8 点钟方向手腕开始翘起，到一半（左臂）时与地面平行。右臂微抬到左臂上，左臂与身体横切。不要向前，也不要向后，大约与身体保持 30~40 度夹角，握把底部指向球。目标线与双腿连线方向平行。各部位一起动。如图 7-5-17-1~图 7-5-17-4 所示。

图 7-5-17-1　上杆　　　　图 7-5-17-2　杆身水平

图 7-5-17-3　上杆顶点　　　图 7-5-17-4　杆身位置

课题十八　角度杆超越练习法

由 1 码开始，每打一个球都要超过前面一个球的停点，直至到 50 码位置，如果没有超过前面的球，视为失败，重新开始。分别在 3 码、5 码、8 码、10 码、13 码、15 码、20 码做标记点，用不同的球杆进行切球落点练习。

课题十九　杆面修正练习法

在上杆和下杆的过程中，始终保持双手在身体中心的位置。多试挥几次，找到击球的节奏。如图7-5-19-1~图7-5-19-4所示。

图7-5-19-1　挥杆　　　图7-5-19-2　上杆　　　图7-5-19-3　下杆　　图7-5-19-4　击球

课题二十　甩右臂送杆练习法

先上杆，再缓缓下杆，形成准击球动作，接近击球位置，在触球前停下。正确的姿势是双手位于杆头之前，双臂与肩保持好三角形，左臂伸直，右臂微弯，右手腕后侧有角度，身体位于球的上方，胸部在球上方，双手在前。左腿姿势很扎实，与预备姿势相同，左腿站直，挥杆打左侧。如图7-5-20-1~图7-5-20-3所示。

注意：双手在前，左臂伸直，右腕微屈，身体在球正上方，左腿要稳，从右侧送杆。击球送杆，从右侧移出去，手臂摆到收杆位置，送推的动作和后转的动作很重要。

如此练习，击球的方向和稳定性都能得到提高。

图7-5-20-1　上杆　　　图7-5-20-2　释放冲击　　　图7-5-20-3　击球送杆

运用这一方法，揣摩击球时的正确位置。击球送杆练习法能帮球员找到击球点的正确位置。

课题二十一　闭眼挥杆练习法

转身，下杆，释放手腕，形成连贯的感觉。对上杆、瞄球、准备上杆、击球等各个动作都很清楚，上场后知道该怎么样挥杆，这是最重要的。闭眼挥杆不是闭眼击球，而是通过闭眼挥杆，在内心调整正确挥杆的感觉。清楚在做什么动作，对转身、下杆、屈腕等每一个动作都有感觉，挥杆只有一瞬间，把各个动作连贯起来，形成连贯的节奏感。如图 7-5-21-1~图 7-5-21-5所示。

图 7-5-21-1　启动上杆

图 7-5-21-2　继续上杆

图 7-5-21-3　下杆

图 7-5-21-4　释放冲击

图 7-5-21-5　击球送杆

课题二十二　一体式上杆练习法

肩不动手不动，肩动手动球杆动。其实就是别动胳膊，转动双肩，带着胳膊沿目标线向后旋转，直到杆身与地面平行才开始翘手腕往上走。要做到一体式上杆，双肩一定转动充分。另外，双肩带动胳膊上杆，能够很容易找到适合自己的挥杆平面，不会使挥杆平面过平或是过于陡峭。双肩带动胳膊上杆，同时腹肌要收起来一些，以保障肩关节和髋关节的联系，使身体各个部位成为一个整体。下杆时也是身体先启动（具体次序是髋、腰、肩、手臂和球杆），从而形成由内向前的挥杆。如图7-5-22-1~图7-5-22-4所示。

图 7-5-22-1　　　　　图 7-5-22-2　　　　　图 7-5-22-3　　　　　图 7-5-22-4

基本站位　　　　　　　上杆　　　　　　　　继续上杆　　　　　　上杆到顶点

课题二十三　太极推手练习法

采用太极推手练习法，找到用腰髋发力的发力点。如图7-5-23-1所示。

图 7-5-23-1　太极推手练习法

课题二十四　最后击球动作练习法

肩轴与击球方向平行，髋部转过25度左右，左肩、左髋、左膝、左脚和双手在一个墙体即长方形框内。双手的位置在球的前方。如图7-5-24-1和图7-5-24-2所示。

图 7-5-24-1　基本站位　　图 7-5-24-2　最后击球动作

训练检测

根据不同的错误动作，筛选适合的技术修正法进行改进练习。

项目八
高尔夫球的诱导与辅助练习手段

在高尔夫球运动中除了训练技术能力，还需要加入体能练习。高尔夫球挥杆过程是对综合力量、柔韧性、协调能力、平衡能力等表现出来的控制能力。身体素质在高尔夫球挥杆中有着重要的影响，通过辅助练习对不同肌肉、不同环节的力量进行锻炼，提升挥杆速度、击球距离、击球效率和击球准确性。本项目主要阐述高尔夫球的诱导与辅助练习手段，包括身体转动练习、腿部练习、肌肉感觉练习等，提高球员的综合运动能力。

了解高尔夫球辅助动作的重要性，掌握身体转动练习方法，掌握腿部练习方法，掌握肌肉感觉练习方法。培养球员在实践中运用辅助练习手段的能力。

能够运用所学知识、正确认识与掌握高尔夫球的诱导与辅助练习手段。通过合理有效的训练和恢复手段，培养球员在实践中运用的能力，提高球员的高尔夫球技术成绩，进而提高自己的从业能力。

任务一　身体的转动练习

活动场地 / 环境
室外练习场。

任务要求
1. 了解身体的转动能力对提升高尔夫球技术的重要性认识；
2. 了解并掌握身体的转动练习方法。

能力训练
通过对身体平衡的调整和体感训练，加强身体旋转力，强化身体轴心，增加释放能力，从而达到增加击球距离和提高击球稳定性的目的，提高球员对身体转动练习的认识水平，使球员掌握身体转动练习方法；初步形成运用转动练习方法进行教学与训练的能力。

课题一　转身练习方法

高尔夫球挥杆中，无论是上杆过程，还是下杆过程，都需要通过身体的旋转释放动能，完成挥杆。在打球的过程中是由大肌肉带动小肌肉的，下面的练习让躯干围绕中心轴转动，使球员更加平稳地挥杆，掌握高尔夫球的身体转动练习方法与作用。

一、双手持球杆转身练习
做出正确的击球准备动作，双手握住一支球杆的两端，并把它架在颈后。按照高尔夫球的挥杆动作进行练习，上杆时由肩部开始，带动手臂与腰部转动，到达上杆顶点时肩转 90 度，腰转 45 度。下杆时重心先向左，移到左腿，绕着左侧轴心由腰带动回转。重复上述动作，每次训练 10 个一组，

3~4组。

二、双手交叉抱肩转身练习

做出正确的击球准备动作，双手交叉抱住双肩，旋转肩部带动身体的转动，上杆时右肩启动向后旋转，左肩转动到达下巴的位置，下杆时左肩启动向目标方向旋转。辅助身体进行充分的旋转，更好地完成挥杆动作，在击球时会更加流畅。重复上述动作，每次训练10个一组，3~4组。

三、支撑弓步转体练习

俯撑双手与肩同宽，挺直背部，一侧脚向前最大幅度迈开，同侧手肘触地后用力向上伸展，目光跟随手移动。依次回到起始状态，做另一侧的转体。手肘触地时胯部有牵拉感，转体时胸椎处有牵拉和舒展感。重复上述动作，每次训练10个一组，3~4组。

四、单腿支撑横向挥动手臂练习

坐在椅子或者弹力球上，左脚抬离地面，右腿着地，右膝和臀部弯曲90度。将弹力绳直接连接身体右侧某个固定物体，或双手握住球杆，球杆握把抵住胸口位置，保持肩与手臂的连线形成三角形。双手握着弹力绳的手柄，锁住胳膊肘，手臂向外伸直置于体前。弹力绳与手臂形成90度夹角。保持头部和膝盖朝前，充分向左旋转躯干。重复上述动作。每次训练20个一组，3~4组。

课题二　乐体转体动作

一、器材握法

拇指放入乐体环中，将乐体缠挂于背部，双手充分拉伸乐体。

二、动作要领

双脚打开略宽于肩膀，屈膝，髋关节微微翘起，大臂贴近身体，旋转肩膀。

三、注意事项

脚尖和膝盖方向保持一致，膝盖弯曲程度不能超过脚尖，髋关节固定住，身体不要前倾，手臂不要加力，保持头部不动。

四、动作意义

通过左右对称的旋转训练可以增加轴心，激活及锻炼脊柱周围的肌肉群，恢复身体左右平衡，使击球过程中身体的旋转更加稳定，达到稳定性击球的目的。

课题三　乐体抬腿、踏步、走路动作

一、器材握法

拇指放入乐体环中，将乐体缠挂于背部，双手充分拉伸乐体。

二、动作要领

在上半身持续转体的同时，双腿分别进行单侧抬腿、踏步运动和走路运动。

三、注意事项

在运动过程中，调整好重心位置，身体不要前倾或后仰。

四、训练意义

这个动作是乐体转体动作的升级版，不但可以提升身体的协调性，对提升上下半身的联动性和下肢的支撑记忆也有非常好的效果。

课题四　弹力球上转动躯干练习

躺在弹力球上，头部和肩部接触球面。抬起臀部，与膝部和肩部形成一线。握住弹力球，伸直双臂置于胸部上方。想做转动上体和手臂90度，左肩

应接触弹力球球面，右肩应正对天花板，在向左旋转过程中，弹力球应稍稍向右移动。恢复起始姿势，向右重复上述姿势。每组左右各10次，3~4组。

训练检测

根据实际情况，选择合适的转体练习方法。

任务二　腿部练习

活动场地 / 环境

健身房、体能实训室。

任务要求

1. 了解腿部力量对提高高尔夫球技术的重要性；

2. 理解与掌握腿部练习方法，培养球员实践运用的能力。

能力训练

通过腿部力量的训练，加强身体的下肢力量，从而增加击球距离和提高击球稳定性；初步形成运用腿部练习技术进行教学与训练的能力。

课题一　站姿哑铃提踵

双手（或单手）持握哑铃于体侧，小腿用力将脚后跟向上抬起，直到脚面绷直，然后慢慢放下，脚跟不着地。也可以采用单腿站姿哑铃提踵，锻炼小腿三头肌（腓肠肌、比目鱼肌）。

注意：

第一，完成动作时不要屈膝或屈身，也不要有意将重心前移，否则效果会变差。

第二，提踵运动主要是通过腓肠肌的收缩来完成的。脚跟抬起时，要感觉小腿肌肉充分收缩，停顿一会后慢慢下降到最小，让小腿肌肉得到充分伸展。

第三，动作一定要标准，对小腿的刺激才会更明显。

课题二　杠铃深蹲

两脚分开，达到与肩同宽的站姿站立，挺胸收腹，双手握住杠铃放在颈后。收紧腹部，膝盖逐渐弯曲，使重心下降至膝盖成直角，然后停顿一会，再集中到腿部力量，快速回到刚开始的位置。

一、动作要求

杠铃深蹲时要收紧腰腹。

杠铃深蹲时膝盖尽量不要超过脚尖。

杠铃深蹲时吸气，起立时呼气。

杠铃深蹲重量过大时，需要有人进行保护，因为大重量的杠铃深蹲具有一定的危险性。

二、不同站姿的杠铃深蹲锻炼效果

双脚与肩同宽站姿：锻炼大腿肌肉。

双脚宽与肩站姿：锻炼大腿的两侧肌肉以及臀部肌肉。

膝盖下蹲小于90度角（半蹲）：锻炼大腿的内侧肌肉。

膝盖下蹲大于90度角（深蹲）：锻炼大腿的两侧肌肉和臀部肌肉。

课题三　倒蹬机腿部训练

倒蹬机的使用方法有多种，我们可以选择宽距、窄距或是标准用法，其实动作难度和训练方法没有太大的差异，只是双腿在训练过程中放置的位置不同，所以着力点也不一样，会导致一些锻炼效果上的差异。选择好动作姿势后，让身体斜靠在倒蹬机上，双脚抵住倒蹬机的顶板位置，腿部发力，将倒蹬机向上推，直到腿部到达极限。最好腿部能够伸直，再慢慢收回动作，重新开始。倒蹬机主要锻炼腿部以及臀部肌肉。因为在将倒蹬机上推的过程中，主要用的是腿部肌肉，所以对这部分肌肉有一个很好的刺激作用。

使用倒蹬机进行锻炼，可以从每组15个开始做，每次完成1~2组，能够感觉到腿部收紧即可。当我们比较熟悉动作以后，可以将动作提升至每组完成 20 个，日常可以进行 2~3 组。渐渐加深腿部的适应性，从而让肌肉能够一点一点得到锻炼，不会导致肌肉发酸发软。

课题四　无器材腿部训练

一、蛙跳

两脚分开成半蹲，上体稍前倾，两臂在体后成预备姿势。两腿用力蹬伸，充分伸直髋、膝、踝三个关节，同时两臂迅速前摆，身体向前上方跳起，然后用全脚掌落地，屈膝缓冲，两臂摆成预备姿势。主要锻炼的是股直肌和大腿肌肉。每组 7~8 次，4~5 组。

二、原地纵跳

直立，两臂弯曲自然放于体侧，下蹲后向下纵跳。第一腾空双腿做外展屈腿并脚动作，第二腾空双腿做提膝并脚动作，第三腾空双腿做后摆展体动作。主要是发展腿部、小腿后部和腰腹肌群力量。每组 7~8 次，4~5 组。

三、横向扩张，反向弓箭步

直立站好，双脚分开与胯同宽，双手放在胯部。右脚向后跨一步，脚尖点地，重心在左脚。左腿弓步，双膝弯曲。身体向下压，左膝弯曲直至大腿与小腿垂直，左大腿与地面平行，右腿贴近地面。手臂举至身体两侧，与肩膀平行。收回双腿，回到准备动作。完成另一侧的动作，两侧交替完成，每侧重复 10 次，3~4 组。主要锻炼股直肌、股二头肌、股外侧肌等部位。

注意：避免臀部向某一方向扭转，以及耸肩、弓背或身体前倾。

四、椅式曲膝

双脚打开站好，两脚脚趾朝外，在前面放置一把椅子。膝盖与脚趾同方向，屈膝，压低身体，做下蹲状。拉直背部，提高身体，回到准备动作。动作重复 10 次。主要锻炼腹直肌、臀大股、股直肌、股外侧肌等部位。每组 7~8 次，4~5 组。

注意：拉紧腹部肌肉，双膝放松，避免脚趾的转幅过大引起脚部不适，

身体扭向一侧，背部拱起或前倾，动作过急，失去平衡。

五、开合跳

从站立姿势开始，双脚并拢，双手放在身体两侧；向上跳的同时，手臂从两侧举起越过头部做出动作。双脚落在身体两侧，利用接触面的反弹力再次向上跳起，手臂和双腿回到起始位置。重复做该动作，从窄站位跳到宽站位跳，同时手臂在身体两侧一直上下摆动。每组15次，4~5组。

训练检测

如何根据球员的实际情况，结合现有条件，选择练习方法？

任务三　肌肉感觉练习

活动场地 / 环境

室外训练场或室内练习场。

任务要求

1. 了解肌肉感觉练习对提高高尔夫球技术的重要性；
2. 理解与掌握肌肉练习方法，培养球员实践运用的能力。

能力训练

通过对身体肌肉感觉的训练，加强身体对挥杆的控制能力，提高挥杆的速度，增加击球距离和提高击球稳定性，提高球员对肌肉感觉练习的认识水平；初步形成运用肌肉感觉练习方法进行教学与训练的能力。

课题一　挥杆点钟位练习

通过肌肉感觉练习，能够清楚地知道每次挥杆的发力顺序，挥杆的力量大小，从而调整击球的距离，增加击球的准确性。做好正确的瞄球准备姿势后，可以通过划分时钟的方式进行挥杆练习。球员在做好准备姿势之后保证头部不动，通过设置不同的点钟位置（如 7 点、8 点、9 点等）来让球员感受上杆幅度，通过反复练习，增强肌肉记忆。通过点钟位挥杆练习，可以知道球杆达到不同位置时的击球距离。

课题二　闭眼挥杆训练

在打球时可以通过闭眼训练，找到挥杆节奏和挥杆感觉。在正常进行击球前，可以闭上眼睛先空挥杆几次，再正常击球。通过挥杆时集中注意力使双手、双臂、肩膀、腰部等身体的各个部位按次序协调用力，找到适合自己的挥杆节奏和协调能力，提高击球的稳定性。

课题三　高尔夫风力练习器

图 8-3-3-1　高尔夫风力练习器

在做高尔夫球的基本准备动作后，握住高尔夫风力练习器（见图 8-3-3-1），通过上半身的转动，达到上杆顶点，停顿并向下摆动手臂，用力向前挥动风力练习器，在面向目标的过程中身体保持转动。本器材的练习可以不受时间、场地的限制，即可随时进行高尔夫球挥杆练习，能有效提升挥杆速度，以及腰力、臂力、腕力。每组 10 个，3~4 组。

训练检测

怎样因地制宜地选取不同的训练方法改善球员的肌肉感觉？

任务四　功能性训练

活动场地 / 环境

多媒体教室、健身馆、康复训练馆。

任务要求

1. 了解功能性训练的用途和目的，学会正确地运用功能性训练方法；

2. 将功能性训练方法运用到高尔夫球训练中，增加高尔夫球体能训练的方法与手段。

能力训练

培养球员实践运用的能力，通过合理有效的功能性训练和恢复手段，提高球员的高尔夫球技术成绩；初步形成运用功能性训练方法进行教学与训练的能力。

课题一　移动性训练

一、俯卧四肢跪撑式训练

采用俯卧式方法，四肢撑地跪立在瑜伽垫上，要求双手支撑与肩同宽，双膝支撑与地面垂直，同样也与肩同宽。起始状态时，颈部与腰背部呈一条直线，与地面平行。随着不断地吸气，背部缓慢向下落（塌腰），臀部自然翘起，此时胸部与头部会慢慢抬起，眼睛看向前方。不要耸肩，从侧面看形成一个弧形。在吐气的过程，背部慢慢拱起，腹部逐渐收紧，埋头看瑜伽垫，双臂同样伸直，此时从侧面看形成一个拱桥的形状。通过反复练习，提高髋部的移动能力。

注意：俯卧四肢跪撑式动作要尽量缓慢，随着呼吸节奏来做，不要太快，也不要用力过猛，呼气向上拱起时臀部要向内收，吸气向下沉时臀部则要向

上翘起。

二、上下半肢分离训练

在练习过程中要双手抱肩，双脚开立与肩同宽或略比肩宽，身体稍向前倾，膝盖弯曲，犹如高尔夫球的基本站位。此时要求上半身不动，下半身（髋关节）做旋转练习，以及下半身不动，上半身做转肩练习。

注意：在练习上下半肢分离训练时，要始终保持脊柱直立，不能出现水平移动或者弯曲的情况。

课题二　稳定性训练

一、实心球俯卧撑

练习者以俯卧撑的姿势俯卧于瑜伽垫上，双手撑于垫上与肩同宽，右手手下放一个实心球按住，另一只手撑于垫上，双脚平行打开与髋同宽。在练习过程中，要求背部挺直成一条线，不要出现跷腿或塌腰，要直上直下。

注意：按压实心球的手不能脱离实心球，在练习时不能塌腰。

二、收腹平板

俯卧四肢跪撑式，可用三点支撑，也可两点支撑。

课题三　平衡性训练

鹳式转体：练习者在练习时右腿支撑于地面，微屈膝，左腿抬起来放在右小腿后面。屈髋，使身体处于高尔夫击球准备的状态，双手交叉放于胸前，尝试保持上半身与骨盆处于一条线上，让骨盆向两侧旋转，左右两边交互练习。

注意：在练习过程中，尽量保持上半身与骨盆在一条线上，骨盆不要左右摆动旋转。

课题四　力量与爆发训练

一、负重深蹲

练习时双脚开立，略比肩宽，在进行负重深蹲时，其杠铃重量要适可而止，在下降过程中要缓慢且膝盖方向指向前方，推起来时要比下降过程快些。

注意：在深蹲过程中，颈部与背部要求成一条直线，颈部不要有前伸动作，上重量时要根据自身情况选择相应的重量。

二、直臂下拉

双脚与肩内侧同宽，面向训练器站立，双手正握，双手与肩同宽，手臂伸直，背部保持挺直不动，上身可微微前倾，腹部收紧。练习时，肘部伸展或微弯，弯曲幅度不要明显，下拉横杠于大腿前部接触。控制力度让横杠匀速恢复至起始位置，保持双臂姿势不变。

注意：重量不要太大，手腕保持绷直，这样手臂受力会减少，背部集中受力。

课题五　拉伸训练

坐在地上，左腿放于体前成 90 度，大小腿的外侧平放于地面上。右腿弯曲成 90 度，并使大腿和膝盖直接指向身体右侧，左手放于身旁地上，躯干与骨盆对齐，脊柱直立，去感受右侧髋关节带来的张力。在不移动身体的情况下，尝试将腿拉离地面，降低右侧小腿的压力。重复 15~20 秒，之后换另一侧进行拉伸。

注意：在练习过程中，脊柱要保持在直立状况，不能弯腰。前期进行拉伸过程中可能会有不适感，可以将左右腿的角度适当打开些。

训练检测

掌握各种功能性训练方法。

任务五　常住训练

活动场地 / 环境

室外训练场。

任务要求

1. 了解并掌握常住训练理论及训练方法，认识常住训练方法对高尔夫球技术的影响及作用，提高柔韧性、协调性以及平衡性。

2. 了解并掌握常住训练方法及放松方式，意识到常住训练方法对高尔夫球技术的重要性。

能力训练

通过对身体平衡的调整和体感训练，加强身体旋转力，强化身体轴心，增加释放能力，从而达到增加击球距离和提高击球稳定性的目的；初步形成运用常住训练方法进行教学与训练的能力。

课题一　丹田环转手

练习者双手反向（与下面不一致）插入丹田环内，肩膀放松，双臂抬高至胸前呈环抱状，手腕用力将丹田环撑开并向身体外做顺时针旋转，动作流畅。如图 8-5-1-1 所示。

注意：在练习过程中，注意肩膀放松，手腕始终处于将丹田环撑开状态，避免双手缠绕而不能有效练习，双臂始终位于胸前。

图 8-5-1-1　丹田环转手

课题二　丹田环抬手

　　双手同向放（与上面不一致）入丹田环内，丹田环位于手腕处，手臂伸直，手掌相对用力撑开，十指相互抵住，将双手高举过头顶，抬手吸气，放手吐气，激活僵硬的斜方肌，增加血流量，打开肌肉节点，缓解肩颈疲劳积累。如图8-5-2-1所示。

图 8-5-2-1　丹田环抬手

　　注意：在练习过程中，双手上举时大臂内侧尽量贴着耳朵，头部正直，使双臂尽量往后拉伸。

课题三　乐体颈部运动

　　在练习过程中将无名指、中指放于乐体绳中，将乐体球拉至乐体绳中间位置。双手向下拉伸其乐体，使乐体和乐体球正好抵在肩、颈连接处，颈部由左向右充分伸展，并旋转5次。然后从右到左完全拉伸，旋转5次。如图8-5-3-1所示。

图 8-5-3-1　乐体颈部运动

注意：在练习过程中，保持身体正直，不要让身体姿势垮掉，做动作时要尽量大，范围缓慢转动颈部，肩膀放松并保持肩膀不动。

课题四　肩部运动

在练习过程中将中指、无名指插入乐体的环中，将乐体放在背后，手臂伸直，双手充分拉伸乐体。用乐体充分伸展后，借用收缩力带动手臂向后侧充分夹住手臂，尽量向后伸展挤压肩胛骨，模拟在身体后方扇动双臂。如图8-5-4-1所示。

图8-5-4-1　肩部运动

注意：保持身体挺直，不要向前倾。在做动作时，头、肩相对僵硬，头会不由自主地向前伸展，需抬头目视前方，手臂会伸直，注意控制。

课题五　游泳动作

在练习过程中中指、无名指（可根据球员的状态进行调整）插入乐体的环中，置乐体于身后，一只手放在顶部，一只手放在底部。用双手拉伸器械，使其与器械保持一致。从一边到另一边伸展身体，像仰泳那样向后旋转手臂。向前旋转，就像自己在练习自由泳一样。如图8-5-5-1所示。

注意：双手尽量伸直，用力旋转，使旋转更平稳。双臂伸直，身体放在头和脖子后，与身体保持一定距离。

图 8-5-5-1　游泳动作

课题六　髋部运动

在练习时双手握住乐体的绳结处，将乐体举过头顶，弯腰，手臂向上伸直，双手充分伸展。双脚打开略宽于肩部，目视前方，双腿伸直，后背挺直，腰部保持正常的生理弯曲，髋关节向后平移，感受臀部和腿部的后侧肌肉有拉伸感即可。如图 8-5-6-1 所示。

图 8-5-6-1　髋部运动

注意：保持背部水平，腰部保持正常的生理曲线，避免背部拱起，感觉臀部后面的肌肉和腿部的伸展，保持膝盖伸直。不要憋气，保持正常的呼吸即可。

课题七　后屈运动

在练习时要求双手抓住绳结处，将其缠挂于背部，双手充分拉伸乐体。双脚打开略宽于肩膀，髋关节向前平移，以髋关节位置为折点，后仰身体，双手向上充分拉伸乐体。目视后方，伸展身躯保持平衡。如图8-5-7-1所示。

图 8-5-7-1　后屈运动

注意：当你向后弯曲并用力伸展身体时，保持平衡，避免摔倒。不要勉强自己，只要弯腰到腹部有一种拉伸感不会跌倒即可。不要憋气，保持正常的呼吸即可。

课题八　胯部左右运动

在练习时双手握住乐体绳结处，将乐体伸过头顶，手臂伸直，双手充分伸展乐体。平移髋关节，身体左右弯曲拉伸。保持手臂与乐体形成的三角形，注意头部的位置。如图8-5-8-1所示。

图 8-5-8-1　胯部左右运动

注意：*从侧面看就像夹在夹缝里一样，不能向前、向后倾斜或侧弯。躯干伸展到90度直角，腿不能弯曲。*

课题九　旋转运动

在练习时身体以足为中心，髋关节向前、左、后、右四个方向依次伸展，髋关节画圆，做圆周运动。如图8-5-9-1所示。

注意：*做旋转运动时感受前、左、后、右四个方向的平衡性，身体始终处于拉伸状态。*

图 8-5-9-1　旋转运动

课题十　乐体高级拉伸

在练习时将乐体对折，托于掌心，双手紧贴，之后向内旋转一周，使乐体紧紧地缠绕在双手上。向上：头正位，向下看，低头。俯身：双脚打开略比肩宽，保持后背直立，向斜下方拉伸，俯身方向的左侧和右侧水平拉伸，站立位身体向后拉伸，左侧和右侧侧向拉伸。如图8-5-10-1所示。

注意：*将乐体紧绷，尽量一次做完，在此过程中手尽量不要放下来。*

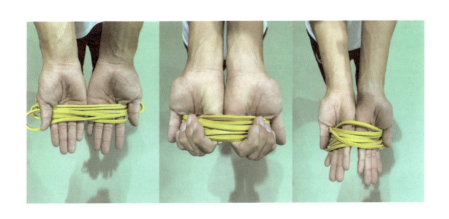

图 8-5-10-1　乐体高级拉伸

课题十一　乐体抬腿、踏步和走路动作

在练习时拇指放入乐体环中，将乐体缠挂于背部，双手充分拉伸乐体。在上半身持续转体运动的同时，双腿分别进行单侧抬腿、踏步运动和走路运动。如图 8-5-11-1 所示。

图 8-5-11-1　乐体抬腿、踏步和走路动作

注意：在运动过程中，调整好重心位置，身体不要前倾或后仰。

课题十二　威力棒运动——关节挥法

在练习时双手抓握在威力棒握把处，以能稳定握住挥把的力量为宜。双脚打开与肩同宽，目视前方，身体保持直立。重心略向后，保持在脚后跟位置，下肢尽可能固定。持握威力棒以身体为轴心，双臂为半径，手臂带动威力棒围绕身体向一侧进行平行挥动。在威力棒缠绕身体后再向另一侧进行平行挥动。两侧出现的声音大小相等，形成左右对称挥动。如图 8-5-12-1 所示。

图 8-5-12-1　关节挥法

注意：双臂在身体前方挥动时，尽量保持双臂伸直，在挥动威力棒贴近一侧肩膀时同侧手臂屈肘，肘部贴近肋部，同侧手掌心向上，托举威力棒握把与反侧手。反侧手臂屈肘成 90 度。挥动过程中，注意身体不要前倾，挥动轨迹平行于地面，两侧出现的声音大小相等，方向为左右 45 度。

课题十三　威力棒下盘训练——弓步挥法

在练习时双手抓握在威力棒握把处，以能稳定握住握把的力量为宜。两腿站弓步，上半身保持正直，左右对称挥动。如图 8-5-13-1 所示。

图 8-5-13-1　弓步挥法

注意： 挥动威力棒释放的同时，双腿再微屈，使重心稍稍下降。重心不能偏向前面的腿或者后面的腿，要保持重心在中间位置。髋部面向正前方，脚尖方向与膝关节方向保持一致，均向前。

课题十四　威力棒下盘训练——马步挥法

在练习时双手抓握在威力棒握把处，以能稳定握住握把的力量为宜。两腿站马步，上半身保持正直，左右对称挥动。如图 8-5-14-1 所示。

图 8-5-14-1　马步挥法

注意： 挥动时，注意身体不要向前倾或者向后仰。定马步时让髋关节保持不动，动马步时让髋关节启动带动身体进行挥动。注意脚尖方向与膝关节方向保持一致。

课题十五　威力棒下盘训练——踏步挥法

在练习时双手抓握在威力棒握把处，以能稳定握住握把的力量为宜。一边左右对称挥动威力棒，一边原地踏步。如图8-5-15-1所示。

图 8-5-15-1　踏步挥法

注意：注意身体保持正直，向左挥动时抬左腿，向右挥动时抬右腿。

课题十六　威力棒下盘训练——羊驼挥法

在练习时双手抓握在威力棒握把处，以能稳定握住握把的力量为宜。一边左右对称挥动威力棒，一边双脚交替弹跳。如图8-5-16-1所示。

图 8-5-16-1　羊驼挥法

注意：注意身体保持正直，注意节奏，节奏好的话可以很顺畅地进行，否则会比较多地打到身体。向左挥动时左腿在前，向右挥动时右腿在前。

训练检测

根据球员的实际情况，选择合适的练习手段进行训练。

附 录

（成绩单）

系： 班级： 学号： 姓名：

4	C	能满意地使用该技能，并能带领他人使用该技能
	B	能够满意地使用该技能，并在具体情况下采取主动，具体情况具体分析
	A	能够以较快的速度和较高的质量满意地履行该技能
3		能够不需要任何帮助或指导满意地履行该技能
2		能够满意地履行该技能，但需要定期的帮助或指导
1		能够满意地履行该技能的某些部分，但需要帮助或指导才能履行全部技能

入学评分：   最后评分：

学习管理员：_____

日 期：_____

职业教练能力素质框架如表1所示。

表1　职业教练能力素质框架

	1	2	3	4	
职业教练概述	职业教练的概念和特点 3	职业教练的作用 3	职业教练的职责 4A	职业教练的素质 3	A
	中英文专业术语 4A				B
高尔夫球的基本理论	力学原理 4C	定位理论 3	挥杆平面 4A	动力链分析 4A	C
	挥杆节奏 4C	高尔夫球的定位理论 4C	AK点理论在高尔夫球中的应用 4C	球具知识 4C	D
高尔夫球教学理论	高尔夫球教学目标设计 4B	高尔夫球教学设计 4C	高尔夫球课程教学大纲与教学进度 4A	高尔夫球教学模式 4B	E
	高尔夫球教学策论与方法 4B	高尔夫球课程教学评价 4A	TTRO 4C	太极教学法 4A	F
高尔夫球训练理论	高尔夫球训练的概念及任务 4A	状态诊断与目标建立 4B	运动训练的原则 4A	运动周期的概念与制定 4C	G
	运动训练的方法与手段 4A	单节运动训练计划制订 4C			H
高尔夫球心理训练	心理训练概述	心理训练的分类与任务 4A	心理训练方法 4B	运动技能形成 4A	I
	战术方案的制订 4A	战术训练方法 3	可以提高球员参赛信心的技巧 4A		J
高尔夫球体能训练	体能训练概述 3	核心力量训练 4C	灵敏与柔韧素质训练 4B	速度与耐力素质训练 4A	K

续表

	1	2	3	4	
	节奏素质训练 4C	赛前的准备 活动 4A			L
高尔夫球 击球技术 教学	运动技术评价 4B	最后击球动作 4C	动力模型 4C	三种击球方法 与杆法 4C	M
	挥杆路线 4C	最大上杆幅度 与蓄能 4C	推杆技术不同 力量对距离的 控制 3	六步精准程序 判读果岭 4C	N
	铁杆甜蜜击球 的修行 3	激活你的预备 姿势 4A	完美的一体式 上杆 3	用身体让挖起杆 击球进洞 4C	O
	流畅节奏 4C				P
高尔夫球诱 导性练习与 辅助性练习	身体的转动 4A	腿部练习 4B	肌肉感觉 4C	腿部与上肢力量 4A	Q
	核心力量练习 4A	功能性训练 4B	常住理论 4A	张弛有度的 肌肉感觉 4A	R
高尔夫球的 技术修正	加速型推杆 修复 4A	转动型推杆 修复 4B	修复你的短切 4C	挖起杆打厚 4A	S
	开球打厚、打薄 4B	失控与智商 4C	紧张与愤怒 4C	左曲球与 右曲球 4A	T
	节奏与挥杆不足 4B	打球心理与训练 理念 4B	修复你的练习 4A	握杆修复 4B	U
	九种击球修复 4A	站姿修复 4B	全身心投入 修复 4A	巡回赛节奏 修复 4A	V

续表

	1	2	3	4	
脱困设计	长草区 4A	沙坑球 4C	树林里 3	特殊球位 4A	W
	岛型果岭 3	硬泥地上切击球 4A	如何减少杆数 4B		X
裁判能力	裁判法 4B	具有初级裁判员资格 4B	你遵守了高尔夫的绅士规则吗 3	裁判规则的应用 4C	Y
社会适应	帮助学生树立正确的学习动机 4B	运用正面教育手段 4A	运用批评、表扬的技巧 4A	培养学生明辨是非的能力 4A	Z
	严格执行课堂常规 3	运用教材中的教育素材对学生进行教育 4A	对同学没有偏见，一视同仁 4B	建立良好的人际关系 4C	AA
	正确评价同学 4A	使学生养成遵守纪律的习惯 4C	养成良好的体育运动道德风尚 4C	培养学生的应变能力 4B	AB
	帮助学生树立集体主义的观念 4B	发挥榜样模范教育作用 4A	帮助学生处理好竞争与合作的关系　4A		AC
显示个人能力	具有自主锻炼的能力 4C	具有良好的习惯 4B	保持清洁有序的工作环境 3	树立良好的个人形象 3	AD
	恰当的服饰 4B	具有严肃的工作态度和良好的工作作风 4B	具有应变能力 4B	协调工作中的关系 4B	AE
	合理支配时间 4C	良好的社会交往 4A	健康的体魄 4B		AF

参考文献

［1］程书肖. 教育评价方法技术［M］. 北京：北京师范大学出版社，2004.

［2］赵必华，查啸虎. 课程改革与教育评价［M］. 合肥：安徽教育出版社，2007.

［3］肖远军. 教育评价原理及应用［M］. 杭州：浙江大学出版社，2004.

［4］张肇丰，徐士强. 教育评价的30种新探索［M］. 上海：华东师范大学出版社，2014.

［5］田中耕治. 教育评价［M］. 高峡，田辉，项纯，译. 北京：北京师范大学出版社，2011.

［6］胡中锋. 教育评价学［M］. 北京：中国人民大学出版社，2013.

［7］田麦久，刘大庆. 运动训练学［M］. 北京：人民体育出版社，2012.

［8］许湘岳，吴强. 自我管理教程［M］. 北京：人民出版社，2011.

［9］刘同员. 体育健身学［M］. 3版. 北京：人民体育出版社，2008.

［10］钟伯光. Keep fit 手册［M］. 香港：香港博益出版集团有限公司出版社，1996.

［11］熊斗寅. 浅析"体能"概念［J］. 解放军体育学院学报，2000（1）：1–3.

［12］李诚志. 教练员指南［M］. 北京：人民体育出版社，1992.

［13］体育理论编写小组. 体育理论［M］. 北京：人民体育出版社，1996.

［14］田麦久. 运动训练学［M］. 北京：人民体育出版社，2000.

［15］体育院校成人教育协作研究组. 运动训练学［M］. 北京：人民体育出版社，2002.

［16］谭成清，李艳翎. 体能训练［M］. 长沙：湖南师范大学出版社，2012.

［17］王卫星.高水平运动员体能训练的新方法［M］.北京：北京体育大学出版社，2013.

［18］凌小盼，凌硕，钟松宏.青少年高尔夫体能训练方法探究［J］.体育世界（学术版），2020（3）：114-115.